TOP MODEL

Peugeot 205
La géante du Lion

Jean-Marc Gay et Stéphane Jolly

E.T.A.I

PRÉFACE

Depuis trois mille ans, l'art de la carrosserie représente l'histoire de générations d'artisans qui, avec l'aide des nouvelles technologies de leur époque, pouvaient réaliser des véhicules toujours plus élégants, confortables, légers et aussi plus rapides. Étant l'héritier de cette tradition millénaire, je pratique plusieurs métiers : sculpteur, dessinateur technique en carrosserie, peintre, illustrateur et enfin conférencier en trois langues.

Depuis soixante-dix ans, je maîtrise la conduite de centaines d'automobiles. Par exemple, toute la gamme des Mercedes, limousines et camions, depuis 1954. Entre autres, la 300 SL Papillon. Ma toute première voiture était une Porsche 356 1500 Super de 1954. J'avais déjà pressenti un avenir glorieux pour cette marque très dynamique. Dernièrement, je me suis fait plaisir au volant d'une Mercedes AMG Cabriolet équipée d'un V8 de 500 ch, un tigre sur la route, mais un animal domestique en ville.

Cette accumulation d'expériences au contact de véhicules très différents s'est montrée très profitable pour ma conception de l'habitacle de la 205. Pour l'étude d'une nouvelle voiture, il faut toujours commencer par l'intérieur de l'habitacle. Avec de grandes baies vitrées permettant une excellente visibilité dans tous les sens, ce qui est un grand avantage dans la 205 Peugeot par rapport aux voitures actuelles.

Il faut d'abord une parfaite ergonomie de la conduite et un accès très facile aux commandes du tableau de bord. Le côté aérien de la planche de bord donne une bonne impression de l'espace pour la lecture du combiné ; j'avais déjà réalisé des propositions numériques pour le combiné, mais j'avais vingt ans d'avance. Je suis consterné par l'apparition actuelle d'immenses affichages numériques sur la planche de bord. Cela détourne l'attention du conducteur, ce qui augmente le danger, parce qu'il ne faut jamais quitter la route des yeux. Par contre, la lecture de la vitesse tête haute est un excellent progrès. Pendant quarante-cinq ans, je fus juge dans de nombreux concours d'élégance internationaux. Après cette longue expérience, j'ai défini trois catégories bien distinctes :

- style intemporel (la 205 Peugeot est largement dans ce classement) ;
- style banal (mais leurs propriétaires étaient satisfaits de l'aspect du véhicule) ;
- style pollution visuelle, assemblage baroque, qui ne s'améliore pas avec le temps.

Il y a quelques jours, pour fêter l'anniversaire de ma tendre épouse, nous roulions vers le bassin d'Arcachon, je voulais un peu taquiner le moteur de ma nouvelle voiture. Sigrun Alice, se penchant vers moi, me dit gentiment : “Regarde un peu le compteur de vitesse, car tu n'es plus depuis longtemps sur un circuit de course”, aussi j'ai naturellement respecté la vitesse limitée. La preuve de mon attachement à cette voiture est que j'ai possédé une 205 GT spéciale durant trente-cinq années.

Paul Bracq

À Agnès, ma compagne.

On peut comprendre la poussée d'adrénaline que ressentit Michel Julienne lorsque l'antenne de radio de sa 205 fut touchée par l'avion le survolant.

AVANT-PROPOS

Depuis l'âge de vingt ans, j'ai toujours eu une 205 dans ma vie. Aujourd'hui, à cinquante-cinq ans, j'en possède encore une, une XE de 1986, blanche, bien au chaud dans mon garage. La 205 m'a permis de construire ma vie, puis celle de ma famille. Bien des années plus tard, derrière le petit volant du i-cockpit de nos Lionnes, nous roulons toujours en Peugeot.

Peugeot est un géant de l'automobile qui porte le nom d'une modeste famille de Franche-Comté. Créée par Armand Peugeot en 1896, la société anonyme des Automobiles Peugeot fait rouler sur des pneus gonflables Michelin les premières Lionnes équipées de moteurs maison dès cette année-là. Les moteurs Peugeot à deux cylindres horizontaux remplacent définitivement les moteurs de l'Allemand Gottlieb Daimler pour faire se mouvoir les voitures d'Armand.

Peugeot a pu prendre son envol, et puis Peugeot a failli disparaître. Extrêmement affaiblie en 1983, la marque aurait pu s'éteindre si elle avait proposé au public une voiture assez quelconque. Cela n'a pas été le cas. La 205 est arrivée. L'aventure Peugeot a pu continuer. La mienne, celle de ma famille aussi. C'est ce qu'elle semble me dire avant que je n'éteigne la lumière de mon garage.

Jean-Marc Gay

SOMMAIRE

INTRODUCTION

Il y a les dames, les grandes, celles qui après avoir hanté vos nuits occupent l'espace, naturellement, d'évidence, quelques fils d'argent dans leurs cheveux déposés par le temps imposant respect, admiration, retenue.
La Peugeot 205 est une Dame, une grande.
Produite dans le monde à plus de cinq millions d'exemplaires, elle aurait pu se contenter d'être la deuxième Peugeot la plus vendue derrière la 206 et devant la 504, elle aurait pu se satisfaire d'une longue et exemplaire carrière hexagonale de seize printemps du 24 février 1983 au début de 1999, mais non, la 205, le Sacré Numéro, comme la nommera Peugeot, sera plus que cela.
Terriblement novatrice et aboutie à la fois tant sur le plan technique que sur celui du style, la 205 sera une star. Une star de la publicité, de la mode, des médias, des rallyes, des boîtes de nuit. Une star du quotidien, des riches, des pauvres, des jeunes, des vieux, des femmes, des machos. Une star des usines, des ados, des cours de récré. La 205 sera une star parce qu'elle sera avant tout une voiture miracle : sans elle, Peugeot n'aurait peut-être pas survécu à la terrible crise financière, industrielle, morale, qui minait l'entreprise depuis la toute fin des années 1970.
D'un Lion fatigué la 205 fera un Lion conquérant, d'un Lion démodé la 205 fera un Lion "chébran", d'un Lion dépressif la 205 fera un Lion souriant. Le Félin blessé trouvera la force de rassembler ce qu'il lui restait d'énergie, ce qu'il lui restait de génie, pour se réinventer, pour se réenchanter en enfantant celle qui allait le sauver.
Tel un petit chat turbulent, la petite auto va entraîner tout le monde dans le sillage de son talent : l'entreprise qui lui a donné la vie, bien entendu, mais aussi, et beaucoup plus largement, l'ensemble de la société française qui, à son contact, reprendra des couleurs en retrouvant le goût de la réussite, le goût du défi, le goût de la fantaisie aussi, après deux chocs pétroliers annonciateurs de temps plus difficiles, trente années de croissance économique échevelée étant désormais dans le rétroviseur.
Symbole automobile des années 1980, voiture de qualité capable de répondre à tous les besoins, à tous les fantasmes, de toutes, de tous, phénomène sociétal, industriel, commercial, sportif, technique, la 205, plus encore qu'un Sacré Numéro, se pose aujourd'hui comme une géante, la géante du Lion.

Un dernier mot, une dernière précision.
Il est parfaitement indélicat de dire l'âge d'une Dame.
Dans le cas présent je le fais pourtant.
Que la grande Lionne me pardonne.
La Peugeot 205 a quarante ans en cette année 2023.

Jean-Marc Gay

(Archives de l'auteur)

AUX ORIGINES
DE LA 205

LA 205, L'HÉRITIÈRE D'UN SOLIDE CAPITAL TECHNIQUE DE LA MARQUE

La 204, un digne héritage

Chez Peugeot, le respect de la tradition est un art de vivre, non un dogme. Le Lion sait renverser la table quand la situation l'exige. Le 23 avril 1965, après des années de propulsion, de ponts à vis et d'essieux rigides, le constructeur présente sa 204. La maison Peugeot, comme toujours, agit avec pragmatisme : voiture moyenne, la nouvelle 204 doit mettre fin à la monoculture automobile pratiquée depuis la fin de la seconde guerre mondiale par l'entreprise franc-comtoise en complétant l'offre constituée par la grande 404 commercialisée en France depuis le 10 mai 1960.

La deuxième mission de la 204 est de répondre à la demande d'une classe moyenne toujours plus aisée et plus nombreuse dans laquelle le nombre de femmes qui conduisent va croissant. Celles-ci, en particulier, réclament des véhicules plus maniables, plus confortables, plus sûrs, plus faciles et agréables à conduire en somme. Elles réclament aussi des véhicules plus pratiques au quotidien, en particulier les mamans, mais, là, il faudra attendre la Renault 5 de 1972 pour trouver une réponse aussi cohérente que géniale à leurs revendications.

Revenons à la 204. Le moins que l'on puisse dire, c'est que Peugeot ne fait pas les choses à moitié : traction avant, moteur transversal, suspension à quatre roues indépendantes à grands débattements avec train avant McPherson, freins à disques à l'avant, tout cela est une première pour le Lion, et c'est la 204 qui le propose. La nouvelle Peugeot présente aussi une direction à crémaillère très douce, très précise, un sélecteur de vitesse au volant, extrêmement agréable à manipuler, une douceur générale de fonctionnement très subtile, un silence à bord étonnant : autant de marqueurs qui vont perdurer et se retrouver sur sa descendance, nous le verrons.

La 204 se singularise par son architecture novatrice, mais aussi par son moteur aussi original que moderne, le fameux moteur XK de 1 130 cm^3 et 53 ch à arbre à cames en tête entièrement en alliage léger. Le Félin de Sochaux a été malin pour l'étude de ce nouveau propulseur : le moteur XK de la 204 s'inspire de celui de la Morris Mini Minnor, lequel, disposé lui aussi transversalement, offre la

Peugeot 204 : véhicule de rupture, c'est la première voiture moyenne à traction avant du constructeur du Doubs. Elle apparaît au printemps 1965. (Archives de l'auteur)

Lancée en 1960, au mieux de sa forme en 1965, la 404 assoit définitivement la réputation de qualité de Peugeot et permet à la 204 de se présenter au monde sous les meilleurs auspices. (Archives de l'auteur)

Au début des années 1970, la 204 va partager le succès avec des modèles eux aussi très réussis : Simca 1100, Renault 12, Citroën GS. Le meilleur de la France en quatre modèles bien distincts. (Archives de l'auteur)

particularité d'une lubrification moteur-boîte de vitesses commune qui simplifie les opérations de maintenance.

Sur la Mini comme sur la 204, la boîte de vitesses est logée sous le bloc-cylindres et enfermée avec le différentiel dans un carter commun. Tant pour le 850 cm^3 de 34 ch de l'anglaise que pour le 1 130 cm^3 de 53 ch de la française, l'ensemble moteur-boîte ultra-compact libère de l'espace pour l'habitacle et pour les jambes de ses occupants.

Sortie elle aussi en 1965, la nouvelle Renault 16, avec son moteur longitudinal qui pénètre profondément à l'intérieur de l'auto (ce sera malheureusement aussi le cas quelques années plus tard pour la Renault 5), ne soutient pas la comparaison dans ce domaine précis avec la 204. Le succès sera malgré tout au rendez-vous pour la Renault. Pour Peugeot, ce sera le plébiscite avec, pour la 204, le titre de voiture la plus vendue en France en 1969, 1970, 1971.

La 104 ou l'association public-privé pour un moteur X

Motivé par l'accueil réservé à sa 204, le Lion lance dès l'automne de cette même année 1965 l'étude d'un nouveau moteur de cylindrée un peu inférieure destiné à animer une petite Peugeot à l'orée des années 1970. Cette nouvelle Peugeot, qui prendra le nom 104, se nomme pour l'instant projet M. L'étude de son moteur, appelé moteur X, débute.

Coup de théâtre : le 22 avril 1966, Peugeot et Renault, représentés par leurs P-DG respectifs, les mythiques Maurice Jordan et Pierre Dreyfus, scellent leur union : ils créent l'association Peugeot-Renault, où l'on va jusqu'à respecter l'ordre alphabétique des deux noms pour souligner la logique d'égalité. Pour la première fois, une firme privée et une firme publique vont travailler ensemble : c'est une petite révolution, et à l'époque la nouvelle fait grand bruit !

Moteur en long très encombrant pour la Renault 16. Face à la maligne 204, la plus grande est heureusement sauvée par son hayon. (Archives E-T-A-I)

Morris Mini Minnor : boîte de vitesses sous le moteur
transversal avec lubrification commune.
Le moteur XK de la 204 reprend cette architecture. (Archives E-T-A-I)

La petite 104 de 1972 cache sous son capot un moteur qui va faire parler de lui, le moteur X.
Étudié par Peugeot et Renault dès la fin des années 1960, il équipera les premières 205. (Archives de l'auteur)

La 14 de 1976, seule Renault pourvue du moteur X, est une auto intelligente et moderne. (Archives E-T-A-I)

Comme la Renault 16, moteur en long pour la Renault 5, elle aussi sauvée par son hayon, auquel elle ajoute des pare-chocs en plastique et une physionomie géniale. (Archives E-T-A-I)

Très apprécié de la clientèle après dix ans de bons et loyaux services, le moteur X est l'âme du Sacré Numéro en 1983. (Archives de l'auteur)

La nouvelle association ainsi créée lance tout de suite l'idée de l'étude puis de la production commune dans une nouvelle usine des moteurs identiques aux deux marques. C'est à ce moment-là que Dreyfus, pour faire avancer l'association, propose de financer la moitié de l'étude d'un nouveau petit propulseur moderne qui servira à la future 104 Peugeot et à une nouvelle Renault qui prendra le nom, ou plutôt le numéro, de 14 en 1976.

Le Lion renifle tout de suite la bonne affaire : voir l'étude de son nouveau moteur X, sur lequel il vient juste de commencer à plancher, financée pour moitié par Renault est une opportunité inespérée. Maurice Jordan accepte la proposition de Pierre Dreyfus. Le projet M qui devait aboutir à la 104 se mue dès lors, dans la foulée, en projet M-121, qui donnera naissance à la première citée, mais aussi à sa sœur jumelle de chez Renault, juste un peu plus grosse qu'elle, la 14, *alias* la 7 CV du bonheur et, hélas, un peu plus tard, la Poire…

Moteur, boîte de vitesses, train avant, direction, système de freinage, les deux autos, la petite et la moyenne, se partageront les mêmes bons ingrédients.

Peugeot ne s'égare pas : son futur moteur reprend l'architecture du moteur transversal en alliage léger de la 204, à savoir la boîte de vitesses logée sous le bloc-cylindres enfermée avec le différentiel dans son carter commun. La lubrification moteur-boîte est commune, l'ensemble extrêmement compact.

Le moteur X, moteur bien évidemment monté lui aussi en travers, va faire très fort : bloc et culasse en alu pour une montée en température très rapide, piston du même matériau, arbre à cames en tête, vilebrequin à cinq paliers, chaîne de distribution pour la fiabilité, chemises amovibles.

Très bien éduqué, ce quatre-cylindres huit soupapes en tête présente une particularité : il s'incline de 72° vers l'arrière pour un équilibre des masses parfait sous le capot de la première auto qui va le recevoir, la Peugeot 104. Cette inclinaison vers l'arrière, qui en fait un moteur presque couché, d'où son surnom de moteur fainéant, ce qu'il n'est absolument pas, bien au contraire, a aussi été voulue pour loger la roue de secours, posée bien à plat sur le bloc-moteur. À cette époque, le réservoir de carburant est encore positionné sous le coffre des autos, et mettre la roue de secours sous le capot permet de lui trouver une place accessible. Petit raffinement technique et première mondiale : de nouvelles bougies coniques sans joints font leur apparition.

Le moteur X présente une deuxième particularité qui va définitivement le faire entrer dans la légende automobile auditive du XXe siècle : la transmission entre le moteur et la boîte est assurée par un train d'engrenage appelé logiquement triplette, logé dans le carter d'embrayage et qui va produire le sifflement si caractéristique, reconnaissable et attachant de ce moteur moderne dont les cylindrées s'échelonneront de 954 à 1 360 cm^3. Carter moteur, carter d'engrenage, carter d'embrayage, culasse, tout est en alliage léger. Le top.

Petite question maintenant : le moteur de la 204 présentant la même architecture mécanique que le moteur X, pourquoi ne siffle-t-il pas comme ce dernier ? Réponse : parce que, si le moteur X utilise trois engrenages pour assurer la transmission entre le moteur et la boîte de vitesses, celui de la 204 n'en utilise que deux. Plus de pignons égale plus de frottements mécaniques, donc plus de bruits, d'où le sifflement omniprésent.

La Société française de mécanique pour produire le moteur X

Les années passent. Le moteur X est maintenant bien au point. En 1969, la Régie nationale des usines Renault et la société des Automobiles Peugeot signent un accord pour produire ensemble le moteur X, dans une nouvelle usine qui sera sise à Douvrin dans le département du Pas-de-Calais au centre d'un triangle Lens-Béthune-Lille. La nouvelle usine s'appellera la Société française de mécanique (SFM), le capital étant détenu à parts égales par les deux protagonistes en question.

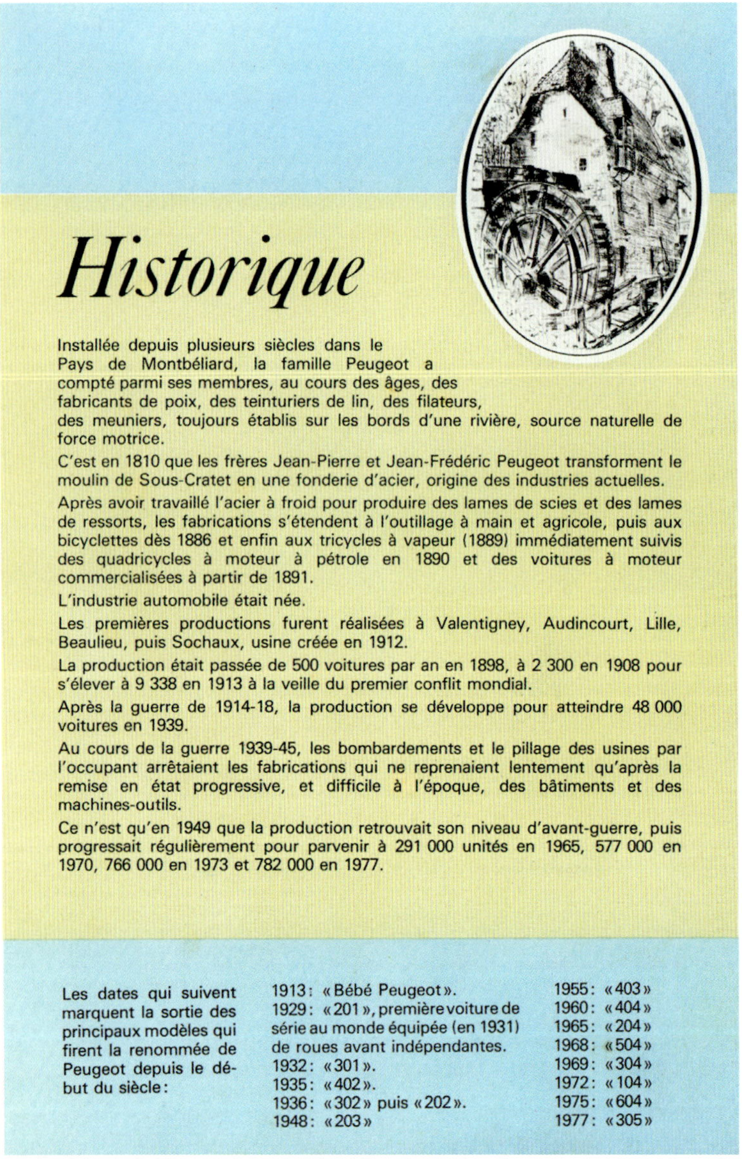

Historique

Installée depuis plusieurs siècles dans le Pays de Montbéliard, la famille Peugeot a compté parmi ses membres, au cours des âges, des fabricants de poix, des teinturiers de lin, des filateurs, des meuniers, toujours établis sur les bords d'une rivière, source naturelle de force motrice.

C'est en 1810 que les frères Jean-Pierre et Jean-Frédéric Peugeot transforment le moulin de Sous-Cratet en une fonderie d'acier, origine des industries actuelles.

Après avoir travaillé l'acier à froid pour produire des lames de scies et des lames de ressorts, les fabrications s'étendent à l'outillage à main et agricole, puis aux bicyclettes dès 1886 et enfin aux tricycles à vapeur (1889) immédiatement suivis des quadricycles à moteur à pétrole en 1890 et des voitures à moteur commercialisées à partir de 1891.

L'industrie automobile était née.

Les premières productions furent réalisées à Valentigney, Audincourt, Lille, Beaulieu, puis Sochaux, usine créée en 1912.

La production était passée de 500 voitures par an en 1898, à 2 300 en 1908 pour s'élever à 9 338 en 1913 à la veille du premier conflit mondial.

Après la guerre de 1914-18, la production se développe pour atteindre 48 000 voitures en 1939.

Au cours de la guerre 1939-45, les bombardements et le pillage des usines par l'occupant arrêtaient les fabrications qui ne reprenaient lentement qu'après la remise en état progressive, et difficile à l'époque, des bâtiments et des machines-outils.

Ce n'est qu'en 1949 que la production retrouvait son niveau d'avant-guerre, puis progressait régulièrement pour parvenir à 291 000 unités en 1965, 577 000 en 1970, 766 000 en 1973 et 782 000 en 1977.

Les dates qui suivent marquent la sortie des principaux modèles qui firent la renommée de Peugeot depuis le début du siècle :

1913 : « Bébé Peugeot ».
1929 : « 201 », première voiture de série au monde équipée (en 1931) de roues avant indépendantes.
1932 : « 301 ».
1935 : « 402 ».
1936 : « 302 » puis « 202 ».
1948 : « 203 »
1955 : « 403 »
1960 : « 404 »
1965 : « 204 »
1968 : « 504 »
1969 : « 304 »
1972 : « 104 »
1975 : « 604 »
1977 : « 305 »

Peugeot ou le patrimoine français : plus de deux cents ans d'histoire industrielle du Doubs à la conquête du monde. (Archives de l'auteur)

L'activité fonderie de la Société française de mécanique démarre courant 1971 : le 15 octobre de cette même année, le premier moteur X produit par la SFM voit le jour. Le 5 octobre 1972, blotti entre les roues avant de la Peugeot 104, le moteur X type XV3, 954 cm^3, 46 ch à 6 000 tr/min, est présenté officiellement en même temps que celle qui l'héberge au Salon de l'automobile de Paris. Grâce à lui, grâce à son extrême compacité, la nouvelle Peugeot, 3,58 mètres de long, se voit qualifiée du plus séduisant des slogans de lancement : Peugeot 104, la quatre-portes la plus courte du monde. Et c'est vrai, pour une fois !

Très vif, très sobre, redoutablement fiable, le moteur X séduit. Son petit sifflement le rend attachant. Son inclinaison à 72° vers l'arrière assure à la 104 un comportement exempt de sous-virage prononcé. La boîte de vitesses de type BH est précise à défaut d'être très rapide. Seule son accessibilité, position presque couchée, demeure imparfaite.

En face, la Renault 5, présente en même temps que la 104, ne propose que le moteur Billancourt, bloc B en fonte à trois paliers hérité de la Renault 4, d'une cylindrée de 782 cm^3 et d'une puissance de 34 ch pour la version L. La version TL propose heureusement le plus puissant Cléon-fonte, bloc C, apparu au Salon de Genève en 1962 sur la Renault 8 et sur la Floride S en version 956 cm^3 de 44 ch. L'arbre à cames est latéral, mais le moteur est souple, doux, suffisamment puissant et surtout très fiable. Et puis la Renault 5 a tellement d'autres arguments à faire valoir…

Le 24 février 1983, la Peugeot 205 fait son entrée dans le monde. Devinez quel est le moteur qui se cache sous son capot. Le moteur X, bien évidemment ! Outre le moteur et la boîte de vitesses, la 205 reprend de la 104 son excellent train avant à suspension McPherson avec pour toute modification une barre antiroulis qui migre de l'avant à l'arrière du train pour encore plus d'efficacité routière, rigidité accrue du système oblige. La très douce et très précise direction à crémaillère de la 104 est également reprise par la petite nouvelle, de même que les freins avant à disques. Seule la suspension postérieure à amortisseurs verticaux de la 104 ne sera pas retenue pour équiper la nouvelle 205, qui se pose malgré tout en digne héritière de l'excellent capital technique de sa marque.

La Société française de mécanique, qui produit le moteur X, connaîtra un bel avenir, même si l'activité fonderie prend fin en 2003. Elle deviendra en 2013 une filiale à 100 % de PSA après avoir rassemblé plus de cinquante millions de moteurs thermiques en cinquante ans d'existence, dont le célèbre V6 PRV issu des accords Peugeot-Renault-Volvo de 1971. En 2020, elle sera choisie par le groupe PSA pour produire les batteries de ses modèles électriques.

Pour un futur pas ennuyeux, comme disait le Lion…

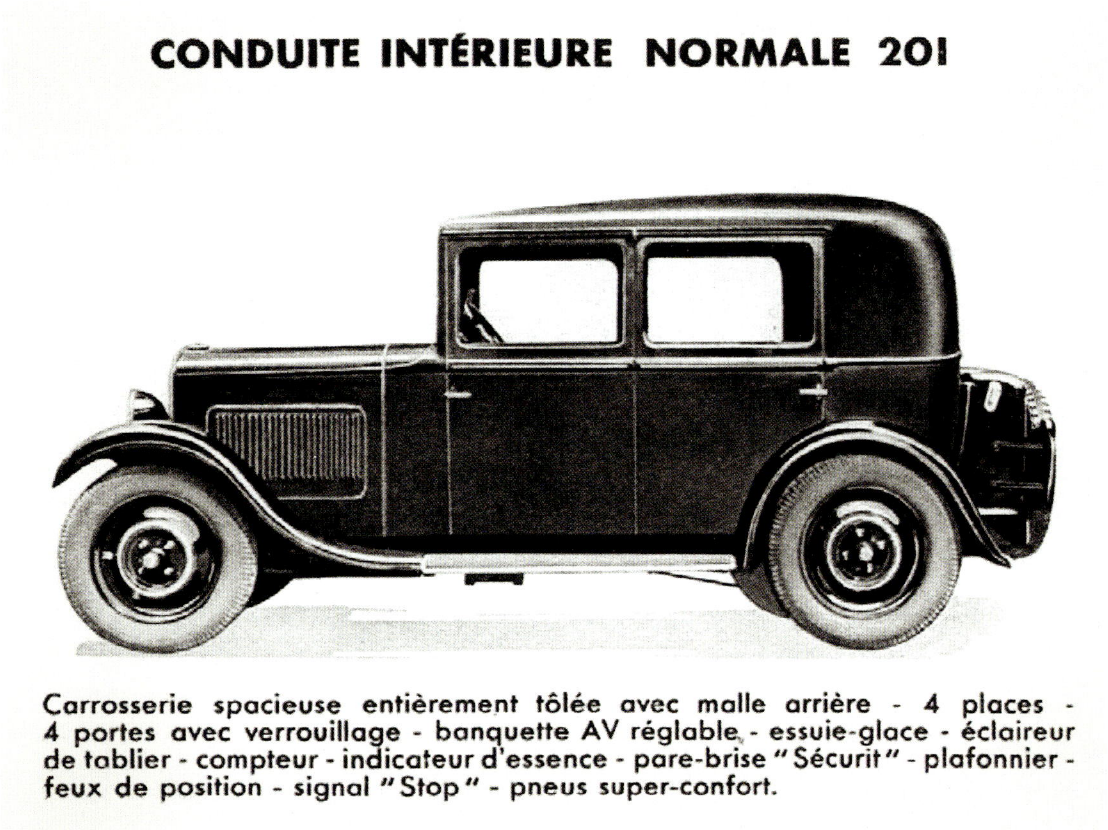

Tout édifice a une fondation. La première pierre de l'époque moderne de Peugeot, c'est elle, la 201, ici dans une version conduite intérieure normale. Elle a permis à la marque de surmonter la crise économique de 1929. (Archives de l'auteur)

Petite 402, la 202 en reprend les lignes qui fendent la brise ou la bise juste un an avant le début de la seconde guerre mondiale. (Archives de l'auteur)

UNE TRADITION DE QUALITÉ ET D'INNOVATION MAÎTRISÉE

Retour dans le temps

La 205, comme toutes ses sœurs avant elle, ne fait pas exception à la règle en s'inscrivant dans une histoire industrielle encore aujourd'hui familiale et provinciale vieille de deux siècles, dans laquelle la valeur du produit bien construit et adapté à son époque est une constante. Commercialisée en France le 24 février 1983, la 205 commence à être assemblée dès la fin de 1982 dans l'usine de Mulhouse. C'est une Peugeot, une descendante solide comme l'acier de la famille de métallurgistes qui l'a enfantée, il ne faut jamais l'oublier.

Petit retour dans le temps pour bien comprendre l'âme de la 205. Au tout début du XIXe siècle, Jean-Georges Peugeot, fils de Jean-Jacques, meunier sur un petit affluent du Doubs, fait construire un autre moulin à Sous-Cratet, lieu-dit de la commune d'Hérimoncourt. Son fils Jean-Pierre s'oriente peu après vers l'industrie textile avec un moulin à lin et devient maire de Hérimoncourt.

En 1810, deux des fils de ce dernier, Jean-Pierre aussi et Jean-Frédéric, transforment le moulin familial de Sous-Cratet en fonderie. Les Peugeot deviennent des métallurgistes. Ils fabriquent des scies marquées d'un lion pour établir un parallèle entre la dureté des dents de leurs outils et celles du roi de la jungle. L'emblème du lion ne quittera plus la famille. Deux siècles plus tard, c'est un lion qui est apposé sur l'airbag du volant de la 208.

Peugeot fabrique tout ce que l'acier permet de réaliser : ressorts, rabots, baleines de corsets, montures de parapluie, moulins à café à partir de 1850, armatures de crinolines portées de 1857 à 1877 par les élégantes, tondeuses mécaniques pour les moutons, fourches en acier qui remplaceront les fourches en bois dès 1878.

La 203, la voiture miracle, la voiture du renouveau, l'auto de la renaissance.
Présentée en 1948, elle sauve la marque une seconde fois après la 201. (Archives de l'auteur)

La famille Peugeot aurait pu rester une famille de quincailliers : Armand Peugeot, né en 1849, petit-fils de Jean-Pierre, va en décider autrement et commencer une aventure nouvelle basée sur la prise de risque, sur l'innovation maîtrisée. Il oriente dès 1885 l'entreprise vers le cycle, mais il s'intéresse surtout à la voiture sans chevaux en s'associant avec Léon Serpollet pour construire un tricycle à vapeur. Le véhicule voit le jour en 1889. À cette date, Armand Peugeot ne croit déjà plus à la vapeur. La preuve : dès 1888, il rencontre à Valentigney Gottlieb Daimler et Émile Levassor. Ce dernier, associé à René Panhard, possède la licence de fabrication en France du moteur Daimler produit dans leur usine à la porte d'Ivry à Paris.
L'affaire ne traîne pas : la première voiture Peugeot, un quadricycle Type 2, deux places, équipé d'un moteur Daimler quatre temps bicylindre en V de 565 cm^3 et 2 ch, apparaît en 1891. En septembre 1891, la Type 3, quadricycle quatre places, dotée du même moteur que sa devancière, boucle un trajet de 2 100 km Valentigney-Paris-Brest et retour avec des pointes de 18 km/h. En 1895, un quadricycle Peugeot muni de pneus aux mains des frères André et Édouard Michelin remporte l'épreuve Paris-Bordeaux-Paris. Armand Peugeot n'est cependant pas totalement satisfait : la marque doit prendre son envol sans tarder en produisant elle-même tous les composants de ses automobiles, les moteurs en particulier.
Dès 1896, c'est chose faite : Armand crée la société anonyme des Automobiles Peugeot en faisant construire à Audincourt une nouvelle usine qui figure parmi les plus grandes de l'époque. Dans le même temps, les moteurs Daimler disparaissent du catalogue pour faire place à des mécaniques conçues par Peugeot à deux cylindres horizontaux de 5 à 8 ch.
Les premières vraies Peugeot sont nées. Cerise sur le capot, elles sont toutes livrables avec des pneus gonflables Michelin ! En 1900, Peugeot livre cinq cents voitures sur une production totale en France de quatre mille cent unités, dont cent soixante-dix-neuf Renault.
La première petite 205 qui tombe des chaînes de l'usine de Mulhouse à la fin de l'année 1982 porte en elle toute la synthèse de cette fabuleuse histoire industrielle française. Toute son étude, toute sa conception, toute sa fabrication n'ont tendu que vers un seul but : en faire une auto de qualité à l'innovation maîtrisée, tant dans le domaine mécanique que dans celui du style, extérieur et intérieur.

La série 200

La nouvelle 205, c'est très important, appartient à la fameuse série 200 de Peugeot. La série 200 est la série pionnière, la série qui va de l'avant, la série qui ose, la série qui défriche, la série qui sauve, aussi.
Première de lignée, première de cordée, la 201 ouvre le bal au Salon de l'auto de Paris 1929 en inaugurant la nouvelle numérotation avec zéro central des autos de la marque et en proposant dès 1931 dans sa version confort une suspension avant à roues indépendantes. Première voiture de série à proposer une telle suspension, l'efficace et fiable 201 va permettre à Peugeot de surmonter les conséquences économiques de la crise de 1929.
Modèle réduit de la 402 lancée en 1935 pour répondre à la Citroën Traction Avant commercialisée un an plus tôt, la 202 arrive sur le marché en 1938 en reprenant les lignes aérodynamiques inspirées de sa grande sœur, la Chrysler Airflow. Phares rapprochés réfugiés derrière les lamelles de la calandre, roues arrière carénées, formes fluides, le Streamline moderne (le style paquebot, en français) se nourrit de formes rondes, nautiques, pour fendre, mieux que l'eau, l'air. Avec la 402 et la 302, la 202 sera très représentative du style fuseau Sochaux, ainsi nommé à l'époque pour qualifier le dessin de ces Peugeot de nouvelle génération. Compacte, douce à conduire, économique à l'usage, suffisamment rapide, la 202 sera un succès.
Première voiture française à proposer en série des sièges couchettes et un toit ouvrant, elle sera dévoilée au Salon de l'auto de Paris 1948 : c'est la 203. Et c'est aussi la première voiture Peugeot à carrosserie monocoque. Lignes douces et harmonieuses plus classiques que celles de la 202 inspirées de celles de la Chrysler LeBaron Custom Town Limousine de 1941, la nouvelle Peugeot innove en profondeur avec son moteur à culasse en Alpax (mélange d'aluminium et de silicium) qui lui permet de pratiquement toujours rouler au régime maximal grâce à de bons échanges thermiques. Autre botte secrète de la 203, sa boîte de vitesses avec une quatrième surmultipliée lui permet de tutoyer les 120 km/h sans trop solliciter son moteur. Capable de faire un tour de planète sans s'arrêter, c'est la 203 qui va

En duo avec Michelin, François Gautier absorbe Automobiles Citroën en 1974. (Archives E-T-A-I)

Nouveau slogan, nouveau moteur Diesel sur la 305 Phase 2, à l'automne 1982 la contre-offensive Peugeot est lancée. (Archives de l'auteur)

La belle Talbot 1510 : une excellente auto emportée par le cours de l'histoire. (Archives E-T-A-I)

forger l'image, réelle, de la Peugeot fiable et efficace. Grâce à elle, le Lion surmonte le passage, difficile, de la reprise de l'après-guerre. Grâce à elle, les 403, 404 et, dans une moindre mesure, les 504 seront toutes des stars.

Première traction avant de la marque, produite à Sochaux de 1965 à 1976, la très moderne 204, que nous avons déjà détaillée, s'imposera par la qualité de son moteur, de sa suspension à quatre roues indépendantes, sa douceur générale de fonctionnement n'ayant d'égale que l'intelligence de sa conception et de son style.

En bonne Peugeot, la 205 va réutiliser le capital thermique de la marque en y ajoutant ses propres innovations dans des domaines très variés. L'évolution pour accéder à une révolution, en quelque sorte. Car, oui, la 205 sera bien révolutionnaire, mais une révolution discrète, efficace, toujours contrôlée, un peu cachée parfois. Une Peugeot est une auto toujours bien élevée. Même les 205 les plus sportives ne dérogeront pas à cette règle.

UN BESOIN IMPÉRIEUX DE RÉUSSITE POUR SAUVER L'ENTREPRISE

Vers la chute

Les individus comme les entreprises sont soumis aux circonstances, aux cycles, vertueux ou pas. Peugeot ne fait bien sûr pas exception à la règle. Les années 1960-1970 seront celles de la réussite. Fort du succès des 404 et des 204 et même de celui de la 104, qui fera une belle carrière commerciale en dépit de la forte adversité de la Renault 5, le Lion se hisse à la deuxième place des constructeurs français derrière Renault en 1970. Peugeot a faim d'expansion et de conquête.

Représentée par François Gautier, président du directoire de 1972 à 1977, l'entreprise prend le contrôle d'Automobiles Citroën en 1974 en compagnie de Michelin, déjà principal actionnaire de Citroën. En 1976, Citroën se trouve en totalité sous la direction de Peugeot, Peugeot SA devenant dès lors PSA Peugeot-Citroën.

Encouragé par l'État français, qui craint une offensive de Fiat, et en accord avec François Gautier, toujours membre du directoire de PSA, Jean-Paul Parayre, nouveau président du directoire de PSA depuis 1977, acquiert les filiales européennes extrêmement déficitaires de Chrysler en août 1978. L'usine Chrysler-Simca de Poissy dans les Yvelines, d'autres usines en Espagne et en Grande-Bretagne tombent dans l'escarcelle du Lion. Lancée en mai 1979, œuvre de Pininfarina pour sa robe, de Paul Bracq pour son intérieur, la très attendue 505 rencontre tout de suite le succès. Tout semble aller pour le mieux.

À la Renault 5 le hayon, à la 104 les quatre portes : en 1977, la 104 ouvre enfin largement sa poupe pour tenter de relancer ses ventes face à la Renault 5 aussi dominatrice qu'insolente. (Archives de l'auteur)

Inutile de tergiverser, avec un coffre pareil, les premières 104 devaient faire le bonheur des ostéopathes. (Archives de l'auteur)

Bien construite, solide et fonctionnelle, la planche de bord de la 104 de 1972 fait en revanche honneur à la marque. (Archives de l'auteur)

Les germes du drame à venir sont pourtant déjà dans la pomme. Le Lion a croqué le fruit, mais le fruit n'était peut-être pas aussi juteux qu'il en avait l'air. Le Félin a mal au ventre. Les chiffres tombent : 1,5 milliard de francs de pertes en 1980, 2 milliards en 1981. Peugeot passe de 18,1 % du marché français en 1979 à 15,7 % en 1980, puis seulement à 12,7 % en 1982, son minimum historique à ce jour.

Rebaptisé à la hâte Talbot, Simca-Chrysler s'écroule, tombant de 6,2 % du marché français en 1980 à 5,3 % en 1982. Pourtant excellentes à leur présentation en juillet 1975, élues voitures de l'année 1976, les Simca 1307 et 1308 rebaptisées Talbot 1510 en juillet 1979 ne sont plus en 1980 que l'ombre d'elles-mêmes. La compacte Simca Horizon commercialisée à partir de janvier 1978 a mis un coup d'arrêt aux ventes des 1307 et 1308 avant de sombrer elle-même un peu plus tard. Dès 1978, les ventes du duo 1307-1308 dégringolent de 221 000 voitures en 1977 à 154 000. Pire, traitement par cataphorèse souvent oublié plus acier de mauvaise qualité, les voitures rouillent à vue d'œil. Ce n'est pas tout : les fiables, mais bruyants, moteurs Poissy sont arrivés en bout de développement, aucun diesel n'est prévu.

Simple 1510 en carrosserie quatre portes, la Solara présentée en 1980 n'apporte rien. La grande Tagora lancée cette même année est un échec incroyable malgré l'adoption du turbo diesel de la Peugeot 604 à partir de mai 1981. Son moteur V6 PRV poussé à 165 ch est pourtant très performant, de même que son quatre-cylindres essence de 2 155 cm^3 et 115 ch d'origine Chrysler. Version allongée à la structure considérablement modifiée du coupé 104, la Talbot Samba arrive fin 1981 équipée du moteur Peugeot X de la Française de mécanique. Ce n'est pas un échec, mais pas un succès non plus, la clientèle sentant, un peu à raison il faut l'avouer, le bricolage de dernière minute.

Ultime tentative de Talbot dans le haut de gamme, la pourtant talentueuse Talbot Talgora connaîtra un échec cinglant, faute du soutien de Peugeot. (Archives E-T-A-I)

Talbot Horizon : une bonne voiture, énorme échec commercial, dernière Talbot. Elle n'avait pas de toute façon sa place dans la nouvelle organisation de PSA Peugeot Citroën. (Archives E-T-A-I)

La dernière bouée sera lancée par PSA en juillet 1982 pour l'année modèle 1983 avec la greffe sur les Horizon LD et EXD du tout nouveau et bientôt légendaire moteur Diesel Peugeot XUD9 A de 1 905 cm^3 et 65 ch monté dans la foulée sur la 305 Phase 2 pour le Salon de l'auto de Paris d'octobre 1982. L'Horizon diesel bénéficie de ce fait de la toute fraîche boîte de vitesses Peugeot BE3, la boîte Simca étant incapable d'encaisser un couple moteur très élevé. Bref, à partir de 1980, l'Hirondelle Simca-Talbot perd de l'altitude et entraîne Peugeot et le groupe PSA vers les abîmes.

La situation de Citroën n'est guère meilleure. La petite LN, mariage d'un coupé 104 et d'un bicylindre à air Citroën, présentée en 1976 ne trouvera jamais vraiment sa clientèle. La jeune Visa, sur base de Peugeot 104, lancée en septembre 1978, baptisée "nez de cochon" à cause de son groin, pardon, d'une calandre aussi disgracieuse que proéminente, peine à décoller dans les ventes (il faudra attendre mars 1981 pour que son physique soit amélioré, sans grands résultats commerciaux à la clé).

La GS, commercialisée en 1970 (voiture de l'année 1970), devenue GSA avec une cinquième porte, vieillit inexorablement à partir de 1980, sa succession se faisant attendre après dix ans de bons et loyaux services et le titre de troisième voiture la plus vendue en France en 1978 ! Seule l'excellente CX est au mieux de sa forme, bien aidée par ses versions à moteur Diesel 2,5 litres avec ou sans turbocompresseur.

Présentation de la Peugeot 104 en octobre 1972 : la berline quatre portes la plus courte d'Europe sillonne les rues de Paris pour se faire connaître.

Le succès mérité de la 505 de 1979 permettra au Lion de ne pas sombrer au tout début des années 1980. Ce sera la dernière propulsion de Peugeot. (Archives de l'auteur)

La chute du Lion

Et Peugeot dans tout ça ? Le moins que l'on puisse dire, c'est que ce n'est pas terrible. Lancée au Salon de l'auto de Paris d'octobre 1972 en quatre portes et malgré l'adoption d'un large hayon en 1977, la 104 peine de plus en plus à s'imposer face à la nouvelle Renault 5 à cinq portes qui fait un malheur, dans sa version GTL en particulier, à partir de 1980.

Présentée en 1977, la 305 Phase 1, élégante mais étroite et étriquée de ligne, confortable mais affublée de moteurs misérables, en particulier le diesel XID 1,5 litre de 49 ch, commence à sentir la poussière. En face d'elle, la fringante Renault 18 de 1978 récupère le moteur Douvrin de 2 068 cm^3 et 67 ch de la Renault 20 diesel en juillet 1980, cela sans parler de la version turbo essence qui déboule en septembre 1980 avec son 1 565 cm^3 de 110 ch DIN. Une petite révolution à l'époque ! Avec les Renault 18 GTD et turbo en face d'elle, la pauvre 305 tremble sur ses roues trop grandes et tellement malingres que l'on se demande toujours si elle ne va pas s'effondrer de peur sur le bitume. Manifestement, la 305 Phase 1 ne s'éloigne pas assez, tant sur le plan du style que sur celui de la technique, de la valeureuse 304, elle-même dérivée de la 204 de 1965.

Un coup de gourdin sur la tête en appelant souvent un autre, la nouvelle Renault 9, première Renault à moteur maison placé en position transversale, arrive en septembre 1981. Trop, c'est trop pour Peugeot ! Gracieuse et très moderne, de ligne comme de conception, la Renault 9 est élue voiture européenne de l'année 1982. Son succès est mérité et fulgurant. Version à hayon de la Renault 9, la Renault 11 vient aider sa petite sœur le (ce n'est pas une plaisanterie) 1er avril 1983. Le traumatisme de la Renault 14 est bien oublié. Sièges monotraces, habitacle lumineux, tenue de route et confort de haut niveau, faible consommation, très bonne boîte de vitesses, la Renault 9, la "macadam star", comme l'appelle la publicité Renault de l'époque, sème la terreur chez le Lion Peugeot.

Le haut de gamme redonne heureusement un peu le sourire au constructeur de Sochaux avec une 505 bien acceptée par la clientèle. Prendre le relais de l'inoxydable 504 n'est pas chose facile, mais la nouvelle 505 s'en acquitte plutôt bien, épaulée efficacement par ses versions à motorisation diesel. Les versions six cylindres ou turbo quatre cylindres qui arriveront ultérieurement sont malheureusement encore absentes en ce tout début des années 1980.
Une gamme Talbot qui s'effondre, une Visa à la peine, une GSA sur le déclin chez Citroën, une 104 qui vivote à partir de 1980, une 305 dépassée sur le plan structurel et technique par la jeune concurrence chez Peugeot, le groupe PSA tout entier tourne au ralenti.

Le renouvellement des petites et moyennes gammes tant chez Citroën que chez Peugeot devient une urgence absolue pour sauver l'entreprise tout entière d'une mort certaine si aucun nouveau modèle ne vient rapidement rebattre les cartes.
Talbot mis à part, le plus malade est Peugeot, qui, malgré une offre de véhicules de qualité bien construits, souffre d'une image peu dynamique, d'une image vieillotte, provinciale, à l'image des voitures produites avec une gamme de motorisation et de finition offerte trop étroites.
Peugeot et Citroën vont réagir.
Et de fort belle manière qui plus est.

Elle est belle la 305 Phase 1 de 1977, mais tellement vieillotte cinq ans plus tard. Heureusement, la 305 Phase 2 arrive en 1982, et là, pour le coup, c'était vraiment urgent. (Archives de l'auteur)

DEUX HOMMES POUR POSER LES BASES DU SUCCÈS : JEAN-PAUL PARAYRE ET JEAN BOILLOT

Jean-Paul Parayre et le moteur XU

Vous vous êtes peut-être toujours demandé pourquoi les Renault 5 et Peugeot 104 avaient été privées de quatre portes pour la première et d'un hayon pour la seconde à leur présentation en 1972. Réponse : l'accord passé entre les deux constructeurs prévoyait d'attribuer les quatre portes à la 104 et le hayon à la Renault 5. Le Lion avait cru voir la bonne affaire en signant cette sorte de pacte de non-agression réciproque, mais malheureusement l'histoire, toujours facétieuse, allait en décider autrement.

La LN, premier fruit, en 1976, de l'absorption de Citroën par Peugeot. (Archives E-T-A-I)

La Visa, deuxième fruit, né en 1978 du mariage des Chevrons et du Lion. (Archives E-T-A-I)

Nouveau moteur XU essence 1 580 cm^3 de 80 ch : la jeune BX l'étrenne à l'automne 1982. Elle ne le sait pas encore, mais elle sera la première voiture à sauver le groupe PSA de la faillite. (Archives E-T-A-I)

La Renault 5 finit tout de même par se doter de quatre portes en 1980. La 104, stimulée par des performances commerciales moyennes, est plus prompte à réagir : dès 1977 sa poupe s'ouvre sur un large hayon. C'est à partir de cette date que les hommes de Peugeot vont commencer à réfléchir sur sa remplaçante, deux en particulier, Jean-Paul Parayre et Jean Boillot.
Ingénieur des Ponts et Chaussées, polytechnicien, né en 1937, Jean-Paul Parayre fait son entrée chez PSA en 1974 comme directeur attaché à la direction générale, débauché par François Gautier de la direction de la construction mécanique, électrique et électromécanique. Le haut fonctionnaire va découvrir l'industrie.
Le nouvel arrivant se passionne très vite pour l'automobile et apprend tout aussi rapidement en accélérant la création d'une banque d'organes commune à Peugeot et à Citroën qui va permettre la mise au monde de la petite LN (moteur bicylindre à air Citroën, carrosserie de coupé 104) en 1976. Présentée en 1978, la Citroën Visa, qui cache sous son capot aussi bien des moteurs quatre cylindres Peugeot type X que des deux-cylindres de la marque au double chevron, suit la même logique.
Jean-Paul Parayre est devenu entre-temps, en 1977 très exactement, le nouveau président du directoire PSA Peugeot-Citroën. Réfléchir au remplacement de la 104 ? Bien sûr. Mais il faut le faire dans sa globalité, anticiper les futures exigences techniques, et donc industrielles, de celle qui remplacera la quatre-portes, pardon maintenant la cinq-portes, la plus courte du monde.
C'est à ce moment-là que Jean-Paul Parayre voit juste : la future petite Peugeot devra être grande, ne pas se contenter de prestations limitées comme la 104, mais au contraire être réellement polyvalente, réellement ambitieuse, ce qui veut dire dimensions et puissance à la hausse. Comme une volonté de voir grand avant l'heure...
Jean-Paul Parayre met aussi sa vision en application : il crée une usine de moteurs à Trémery (Moselle) gérée par Citroën et une usine de boîte de vitesses à Valenciennes (Nord) gérée par Peugeot. De la première citée sortiront les nouveaux propulseurs de type XU essence d'une cylindrée de 1 580 à 1 905 cm^3 (XU5, XUD9) et XUD diesel de 1 769 à 1 905 cm^3 (XUD7, XUD9) avec boîte en bout et non plus sous le moteur, ce qui permet l'adoption d'une boîte de vitesses automatique, ce que les moteurs précédents (XK, XL3, XL3 S des 204, 304, X de la 104) interdisaient.
La mission du moteur XU ? Donner les moyens de leurs nouvelles ambitions à la remplaçante de la 104 et, nous le verrons plus loin, à la remplaçante de la Citroën GSA, tant dans leurs versions à essence que dans leurs versions à gazole.
Dans la deuxième usine vont éclore les nouvelles boîtes de vitesses de type BE3 (marche arrière en haut à gauche en pressant une bague disposée sous le pommeau du sélecteur) qui vont vite se laisser remarquer pour leur rapidité et pour leur fiabilité.
La première voiture du groupe à inaugurer le moteur XU associé à la boîte de vitesses BE3 à cinq rapports sera la Citroën BX dans ses versions 16 RS et 16 TRS au Salon de l'auto de Paris d'octobre 1982. Le moteur retenu est le XU5 de 1 580 cm^3 et 80 ch associé à une magnifique livrée rouge Vallelunga.

Directeur général de Peugeot à partir de 1979, Boillot impose l'appellation 205 et donne la véritable dimension au projet en ayant l'intelligence d'écouter Michel Forichon, directeur technique à La Garenne-Colombes, qui lui donne l'idée d'élargir le prototype M24 pour accueillir le nouveau moteur XU plus imposant. Sans Michel Forichon, la 205 serait restée sans diesel, sans GTI, incomplète ! (Archives E-T-A-I)

Jean Boillot se place sur le segment M1

Le deuxième homme s'appelle Jean Boillot. Né le 6 février 1926 dans le Doubs, décédé le 30 mars 2010 à Paris, il entre chez Peugeot en 1954 après une licence de droit et deux années passées au Crédit lyonnais. Il devient directeur commercial à partir de 1974, membre du directoire d'Automobiles Peugeot en 1976, puis directeur général en 1979.
Sa vision de la remplaçante de la Peugeot 104 est identique à celle de Jean-Paul Parayre, mais plus radicale encore : la nouvelle venue devra savoir tout faire, devra répondre à tous les besoins, à toutes les envies, en les créant si nécessaire, mais surtout elle devra élargir considérablement son territoire de chasse en se faisant non seulement prédatrice sur son segment B2 (autos de 3,50 mètres à 3,70 mètres) mais aussi sur le segment M1 (autos de 4 mètres).
Petite explication pour bien comprendre la nouvelle stratégie de Peugeot : fortement favorisé par la multiplication des ménages disposant de plusieurs voitures, dominé par la Renault 5, tandis que la 104 perd pied, le segment B2 explose en France et en Italie avec plus de 30 % des immatriculations en France fin 1977. Très féminisée,

jeune, la clientèle de ce segment comprend 40 % de femmes, 30 % de personnes de moins de trente ans dont le pouvoir d'achat s'accroîtra au fil des années et qui rêveront bientôt d'automobiles de la catégorie supérieure…

Le segment M1 est très développé en France et majoritaire en République fédérale d'Allemagne, pays dans lesquels la Golf, née en 1974, fait des ravages en se posant, ni plus ni moins, comme la nouvelle référence de sa catégorie, en particulier dans ses révolutionnaires versions diesel et GTI 1,6 litre 110 ch apparues en septembre 1976.

Dans la tête de Jean Boillot et dans celle, bientôt, de Jean-Paul Parayre, les choses vont être claires : la remplaçante de la 104 chassera sur les deux marchés à la fois (B2 et M1) avec des dimensions comprises entre celles de la 104 et celles de la Golf, soit entre 3,58 mètres et 3,80 mètres de longueur. Les moteurs devront être à la hauteur, de même que le comportement routier et le confort ; le style sera affirmé ; la fiabilité, totale. Un impératif, enfin : la jeunesse, le dynamisme du nouveau modèle devront être affichés sans complexe. Fini la timidité, fini la pudeur, fini le manque de confiance en soi, la future Lionne devra être fière de sa force, sûre de son talent, les montrer, et surtout, oui surtout, le faire savoir. Une question de survie pour l'entreprise !

Les deux adversaires, la Renault 5 pour le segment B2, la Golf pour le segment M1, sont maintenant clairement désignées. Dans ces conditions, la remplaçante de la 104 doit-elle encore s'appeler 105 ? L'affubler de ce numéro a-t-il encore un sens ? Eh bien, non !

C'est Jean Boillot qui le voudra, c'est Jean Boillot qui l'imposera, la remplaçante de la 104 s'appellera 205 et non 105 pour bien marquer son ambition nouvelle, pour bien marquer ses prestations supérieures, pour bien marquer son appartenance à la prestigieuse série 200 de chez Peugeot, cette série qui sauve son constructeur depuis la 201 de 1929.

De plus, et c'est fort habile, nommer 205 la future auto laisse la place à une éventuelle voiture plus petite qui la seconderait si le besoin s'en faisait un jour sentir. N'est-ce pas ce qui va se produire quand Peugeot, dans les années 1990, cherchera à assurer la descendance de la 205, devenu déjà mythique à cette époque, en cherchant à la remplacer, avec succès il faut le reconnaître, par deux Lionnes, la petite 106 en 1991 et la moyenne 306 en 1993 ? N'est-ce pas amusant de constater qu'il aura fallu deux autos pour en remplacer une ?

Jean Boillot et Jean-Paul Parayre mettent à profit l'année 1977 pour élaborer le cahier des charges de la future 205, qui pour l'instant se fait appeler projet M24. Fin 1977, le cahier des charges est transmis au service DSV (Définition et synthèse des véhicules) de la direction technique de La Garenne-Colombes dans les Hauts-de-Seine, dirigé par Michel Forichon assisté de son fidèle ingénieur de la gamme basse, Philippe Couvreur. Les deux hommes sont chargés de construire le premier prototype du projet M24. Les deux hommes sont chargés de sauver Peugeot.

Année 1974 : Volkswagen fait sa révolution avec la Golf, première traction compacte de la marque, en trois ou cinq portes, qui va devenir une légende.

LA GENÈSE
DE LA 205

JANVIER 1978-DÉCEMBRE 1980 : M24 VIENT AU MONDE À LA GARENNE-COLOMBES

La remplaçante de la 104 : la M24

Année 1978 : Valérie Giscard d'Estaing est président de la République, il conduit, pardon, il pilote lui-même sa Peugeot 604 ; Raymond Barre est Premier ministre. Tous deux sortiront vainqueurs des élections législatives organisées du 12 au 19 mars face à un certain François Mitterrand.

La 16 500 000e et dernière Coccinelle sort des usines Volkswagen de Wolfsburg en Allemagne le 19 janvier. Claude François s'électrocute le 11 mars ; l'*Amoco-Cadiz* provoque une marée noire géante en Bretagne le 16 de ce même mois. Le 10 août, Peugeot rachète les usines de Chrysler en Europe, quatre jours après le décès du pape Paul VI. Son successeur Jean-Paul Ier décédera le 28 septembre après seulement trente-trois jours de pontificat. Le 16 octobre, un nouveau pape sera élu : Jean-Paul II. Jacques Brel s'en va le 9 octobre, Alain Colas disparaît en mer sur son voilier *Manureva* au large des Açores au Portugal le 16 novembre.

Le 4 décembre, le système monétaire européen aux origines de l'euro sera créé, pour une entrée en vigueur le 16 mars 1979 avec huit membres, le Royaume-Uni restant en dehors.

Mais revenons à notre Peugeot 205, nom de code M24 pour l'instant. Notre future Lionne voit son projet technique mis en forme dès janvier 1978 : l'empattement de 2,42 mètres de la 104 est conservé, mais la voiture s'allonge à 3,66 mètres, s'élargit à 1,54 mètre (1,52 mètre pour la 104 et la Renault 5), s'aplatit à 1,37 mètre (1,39 mètre pour la 104). Il est décidé que la roue de secours migrera du moteur à un emplacement sous le plancher du coffre, le réservoir maintenant placé sous la banquette arrière et non à l'extrémité du véhicule le permettant. Les versions trois portes sont déjà programmées avec des cotes identiques à celles des versions à cinq portes, contrairement à la future Renault Supercinq de 1984 dont les versions à cinq portes seront plus longues de 6 cm que les versions à trois portes.

Élément très important qui détermine les performances, la consommation, le comportement routier, le confort et le plaisir de conduite du véhicule, le poids maximal est fixé à 735 kg pour la version d'entrée de gamme.

Le projet technique est validé le 12 juillet 1978. Une note d'orientation officielle de PSA lance le projet M24 dans la foulée. La date de lancement en production est fixée au 1er décembre 1982 pour la cinq-portes, au 1er février 1983 pour la trois-portes, Peugeot estimant que la future auto sera produite à environ 1,6 million d'exemplaires. Le Lion ne le sait pas encore, mais ce sera beaucoup, beaucoup plus…

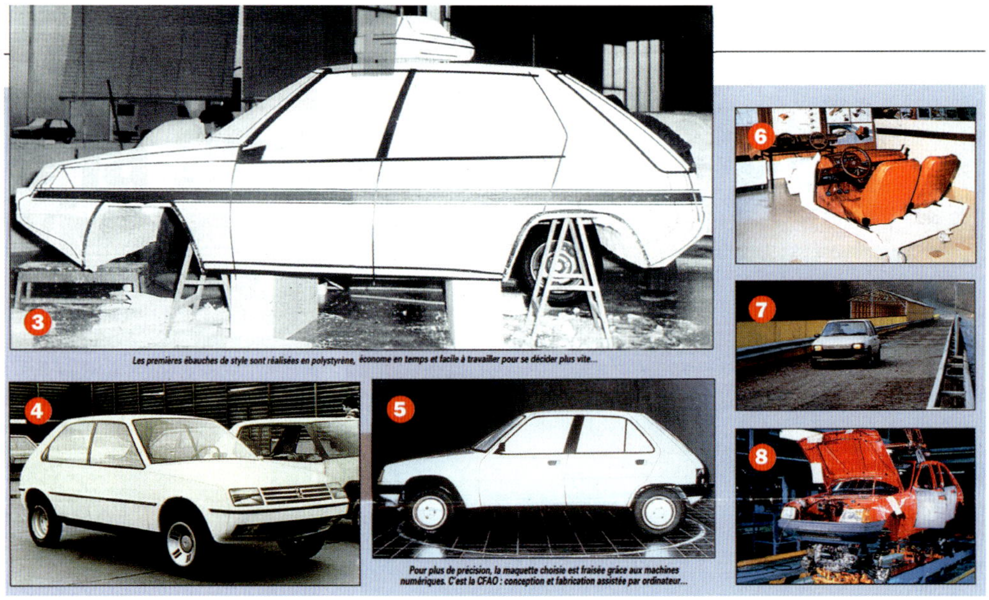

Le secret de la 205 : le mariage de lignes tendues et de courbes, de galbes et de cintres. Aujourd'hui, il faut vraiment rendre hommage à Gérard Godfroy, devenu dessinateur indépendant, d'avoir dès le mois de juin 1976 posé le volume du futur Sacré Numéro, volume qui sera retravaillé avec talent par l'équipe de Gérard Welter pour lui donner plus de souplesse. (Archives de l'auteur)

La première maquette est celle qui va aboutir à la 205 définitive : il n'y a rien d'évident, il n'y a que du travail. Le visage et le corps du Sacré Numéro ont demandé plus de labeur que ceux de la Renault 5. (Archives de l'auteur)

Gérard Welter : il a su magnifier le dessin de Gérard Godfroy. La 205 a donc deux papas au même prénom pour sa robe. (Archives E-T-A-I)

Gérard Welter, le sculpteur de la 205

Pour l'instant, le Lion court à perdre haleine, très vite, il ne perd pas de temps : Gérard Welter, directeur du bureau de style Peugeot, construit une première maquette qui fixe les grandes lignes de la robe de la future 205 dès la fin de l'année 1978.

Qui est Gérard Welter ? Engagé par Paul Bouvot, l'homme inventa en 1968 les phares trapézoïdaux pour la 504 à la carrosserie signée Pininfarina. En 1960, il rentre à seulement dix-huit ans, au bureau de style Peugeot. Premier essai, premier succès : il dessine les feux arrière si caractéristiques de la 404. Il enchaîne en travaillant sur le coupé et sur le cabriolet 204, puis sur la 304 qui sera commercialisée en 1969. En 1975, il devient directeur du style extérieur après avoir signé la magnifique 604, puis il dessine la (certes trop timide, mais très jolie et très travaillée dans ses formes, les phares en particulier) 305 de 1977. La mythique 405 de 1987 naîtra également de sa main. C'est le directeur du lycée du Gué-à-Tresmes, où le jeune Gérard vient d'obtenir son diplôme de staffeur, qui signale à son père que la maison Peugeot cherche un profil comme celui de son fils. Pas question pourtant de quitter sa Seine-et-Marne natale pour la Franche-Comté. Surprise : le poste à pourvoir est à La Garenne-Colombes, dans les Hauts-de-Seine, où est installé le bureau de style Peugeot. Le jeune homme rejoint le Lion. Il ne le quittera jamais, passant quarante-sept années de sa vie à son service. Gérard Welter

Le nombre d'applications techniques sur M24 provenant du prototype Vera 1 est impressionnant, le tout au bénéfice de l'aérodynamique. (Archives E-T-A-I)

apporte sa jeunesse, mais aussi, et surtout, de nouvelles méthodes de maquettage avec le plâtre et le polystyrène, issues de sa formation initiale de staffeur. Un staffeur est avant tout un artiste, un sculpteur qui modèle le plâtre et la filasse (liant végétal) pour obtenir des formes et des volumes nés de son imagination. Gérard Welter pense en trois dimensions, c'est là son originalité. C'est ce qui fera la différence quand il s'agira d'imposer sa vision du corps de M24.

Autre changement après l'arrivée de Gérard Welter, les Pininfarina, qui bénéficiaient d'une entrée quasi permanente dans les bureaux de La Garenne, sont poliment, mais fermement, invités à ne plus dépasser le seuil de la porte, cela afin d'éviter qu'ils ne se promènent librement dans les locaux avec leurs yeux fureteurs. Enzo Cardi et Sergio Pininfarina, sitôt Paul Bouvot convaincu par l'argumentation du jeune Welter, seront dès lors tenus à distance de l'antre du Lion.

L'année 1979 commence très fort pour M24 : les premières études aérodynamiques de la maquette de Gérard Welter sont menées en février à l'Institut aérotechnique de Saint-Cyr, près de Versailles. C'est à ce moment-là que les premiers enseignements liés à l'étude du prototype Vera, seulement dévoilé au grand public en 1981, commencent à influer très fort sur les caractéristiques aérodynamiques techniques de M24, donc de la future 205.

Le prototype VERA (Véhicule expérimental de recherche avancée) est construit sur une base de Peugeot 305 GL de première génération. Le choc pétrolier de 1979 ajouté à celui de 1973 produit son effet : sous la double pression des consommateurs et de l'État, les constructeurs se voient obligés de proposer à la vente des véhicules plus sobres. L'étude de Vera répond à cet impératif.

Des solutions simples aisément transposables à un véhicule de grande série sont mises en œuvre sur Vera pour améliorer sa pénétration dans l'air. Objectif atteint : le Cx descend à 0,306 contre 0,44 pour la 305 GL ! Les vitres minces affleurantes, la calandre basse étanche à l'air avec des joints obturés par des lamelles de caoutchouc, le bord

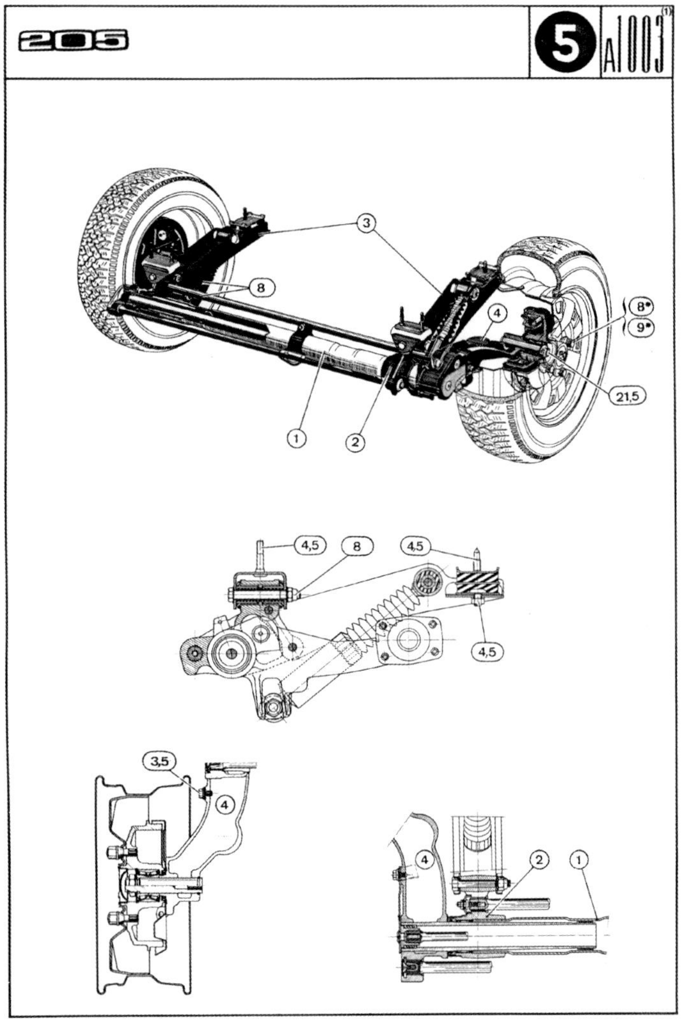

Le train arrière à amortisseurs couchés de M24 provient de Vera 1 : avec lui, la future 205 se dote d'un atout majeur. Le coffre devient non seulement logeable, mais aussi pratique. (Archives de l'auteur)

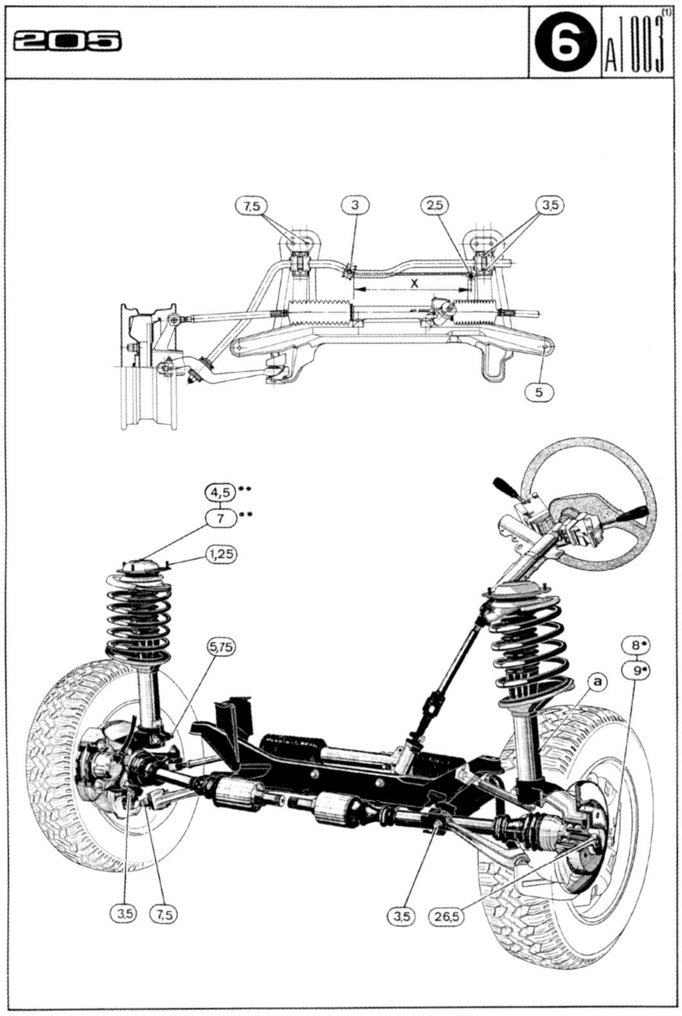

Le train avant de M24 : reprise de la 104 mais améliorée, la barre antiroulis est en arrière de l'axe des roues. Les triangles inférieurs sont réservés aux versions GTI, GTI Griffe, Gentry, Turbo 16 et Diesel Turbo. (Archives de l'auteur)

d'attaque du capot moteur arrondi, la forme étudiée du bas de pare-chocs avant, le becquet arrière ont produit leur effet.
Deuxième nécessité pour réduire la consommation : réduire la masse. La CAO (Conception assistée par ordinateur) va permettre d'optimiser la masse du véhicule en calculant de manière plus précise les contraintes mécaniques de la structure et des différentes pièces mécaniques. Le but ? Enlever de la matière là où elle n'est pas nécessaire. La CAO apparue pour la première fois chez Peugeot en 1972 permet cela. Résultats : 185 kg gagnés sur Vera par rapport à la 305, soit une diminution de 20 % de la masse, et ce sans l'utilisation de matériaux exotiques. Une fois de plus, tout cela est applicable directement pour l'étude du véhicule de Mme ou M. Tout-le-Monde.
Pragmatique, M24 intègre tout cela et récupère au passage ce qui deviendra le plus bel atout de la 205 : le train arrière nouvelle génération de Vera. Le train arrière de Vera se compose de roues indépendantes reliées par l'intermédiaire de bras tirés à deux barres de torsion transversales enfermées dans un tube qui travaillent, certes, en torsion, mais aussi en légère flexion. Une barre antiroulis disposée à l'intérieur de cette même traverse tubulaire s'ajoute aux deux barres de torsion pour augmenter l'efficacité du système. Ce n'est pas tout. Le train arrière de Vera innove sur un point capital : les amortisseurs sont couchés, presque à l'horizontale, ce qui dégage le coffre, débarrassé des têtes d'amortisseurs et des passages d'ailes proéminents. L'ensemble, ultra-compact, ne dépasse pas 22 cm en épaisseur. Ni la Renault 5 ni la Golf, encore moins la 104, ne disposent de cet avantage qui restera spécifique à la future 205 et à ses filles Peugeot 309, 405, 605.
Regardons maintenant de plus près la maquette de 1978 de Gérard Welter : tout y est déjà. Aux galbes près, tout ce qui fera la 205 est déjà présent : un avant très fin débarrassé de la roue de secours sur le moteur, un bord d'attaque du capot très arrondi, un grand pare-brise qui commence à bien s'incliner, une ceinture de caisse très basse, une surface vitrée énorme.

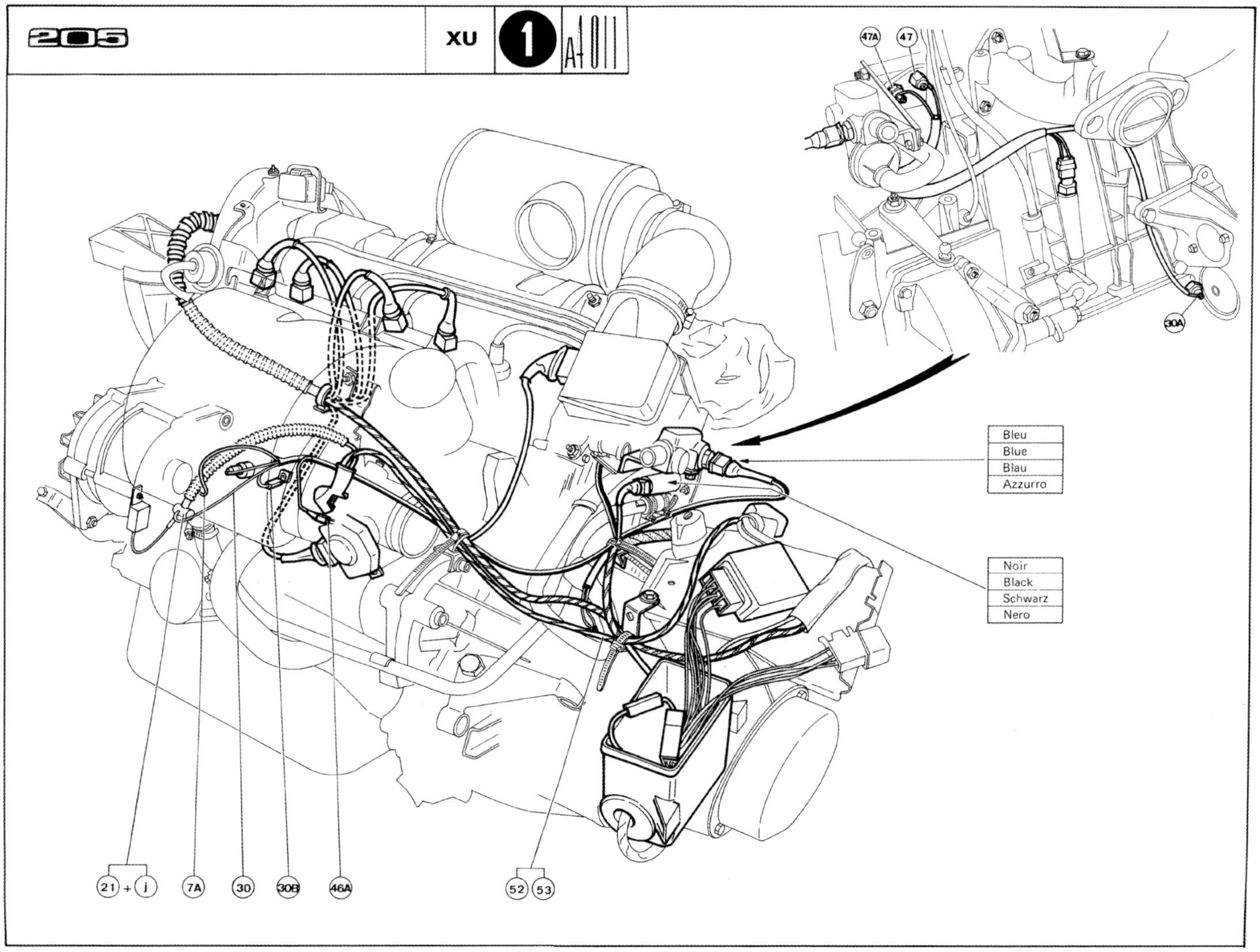

Grâce à Michel Forichon et à Jean Boillot, le moteur XU va pouvoir être installé dans la 205 en cylindrées 1 580 cm³ et 1 905 cm³ à essence et 1 769 cm³ diesel. (Archives de l'auteur)

Le dessin est net et sans aspérité avec un joint de pare-brise plat, une lunette arrière collée à fleur de carrosserie, une absence de gouttière de toit. La toute petite calandre, à deux barrettes pour l'instant, est étanche à l'air. La maquette étant encore dépourvue de moteur, il manque seulement pour l'instant ce qui fera plus tard l'originalité de la 205, la fameuse ouverture, la fameuse bouche aménagée dans la partie inférieure du pare-chocs avant, sous la plaque d'immatriculation, destinée à compenser la calandre étanche en amenant l'air jusqu'au radiateur pour le refroidir.
Comme bien souvent avec les autos destinées à devenir cultes, le dessin est tracé d'un seul jet, sans hésitation, à l'image de la Renault 5 du génial et regretté Michel Boué ou de la Golf du très talentueux Giorgetto Giugiaro, fondateur d'Italdesign. La 205 ne fait pas exception à la règle, cette première maquette de 1978 en atteste. Même le rétroviseur gauche sera repris presque tel quel sur le modèle définitif! En raison de l'urgence de la situation, les premières études concernant l'aménagement de l'intérieur sont menées en même temps que celles concernant l'extérieur. C'est Paul Bracq qui s'y colle.

Paul Bracq, le dessinateur de l'intérieur de la 205

Peintre, sculpteur, dessinateur, Paul Bracq est un artiste complet. Né en 1933 à Bordeaux, diplômé de l'École Boulle, auteur de la robe des mythiques Mercedes-Benz 230 SL Pagode et 600, du prototype BMW turbo de 1973, il signe les séries 5 (E12), 3 (E21), 6 (E24), 7 (E23) du constructeur bavarois à l'hélice, dont il est depuis 1970 le directeur du design, avant de rejoindre Peugeot en 1974 comme responsable du design intérieur. C'est dire si l'homme a du talent. En 1978, il a déjà créé la planche de bord de la 604 de 1975 et de la 305 de 1977. De son imagination sortiront celles des 505 (1979), 405 (1987), 605 (1989), 106 (1991), 406 (1995), 206 (1998).

Paul Bracq : la planche de bord de la 205, c'est lui. (Archives E-T-A-I)

Revenons à 1978 : Paul Bracq propose un dessin pour la planche de bord de la future 205 : le coup de crayon est, comme à son habitude, limpide. Très basse, ouverte sur l'espace et sur la lumière avec un combiné d'instruments rectangulaire de faible hauteur, mais malgré tout très lisible, surmonté d'un bandeau de témoins lumineux de contrôle de la bonne marche du véhicule, la planche de bord, quarante ans plus tard, surprend encore par sa modernité et son intelligence de conception. La ceinture de caisse très basse de la maquette de Gérard Welter a obligé Paul Bracq à dessiner une planche de bord qui s'y adapte. Le talent de l'un a permis au talent de l'autre de s'exprimer. L'audace a entraîné l'audace dans une spirale vertueuse d'innovations. Le Lion explore des terres inconnues, poussé par sa volonté de survivre.
Mars 1979. Définie pour permettre d'utiliser les nouveaux et gros moteurs XU essence (1 580 et 1 905 cm^3) et XUD diesel (1 769 cm^3), la largeur de la voie avant est fixée à 1,35 m (1,29 m pour la 104). Elle ne changera pas.
Le premier mulet est assemblé en avril 1979. La longueur gagne 2 cm (3,68 m), la largeur 1 cm. La hauteur ne change pas, de même que l'empattement, toujours 2,42 m.
Petit à petit, M24 s'éloigne des cotes de la 104, tandis que Margaret Thatcher, chef de file du parti conservateur, devient Premier ministre du Royaume-Uni le 4 mai et que le pape Jean-Paul II effectue son premier voyage en Pologne. John Wayne disparaît le 11 juin, la Renault 5 à cinq portes fait enfin son apparition le 1er juillet, un attentat de l'IRA, l'armée républicaine irlandaise, coûte la vie à la fin du mois d'août à l'amiral britannique lord Mountbatten. En septembre, Jacques Chirac, maire de Paris, inaugure le Forum des Halles, le premier restaurant McDonald's de France ouvre ses portes à Strasbourg. Octobre voit la révélation par *Le Canard enchaîné* de la fameuse affaire des diamants de Bokassa mettant en cause le président Giscard d'Estaing, tandis que son ministre du Travail, Robert Boulin, est retrouvé mort dans la forêt de Rambouillet, les circonstances du décès restant obscures. L'année se termine avec l'exécution par les policiers de l'ennemi public numéro un Jacques Mesrine, mitraillé avec sa compagne, qui en réchappera, à bord de leur BMW 528i.
Les deux événements marquants de l'année 1979 pour la France restent quand même l'échec de Michel Rocard à imposer une révision du Programme commun au congrès du PS d'avril, à Metz, face à François Mitterrand qui remporte la majorité sur la fidélité à ce même programme et surtout l'arrivée, en juin, du second choc pétrolier qui, en augmentant de 30 à 35 % le prix du baril de pétrole selon les pays fournisseurs, impose à notre pays une facture alourdie de 15 milliards de francs, soit 1 % du PIB ! Pour l'industrie automobile

en particulier, nous allons le voir, cela va considérablement bousculer les habitudes.

Quoi qu'il en soit, l'année 1979 se termine très bien pour M24 qui voit sa plastique positivement peaufinée : influencé par la future Talbot Tagora qui fera son apparition au Salon de l'auto de Paris d'octobre 1980 et qu'il adore, Jean-Paul Parayre demande à Gérard Welter de retendre un peu les lignes de la future 205 qui va gagner en dynamisme et en affirmation de sa personnalité. Celles et ceux qui lui reprochaient une certaine parenté de style avec la Renault 14 en seront pour leurs frais.

Comme à son habitude, Peugeot a mis en concurrence ses propres équipes, celle de Gérard Welter nous concernant et celle de Pininfarina pour déterminer *in fine* le visage de son nouveau modèle. À Noël 1979, Gérard Welter, malgré les apparences, n'a donc pas encore définitivement gagné la partie. Le Lion n'a pas encore choisi et peut se détourner de sa proposition tandis que les travaux de l'Italien sont loin d'être ridicules.

Le duel tant attendu a lieu le 5 janvier 1980 à Mortefontaine, près de Paris. Peugeot tranche : la proposition italienne, moins pure, moins innovante, est rejetée. Les équipes de Gérard Welter, mais aussi de Paul Bracq, triomphent : la robe de la future 205 ainsi que son intérieur seront français. Cocorico !

Les dernières esquisses de la future 205

L'heure des choix n'est pourtant pas terminée et va se poursuivre, dans le domaine technique, tout au long de cette année 1980. Le train avant, tout d'abord. Si le choix du train arrière a été validé, (ce sera celui de Vera), il n'en est rien pour le premier cité. Peugeot choisit de reprendre le train avant McPherson éprouvé de la 104, mais en l'inversant : la barre antiroulis assurant la triangulation inférieure normalement placée en avant de l'axe des roues, et donc particulièrement vulnérable au choc, est, pour M24, reportée en arrière de l'essieu, comme elle le sera sur les 305 GT ou diesel de la deuxième génération. Le but de la manœuvre ? Permettre le montage du nouveau moteur XU tant en version essence que diesel. Ce n'est pas fini : pour encore accroître la rigidité du tout, cette même barre antiroulis est maintenue latéralement par un tirant fixé sur la traverse supportant l'ensemble. Le maintien en roulis en sort renforcé.

Le moteur maintenant. Nous l'avons dit, il est prévu d'équiper la future 205 à essence avec le nouveau moteur XU, mais uniquement pour les versions à forte cylindrée. L'essentiel de la gamme 205 à essence reprendra le jeune et formidable moteur X de la 104 en trois cylindrées : 954, 1 124, 1 360 cm^3. Le deuxième choc pétrolier est malheureusement passé par là : en cette année 1980, comme tous les autres constructeurs, Peugeot est obligé de revoir sa copie pour proposer aux consommateurs des moteurs plus sobres.

Le moteur type XY7 de 1 360 cm^3 bénéficie, lui encore, de l'enseignement Vera : il est confectionné à partir d'une sélection de pièces provenant des moteurs XW7 de 1 124 cm^3 et 50 ch et du nouveau XYP de 1 360 cm^3 et 80 ch à deux carburateurs simple corps en préparation. Distribution et échappement du 50 ch, bloc et culasse du 80 ch, le résultat obtenu est étonnant : la puissance du moteur XY7 s'établit à 60 ch au rythme très tranquille de 5 000 tr/min avec déjà 59 ch dès 4 300 tr/min. Incroyable. En parallèle, le couple se place à sa valeur maximale dès 1 500 tr/min, et ce jusqu'à 4 000 tours. Le plus petit moteur XW7 1 124 cm^3 est, lui aussi, considérablement adapté avec une puissance de 50 ch atteinte à seulement 4 800 tr/min. Souplesse, onctuosité, les moteurs X améliorés vont permettre, surtout accouplés à des transmissions relativement longues, d'obtenir des consommations très basses. Une fois de plus, tout le travail accompli par Peugeot sur le prototype Vera trouve son application en série sur M24. Le moteur XV8 954 cm^3 d'entrée de gamme dérivé du XV3 954 cm^3 de la 104, au seul carburateur simple corps

MOTEUR X son origine

C'est à la Fonderie de Française de Mécanique que le vilebrequin est fabriqué.

19 pièces arrivent brutes à la Française de Mécanique : ce sont celles qui sont usinées par F M, en plus bien entendu du vilebrequin, qui, on le sait, est fabriqué à la Fonderie.

Toutes les autres pièces, appelées POE (Pièces Ouvrées à l'Extérieur), arrivent directement des Sociétés-Mères ou d'entreprises de sous-traitance. Ce sont soit des pièces qui font l'objet d'une technique très particulière comme l'allumeur, l'alternateur ou les bougies, soit des pièces qu'il ne serait pas intéressant d'usiner à F M, telle la visserie.

Par contre, la plupart des pièces de haute précision sont usinées à Française de Mécanique. Voici quelles sont leur composition et leur provenance indicative.

PIÈCES	COMPOSITION	PROVENANCE INDICATIVE
BLOC-CYLINDRE	ALLIAGES LÉGERS	PEUGEOT
CULASSE		PEUGEOT
CARTER-CHAPEAU		EXTÉRIEUR
CARTER-DISTRIBUTION		EXTÉRIEUR
PISTONS		PEUGEOT
CORPS DE POMPE A EAU		PEUGEOT
SUPPORT DE POMPE A EAU		EXTÉRIEUR
POMPE A HUILE		PEUGEOT
BIELLE	ACIER	PEUGEOT
CULBUTEURS		PEUGEOT
Bague de centrage d'embrayage		EXTÉRIEUR
Pignon d'entraînement de la pompe à huile		PEUGEOT
Pignon de commande de la pompe à huile		PEUGEOT
PIGNON D'ARBRE A CAMES		PEUGEOT
VILEBREQUIN	FONTE GS	FRANÇAISE DE MÉCANIQUE
VOLANT	FONTE	RENAULT
ARBRE A CAMES		PEUGEOT
CHEMISES		PEUGEOT
COLLECTEUR		RENAULT
SUPPORT AXE CULBUTEURS		EXTÉRIEUR

La provenance des diverses pièces qui constituent le moteur X : l'ensemble propulseur-boîte de vitesses pèse 148 kg. (Archives de l'auteur)

Le moteur X sera repris de la 104 pour la 205, en trois cylindrées : 954 cm^3, 1 124 cm^3 et 1 360 cm^3 à essence, mais il sera amélioré pour cette dernière en ce qui concerne la souplesse de conduite et la consommation de carburant. (Archives de l'auteur)

près, sera reconduit sans changement avec une puissance de 45 ch au régime un peu élevé de 6 000 tr/min, tandis que le presque sportif et très réussi XY8 de 1 360 cm^3 et 80 ch à 5 800 tr/min équipera la version à essence de pointe, après avoir été testé dès le 1er juillet 1982 (année modèle 1983) sous le capot de la 104 ZS affublée pour l'occasion d'un autocollant "80 hp" sur les ailes avant et d'une boîte de vitesses de type BH à cinq rapports.

Que retenir d'autre de cette année 1980 ? Beaucoup de choses : dessinée par Giorgetto Giugiaro, la géniale Fiat Panda débarque en février 1980 pour vingt-trois ans de carrière ; version quatre portes de la Talbot 1510 ex-Simca-Chrysler 1307-1308, la nouvelle Solara, très jolie voiture, il faut le souligner, arrive pour tenter de relancer la marque ; la guerre Iran-Irak débute le 22 septembre ; en Pologne, Lech Walesa se dresse contre le grand frère soviétique ; Ronald Reagan est élu président des États-Unis le 4 novembre. Quoi qu'il en soit, en cette fin 1980, M24 se prépare à poursuivre son voyage pour devenir une 205. Il reste encore tant à faire.

JANVIER 1981-OCTOBRE 1982 : M24 DEVIENT UNE 205 À SOCHAUX

Des décisions donnant le visage final de la 205

Adieu La Garenne, bonjour Sochaux : M24 cligne un peu des phares à l'ouverture du container qui l'a amenée jusque-là. Là, c'est la DE, la direction des études de Sochaux dirigée par Marcel Provent, ingénieur des Mines. La mission de Marcel Provent : finaliser le projet, faire de cette ébauche d'auto une vraie auto.

Première décision : le réservoir en tôle de 40 litres est jeté dans le Doubs pour être remplacé par un modèle de 50 litres en polyuréthane placé en avant de l'essieu arrière dans une région bien protégée des chocs. La contenance dudit réservoir, identique à celle des 203 et 404, va asseoir la réputation de routière au long cours de la future 205. Ce n'est pas tout : placés à l'intérieur du périmètre de sustentation, le réservoir et le moteur X incliné à 72° vers l'arrière vont participer à la bonne répartition des masses pour éviter les inerties polaires. Le bon équilibre, la neutralité du comportement de la future 205 tiennent en tout premier lieu à cette intelligence de la conception générale du véhicule.

Deuxième décision : utilisée pour la première fois chez Peugeot en 1972, la CAO va cette fois être utilisée au maximum de ses possibilités pour alléger et rigidifier la caisse. Objectif atteint : bien aidée par l'emploi du nouvel acier dit HLE, à haute limite élastique, la caisse toute nue de la 205 pèse 194 kg. Celle de sa maman 104 fait 220 kg pour une rigidité moindre, malgré 40 % de points de soudure en plus ! Petite anecdote : Peugeot Cycles utilisera aussi massivement pour ses cadres ces nouveaux aciers HLE dans les années 1980 avant de passer à l'aluminium puis au carbone. Les bicyclettes en acier HLE se feront remarquer pour leur rendement et pour leur fiabilité. Elles constituent aujourd'hui un grand classique pour toute amatrice et tout amateur de vélo classique de la marque au lion.

Troisième décision : M24 s'allonge encore un tout petit peu, se dote d'une troisième barrette de calandre et d'un pare-brise encore plus incliné. La valeur de 3,705 mètres est définitivement adoptée. Elle ne bougera plus. La future 205 a trouvé son vrai visage. Le poids reste stable à 745 kg, le Cx se fige à la bonne valeur, pour une auto aussi courte, de 0,35. Petite comparaison express : la 104 de 3,58 mètres accuse 760 kg sur la balance pour un Cx de 0,40. La 305 de première génération se permet un Cx de 0,44 pour une longueur de 4,24 mètres en 1981. Une page se tourne chez Peugeot. M24 tracte son constructeur vers le futur.

Fort de cette bonne base, Marcel Provent continue sur la voie des bonnes décisions : après des décennies de Lionnes aux roues maigrelettes, la 205 casse les codes en adoptant pour ses versions 60 ch et 80 ch à finitions supérieures des pneus taille basse série 70 Michelin MXL. Enfin une Peugeot bien assise !

Ce n'est pas tout : reprise de celle de Vera, encore elle, la structure des portières apporte une rigidité, une légèreté inconnues ; les serrures se parent d'une lèvre métallique qui obture l'orifice une fois la clé enlevée, empêchant durant l'hiver toute intrusion bloquante du gel dans le mécanisme ; la partie inférieure du pare-chocs avant s'arrondit, se fait plus discrète, plus efficace encore dans sa lutte contre le vent. Petite grande innovation qui change la vie au quotidien : Peugeot abandonne enfin le trousseau de clés pour une clé unique. On avance, on avance…

Le magnifique circuit d'essai de Belchamp dans le Doubs avec des 305 Phase 1 qui tournent dessus.

Les premiers prototypes

Une coque, une carrosserie, un moteur, des trains roulants, des freins, un volant, tous les ingrédients sont maintenant réunis. L'assemblage du premier prototype est entamé. Soixante-cinq seront réalisés. Six seront détruits lors des essais de crash-test. Les prototypes survivants sont conduits sur la piste d'essai de Belchamp, dans le Doubs. Cinq cent soixante personnes travaillent sur ce site de 400 hectares niché au cœur d'une grande forêt. Trous, bosses, boue, pavés, chambres froides, chaleurs extrêmes, les prototypes sont livrés aux tortionnaires du Lion, dirigés par Paul Viérin, bourreau en chef et responsable dudit site.

Après 2 500 km sur piste pavée, la fixation à la coque du train arrière s'arrache. Elle est modifiée en conséquence. Cinq cents modifications sont apportées, tous domaines confondus. Les nouvelles serrures de portes à lèvres obturantes font l'objet de toutes les attentions : cent mille cycles d'essai avec de l'eau, du sel, du gel, de la chaleur n'ont pas raison d'elles. Elles gagnent le droit d'équiper les portes de la future 205.

Six réglages différents de suspension et de freinage sont étudiés en fonction de la puissance de moteur, qui s'échelonne de 45 ch à 80 ch. Tour après tour, jour après jour, pilotes, ingénieurs, techniciens mesurent, comparent, cassent, refont jusqu'à la perfection. Rappel de direction, bruit de la ventilation, sensations au freinage, dosage de sous-virage, degré d'amortissement, les hommes de Belchamp s'emploient à créer une auto au comportement subtil et délicat.

Le but ? Jouer avec la route, ne plus la subir, jouer avec les virages, les chercher, s'en goinfrer, jusqu'à plus soif, jusqu'au plaisir. La légende, vraie, du fameux toucher de route Peugeot est en train de prendre corps à Belchamp avec l'étude de la future 205 en cette année 1981. Avec son petit volant, son i-cockpit et son train avant millimétré, la 208 de 2023 porte au plus haut niveau de plaisir et d'efficacité ce toucher de route Peugeot inauguré par son arrière-grand-mère, quarante ans plutôt.

Pendant que M24 transpire sur les pavés de Belchamp, Peugeot organise son lancement, le but étant, en accord avec la direction de l'usine qui la fabriquera, à savoir le centre de production de Mulhouse, de livrer aux toutes premières clientes, aux tout premiers clients, des 205 exemptes de tout défaut.

Responsable début 1981 de l'usine de carrosserie du centre de production de Mulhouse, Ivan Plazanet est nommé le 1er avril 1981 chef du projet lancement M24 assisté de l'ingénieur Bruno de Guibert pour les études. Avec Ivan Plazanet, M24 est entre de bonnes mains : notre homme a déjà exercé la tâche de chef de projet de 1976 à 1978 pour le lancement de la 305. La mission du chef de projet ? Donner

Les 205 sillonnent le circuit de Belchamp jusqu'au dernier moment pour parfaire leur fiabilité, comme en atteste cette couverture de *L'Auto Journal* datée du 15 décembre 1982. (Archives de l'auteur)

Un prototype M24 sur la piste de Belchamp. (Archives de l'auteur)

Pas encore de nom visible. La petite Peugeot souffre à Belchamp pour être belle. (Archives de l'auteur)

naissance à un véhicule de qualité, aux coûts prévus et à la date fixée en s'adaptant et surtout en surmontant les imprévus. Ces derniers ne manquent jamais de survenir. La future 205 ne fera pas exception à la règle, bien au contraire.

La dernière touche : l'enjoliveur de coffre

Début 1982, moins d'un an avant le démarrage de la production, alors que tout dans M24 est figé, la direction générale de Peugeot estime que, vue de l'arrière, la voiture gagnerait à être légèrement améliorée de manière à mettre plus en valeur les feux postérieurs demeurés assez petits afin de dégager l'ouverture du hayon.

Le centre style de Peugeot propose l'adoption d'un enjoliveur, c'est-à-dire l'ajout d'une bande horizontale en plastique striée disposée sur la partie inférieure du hayon entre les deux blocs optiques. Il faut de toute urgence faire fabriquer cet enjoliveur en plastique par des spécialistes. La démarche est risquée. Les pièces en plastique injecté peuvent souffrir de retrait, c'est-à-dire d'une réduction de leurs dimensions au cours et après la mise en forme, cela sans parler d'une éventuelle dilatation thermique par température caniculaire. L'outillage est sous-traité, deux outils à deux empreintes sont confiés à deux fabricants. Sur quatre pièces livrées à Peugeot, trois sont inutilisables. Les seules pièces convenables sont celles de la première empreinte. Ivan Plazanet peut souffler. La future 205 disposera bien de son bandeau décoratif postérieur qui deviendra, à l'instar de l'auto, légendaire. La 309 de 1985, la 405 de 1987 adopteront à leur tour cette particularité esthétique, subtilement remplacée sur la grande 605 de 1989 par un vigoureux pli dans la tôle du coffre, toujours pour souligner l'élégance des feux arrière demeurés modestes de taille.

Nommé tantôt enjoliveur de coffre tantôt planche à laver, tantôt adoré, tantôt détesté, cet article de plastique contribuera à forger, malgré les interminables controverses des passionnés, l'identité visuelle arrière de la 205. Le grand public, lui, tranchera rapidement : enjoliveur de coffre ou planche à laver, il adore !

L'élément en plastique, baptisé aussi râpe, à cause des stries un peu marquées, va révéler au fil des années une résistance inattendue au vieillissement, au soleil, au gel, à la pluie, aux coups. D'apparence frêle, l'enjoliveur de coffre demeure intact tout au long de la vie de l'auto, sans blanchir, sans se fendre, sans se décoller. Une belle réussite que cette originale pièce de plastique, sans qui la 205 ne serait pas tout à fait la 205.

Un prototype lâché en pleine nature

Printemps 1982 : les prototypes M24, qui ressemblent à cette date, à quelques détails près, à la 205 définitive, tournent maintenant sans relâche sur les pistes de Belchamp. La plupart ne sortiront jamais du centre d'essai. Sauf un. Un prototype va goûter à la liberté, s'évader de cet enfer pavé de bonnes intentions. Voici son histoire.

Au printemps 1982, André Costa, rédacteur en chef de *L'Auto-Journal,* demande, avec la plus grande décontraction du monde et sans trop y croire, à la maison Peugeot de le laisser construire un prototype M24 pour en apprécier qualités et défauts avant que les véhicules n'apparaissent aux yeux du grand public. Résultat : tel est pris qui croyait prendre. Le Lion confie le volant d'une M24 à André Costa, une version Afrique de 1 360 cm^3 et 80 ch. Suspensions renforcées, garde au sol un peu augmentée, l'auto correspond à 95 % à la définition de la 205 GT appelée à être commercialisée en France. Le but de la promenade : 7 000 kilomètres de Sahara ! Le circuit ? Un triangle entre Alger, El Goléa, Tamanrasset, Hassi Messaoud. Accompagné des techniciens de Belchamp à travers l'Algérie et la Tunisie, André Costa fait connaissance avec M24. Le premier contact est positif : "Minuscule capot plongeant, pare-brise fortement incliné, habitacle en quelque sorte rejeté vers l'arrière, elle possède sa propre personnalité et le courant passa entre nous. Elle avait une bonne bouille." Ça commence plutôt bien. Suivi comme son ombre par un break 504 4x4 Dangel d'assistance, André Costa mène, non sans quelques frayeurs, son périple à terme, soit une grande boucle dans le désert avec départ et retour à Alger. Au soir de cet essai hors normes, les premiers commentaires livrés par notre homme traduisent déjà très bien la personnalité de la future 205 de 1983 : "L'impression de légèreté, de vivacité et de précision rend la conduite de la 205 particulièrement agréable, tout au moins dans la version 80 ch. La tenue de route est très bonne avec une tendance au roulis modérée et la suspension fait preuve d'un équilibre très supérieur à ce qu'on rencontre à l'ordinaire, entre le confort et l'efficacité sportive.

Ajouté au dernier moment, prouesse technique pour le réaliser, l'enjoliveur en plastique de coffre est indissociable de la légende 205 (Archives de l'auteur)

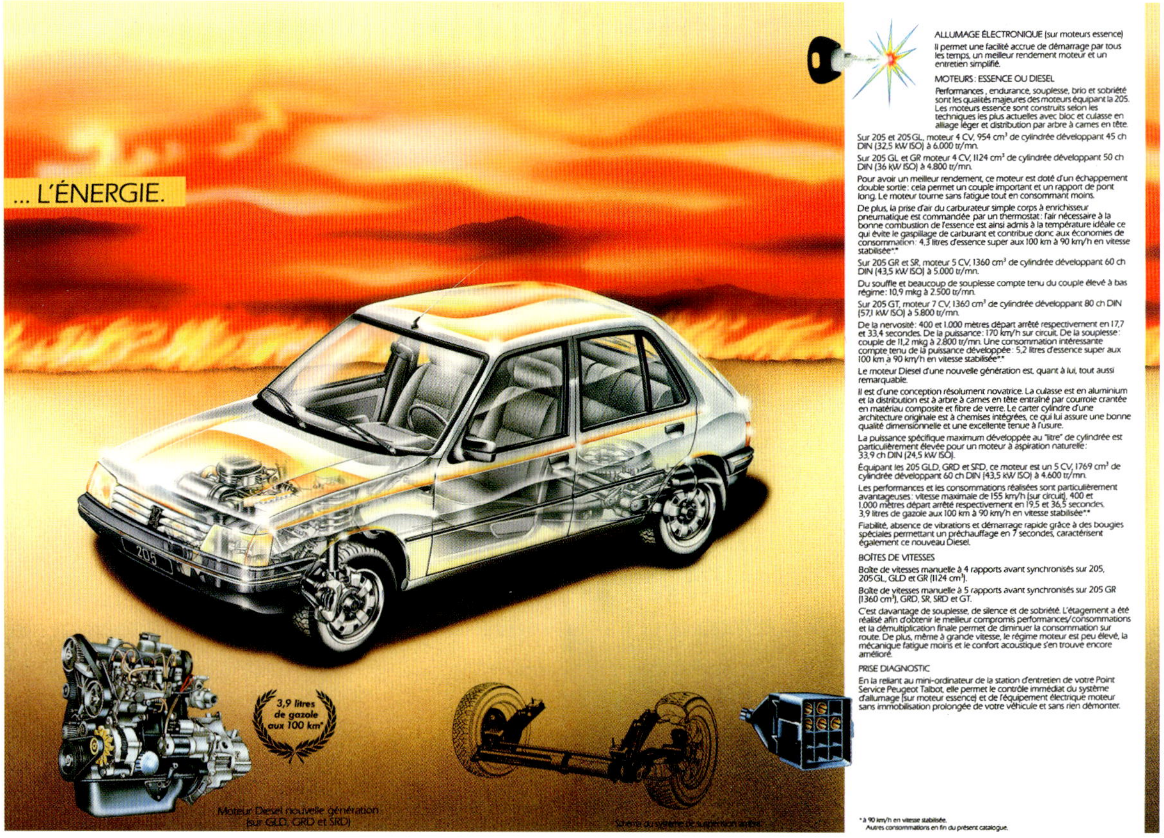

Un Sacré Numéro tout nu. (Archives de l'auteur)

Mythique *Auto-Journal* du 1er mars 1983 : il comprend le premier essai de la 205 GR, mais juste avant il présente l'odyssée d'André Costa, le rédacteur en chef, au Sahara, réalisée au printemps 1982 au volant d'un prototype 205 prêté par la maison Peugeot. Une première pour le journaliste et pour la marque ! (Archives de l'auteur)

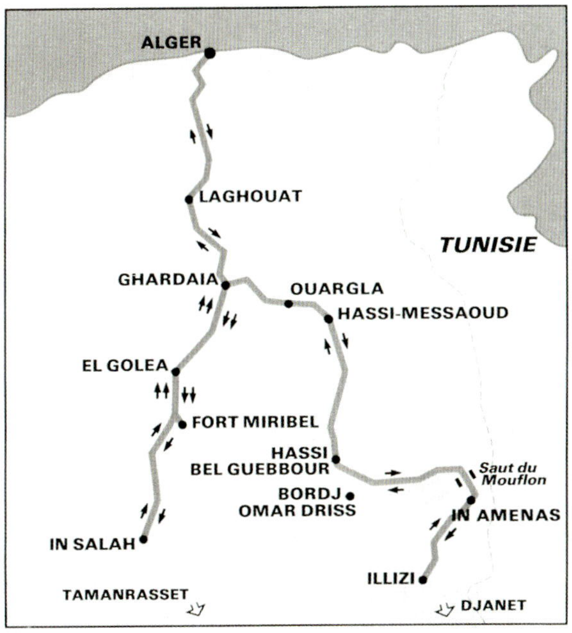

La carte du périple d'André Costa. (Archives de l'auteur)

Peugeot et l'Afrique, c'est vraiment une grande histoire d'amour. (Archives de l'auteur)

Pas étonnant que la 205 de série résiste à tout : le prototype a encaissé les 7 000 kilomètres de sable sans sourciller.
Notez : la planche à laver n'est pas encore installée. (Archives de l'auteur)

Côté moteur, le 80 ch dérivé de la 104 possède à la fois puissance et couple. Enfin, le silence général de fonctionnement m'a agréablement surpris, tout comme la visibilité, (le capot est pratiquement invisible de la place du conducteur), la position de conduite, propre à mon avis à la meilleure relaxation, et le confort des sièges."

En fin connaisseur de la chose automobile, André Costa a dès 1982 déjà apprécié les principales qualités qui feront le succès de la 205. Son avis est sans appel quant à la qualité de la voiture et du nouvel élan qui semble animer le Lion dès cette date : "En conclusion, je dirai mon plaisir d'avoir eu la possibilité d'offrir aux lecteurs de *L'Auto-Journal* une telle exclusivité technique à propos d'une voiture dont l'industrie automobile française pourra très vraisemblablement s'enorgueillir. En acceptant les règles du jeu que je lui ai proposé de jouer, la maison Peugeot a non seulement fait preuve de confiance dans son nouveau produit, mais également d'une jeunesse d'esprit, indispensable à mon avis pour piétiner aussi allègrement tant de tabous pourtant bien ancrés dans les esprits au sein des états-majors techniques et commerciaux des grandes marques internationales."

Dès le départ, André Costa s'est engagé à respecter tous les impératifs de discrétion et de calendrier et à ne rien divulguer de ce qu'il aurait vu et ressenti. L'homme tiendra parole. Le compte rendu de ses 7 000 kilomètres de Sahara avec la 205 ne paraîtra que dans *L'Auto-Journal* numéro 4 du 1er mars 1983 en même temps que son premier essai de la 205 dans sa version 1 124 cm³ et 50 ch à boîte quatre vitesses.

À Belchamp, pendant ce temps, le travail continue. C'est là que, petit à petit, M24 se mue en 205. C'est là que la 205 sera homologuée par le service des Mines et que l'UTAC (Union technique de l'automobile et du cycle) mesurera ses consommations normalisées.

ANNÉE 1982 : LES USINES DU LION SE METTENT AU SERVICE DE LA FUTURE 205

Sochaux et Mulhouse : les deux usines phares de Peugeot

Le Lion ne lésine pas sur les moyens pour donner vie à l'auto qui doit le sauver. L'investissement global pour la nouvelle 205, sans compter les évolutions du moteur, représente la bagatelle de 1 200 millions de francs, dont la moitié pour le centre de production de Mulhouse. L'optimisation de la conception va de pair avec l'optimisation de la fabrication pour laquelle une nouvelle chaîne de montage rassemblant les dernières trouvailles en matière de robotique et d'informatique va être inaugurée.

Ci-dessus et page de droite. L'usine de Mulhouse va être mise au service de la nouvelle 205. (Archives de l'auteur)

PEUGEOT
205 GR

L'AUTO-JOURNAL, LE JOURNALISME D'INVESTIGATION POUR L'AUTOMOBILE

Il était une fois un journal, *L'Auto-Journal*, il était une fois un homme, André Costa, le deuxième cité étant rédacteur en chef du premier nommé. Magazine bimensuel créé en 1950 par André Parinaud et dirigé par Gilles Guérithault jusqu'en 1990, *L'Auto-Journal*, dès sa naissance, se veut, selon sa propre célèbre devise, indépendant et objectif.
Doté de son propre service technique, il est le premier à vérifier au banc d'essai toutes les performances et caractéristiques annoncées par les constructeurs. À l'époque, c'est une révolution !
Dans la recherche de nouveautés, il est aussi le premier à appliquer à l'automobile les techniques du journalisme d'investigation. C'est en démasquant dès 1952, soit trois ans avant sa sortie, un des prototypes de la Citroën DS que *L'Auto-Journal* va réellement se faire connaître et accéder au premier rang de la presse automobile française.
Fin 1969, *L'Auto-Journal* abandonne le format journal (d'où son nom) pour celui d'un magazine. Commence alors une période magnifique et légendaire d'une vingtaine d'années durant laquelle les essais signés des plumes d'André Costa et de Bernard Carat se voient complétés d'inédites rubriques pleines d'esprit, "Le point de vue de Madame", signées par Marianne Antoine et Florence Rémy. Logés très souvent entre l'essai du modèle et "Le point de vue de Madame", les splendides écorchés du dessinateur et historien de l'automobile René Bellu expliquent les innovations techniques et font rêver les passionnés.
C'est dans ce contexte incroyablement créatif et enthousiaste que *L'Auto-Journal* organise de grands raids, avec toujours au volant André Costa, rédacteur en chef : de Paris au lac Tchad en Citroën SM en 1971, de Paris à Kaboul en Citroën GS en 1976.
Esprit curieux, volontaire, André Costa n'est pas un novice. Des centaines de voitures essayées, une victoire au rallye du Maroc 1950 sur Simca 8 sport comme copilote de Charles Preynat, l'homme a de l'expérience et de l'aplomb.

Petit retour en arrière pour bien comprendre. En 1911, Peugeot achète des terrains près de Sochaux, un village de quatre cents habitants aux portes de Montbéliard, situé sur la route nationale qui va vers Belfort et qui traverse l'Allan, une rivière bordée de marécages. Construite en 1912 pour seconder celle d'Audincourt (Doubs) fondée en 1897 par Armand Peugeot, qui produit des voitures légères, et celle de Lille, qui assemble de grosses automobiles et des camions, elle assemble ses premiers poids lourds dès 1913 avant de produire toutes les automobiles stars de la marque au lion : la 201 (1929), puis toutes les autres, les 203 (1948), 403 (1955), 404 (1960), 204 (1965), 504 (1968), 305 (1977), 505 (1979), 405 (1987).
L'unique centre de production terminale de Sochaux, d'où sort la totalité des modèles de la marque au lion, a cependant très vite besoin d'être épaulé. Située à 10 km du centre de Mulhouse en Alsace du Sud, au cœur de la forêt de la Hardt qui s'étend sur 25 km de long, du nord au sud, entre Mulhouse et le Rhin, construite sur un site de 300 hectares à seulement 20 km de la Suisse et à 10 km de la République fédérale d'Allemagne qui est le meilleur client étranger de Peugeot, la nouvelle usine débute en 1962 comme unité de mécanique spécialisée dans la fabrication des boîtes de vitesses manuelles, puis elle s'enrichit dès 1963 d'une forge, (c'est celle de Sochaux, qui déménage à Mulhouse), et d'une fonderie d'aluminium coulé sous pression.
En 1971, Mulhouse devient une usine terminale avec emboutissage, tôlerie, peinture, montage prête à livrer pour la première fois des voitures complètes : assemblée à partir de pièces provenant encore de Sochaux, la 304 sera la première Peugeot à sortir du nouveau centre de production terminale alsacien au début de cette même année.
L'histoire de l'usine de Mulhouse devenue Peugeot-Mulhouse en 1971 est en marche : non contente d'inaugurer le fameux moteur X de la Française de mécanique, la petite 104 de 1972 va être la première vedette du site en y étant produite en intégralité à 1 200 000 unités. Une auto décidément très importante pour Peugeot cette petite 104, quoi qu'en disent les mauvaises langues ! Grâce à elle, le site de Mulhouse devient en 1972 le deuxième centre de fabrication de la marque Peugeot.
Rochelais de naissance, résistant à quinze ans, ancien officier de parachutistes, Guy Perrier devient à partir de 1979 directeur du site de Mulhouse et, à ce titre, acteur incontournable de la naissance et de la construction de la Peugeot 205, la petite grande auto qui va dynamiser l'usine.
L'usine de Mulhouse au début des années 1980, c'est treize mille personnes, dont 12 % de femmes et 20 % d'étrangers, une moyenne d'âge de moins de trente ans sensiblement inférieure à celle des autres usines françaises du secteur automobile, une main-d'œuvre

qualifiée, disciplinée et motivée tout acquise à la cause de Peugeot, qui vient de Mulhouse et de ses environs, des villages de la Hardt, du Sundgau, des vallées vosgiennes. La série spéciale 104 Sundgau sera du reste un très bel hommage à toutes ces personnes qui ont voué leur vie à la réussite du Lion. L'usine fait vivre en tout cinquante mille habitants du sud de l'Alsace avec deux cents autocars qui assurent chaque jour le déplacement de plus de la moitié du personnel. Mis à part quelques ateliers qui fonctionnent en trois-huit pour alimenter nuit et jour l'usine, l'assemblage des voitures se fait en deux équipes

Directeur de l'usine de Mulhouse depuis 1979, c'est le Rochelais Guy Perrier qui va commencer la production de la 205. (Archives E-T-A-I)

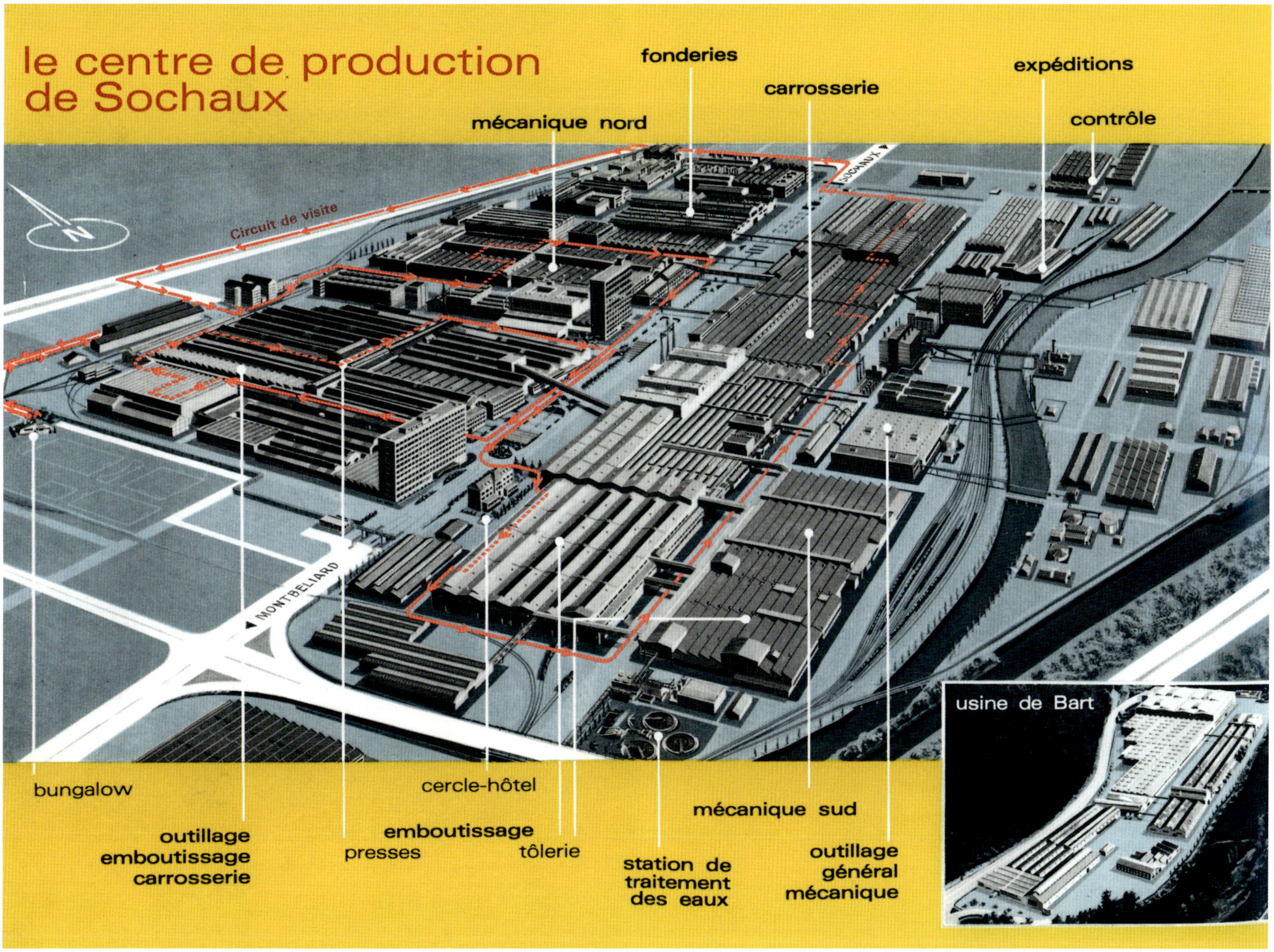

L'usine de Sochaux, le berceau du Lion, épaulera Mulhouse pour fabriquer le Sacré Numéro. (Archives de l'auteur)

travaillant de 5 h 06 à 13 h 18 et de 13 h 18 à 21 h 31. Le personnel, qui dispose soit de la matinée soit de l'après-midi, s'adonne souvent au jardinage. On trouve même au centre de production de Mulhouse des agriculteurs et des vignerons. Bénéficiant d'une bonne qualité de vie au travail et en dehors du travail, les femmes et les hommes de l'usine sont de solides travailleurs prêts à tous les efforts pour sauver la marque. La 205 bénéficiera directement de cette bonne dynamique. Peugeot ne perd pas de temps : l'usine de Mulhouse doit se mettre sans tarder à la hauteur du projet 205. Le Lion investit 625 millions de francs pour construire des lignes d'assemblage entièrement nouvelles sur lesquelles 93 % des deux mille cinq cents points de soudure nécessaires à l'assemblage des quatre cent soixante-dix-sept pièces qui constituent la caisse sont réalisés automatiquement par une centaine de postes automatiques de soudage et quarante-sept robots six axes pourvus chacun d'un ordinateur.

L'usine de Mulhouse

Dès l'été 1982, l'aventure est lancée : trois cent soixante exemplaires de présérie sont assemblés à Mulhouse. La bonne conception de la 205 jointe aux nouvelles méthodes de fabrication porte ses fruits : par rapport à la caisse de la 104, le nombre des outils est réduit de 37 %, celui des coups de presse de 35 %, celui des points de soudure de 37 % ! Innovation majeure : la 205 est équipée d'une garniture de pavillon moulée et collée qui participe à la rigidité de la structure. Encollé sur une machine qui enregistre dans sa mémoire la surface à traiter, le pavillon est positionné dans la caisse à l'aide d'un manipulateur automatique avant qu'une presse en assure la mise en place. Simple, propre, net, efficace, et très rentable.

Du côté de la forge, ça ne chôme pas : deux presses automatiques de 1 200 tonnes pouvant estamper soixante-dix pièces par minute produisent 300 tonnes de pièces par jour. Une autre presse de 500 tonnes fait naître, entre autres, des vilebrequins. Spécialisée dans la coulée sous pression des pièces en alliage d'aluminium comme les blocs-moteurs et les carters, la fonderie dispose de presses s'étageant de 250 à 1 600 tonnes et de robots affectés à la manipulation des pièces à la sortie du moule.
L'usine de mécanique de Mulhouse fabrique berceaux moteurs, bras de suspension, tambours de freins pour Peugeot, Citroën, mais aussi pour Renault. Le secteur emboutissage et tôlerie dispose de plus de cent presses avec plusieurs lignes complètement automatisées qui réalisent des caisses complètes de 205, mais aussi de 104, en plus de sous-ensembles de Citroën Visa. Utilisant trois lignes de montage offrant une capacité quotidienne de mille cent quarante véhicules, elles aussi presque entièrement automatisées, la partie carrosserie-peinture produit des 205 et des 104.
Mulhouse ne fait cependant pas tout : si les boîtes manuelles destinées aux 305 et aux 505 proviennent de l'usine alsacienne, celles destinées à la 205, les fameuses BE1, puis BE3, sont issues de la nouvelle usine de Valenciennes dans le département du Nord. Précision importante : la boîte de vitesses type BH de la 205 inaugurée par la 104 en 1972 est, elle, fabriquée par l'usine de mécanique Renault de Cléon depuis 1971. Née en 1958, l'usine de Cléon en Seine-Maritime, près de Rouen, sortira d'abord des boîtes pour la 4 CV et pour la Dauphine avant de produire la boîte BH dans le cadre de l'association Peugeot-Renault signée en avril 1966 tant pour Peugeot (104, 205), Citroën (Visa), Talbot (Samba) que pour Renault (la 14 à

Peugeot veut définitivement tourner la page des autos qui rouillent. En ce début des années 1980, la 205 est protégée contre ce fléau de manière efficace. Et ça marche. Quarante ans plus tard, une 205 reste très peu affectée par la rouille, même en bord de mer. (Archives de l'auteur)

Toutes* les PEUGEOT bénéficient d'une garantie de 6 ans Anticorrosion PEUGEOT.
Chaque nouvelle Peugeot produite est méticuleusement traitée contre l'accroissement permanent de l'agressivité corrosive du milieu extérieur. Ainsi, la structure de la 205, étudiée dès sa conception pour être efficacement protégée, reçoit-elle un traitement anticorrosion particulièrement complet à tous les stades de sa fabrication.

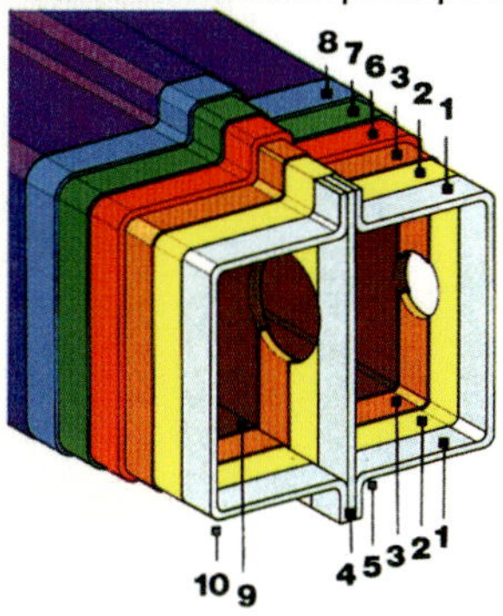

En effet, la solution adoptée par Peugeot ne se contente pas de cette innovation technologique qu'est le procédé de protection anticorrosion par cataphorèse.
Y est associé l'ensemble des protections anticorrosives classiques qui ont fait la preuve de leur résistance et qui sont appliquées en amont et en aval du bain cataphorétique.
C'est en moyenne près de 25 kg de produits divers qui viennent ainsi s'ajouter aux nombreuses tôles préprotégées, dans le seul but de défendre la carrosserie contre les agressions corrosives.
S'il en était besoin, cette technique vous apporte une nouvelle preuve que vous pouvez considérer l'achat de votre Peugeot comme un bon investissement dont la durabilité est parfaitement garantie.
* Sauf Utilitaires légers J5 et J9.

Le traitement par cataphorèse va devenir incontournable pour tous les constructeurs. La 205 en bénéficie. Pour Peugeot, petite auto ne veut pas dire auto au rabais. (Archives de l'auteur)

partir de 1976). La boîte BH, il faut le rappeler, est étroitement liée au moteur X qui sera utilisé pour la 205 jusqu'au 1er juillet 1987 (année modèle 1988) pour les cylindres n'excédant pas 1 360 cm^3.
Guy Perrier restera aux commandes de l'usine de Mulhouse jusqu'en 1987, date à laquelle il rejoindra en tant que directeur celle de Sochaux pour donner vie à la nouvelle 405. Il faut noter au passage que la 205 sera produite à Sochaux à partir de mai 1984 en plus de l'usine de Mulhouse pour faire face à la demande.
Quoi qu'il en soit, toutes les versions de la 205, de la GL à la GTI, seront produites à Mulhouse, mais aussi à Poissy, dans les Yvelines, et à Villaverde, en Espagne. L'usine Talbot de Poissy appelée en renfort dès octobre 1983 pour fabriquer les versions de la 205 les plus demandées, des cinq-portes à essence, passera le relais à Sochaux à partir du mois de mai 1984, les chaînes de Poissy étant réservées à la production de la nouvelle 309 dont la plate-forme est dérivée de celle de la 205. L'usine de Villaverde, en Espagne, commencera, elle, à produire des 205 à partir de janvier 1984. La production de la 205 trouvera son équilibre en 1987, la production quotidienne de 2 450 voitures se répartissant de manière harmonieuse entre Mulhouse (1 050 unités), Sochaux (970 unités) et Villaverde (430 unités).

D'abord directeur de l'usine de Mulhouse puis de celle de Sochaux, Guy Perrier accompagne la carrière de la 205 jusqu'en 1990, date à laquelle il prend sa retraite. À l'égal des dessinateurs, techniciens, ingénieurs qui ont créé la 205, on peut dire de Guy Perrier que c'est vraiment Monsieur 205. Un Sacré Numéro en tout cas que ce Charentais-Maritime qui se revendiquait alsacien de cœur et qui a consacré sa retraite à l'écriture d'ouvrages dédiés aux grands noms de la Résistance, Pierre Brossolette et le colonel Passy en particulier. Il est décédé le 4 avril 2017 après une vie bien remplie.

L'usinage de la 205

Le 1er novembre 1982, la production de la nouvelle 205 démarre tout doucement à la date prévue ! Les lignes de presse qui réalisent les emboutis enchaînent les opérations : dotées de transferts automatiques, elles n'exigent pratiquement plus d'interventions humaines. Les lignes d'assemblage des caisses, entièrement nouvelles, couvrent une superficie de 25 000 m^2 avec 329 unités de production.
Les éléments emboutis ayant été assemblés par soudure, la caisse passe à la cataphorèse. Totalement immergée dans une solution aqueuse contenant un mélange de liant et de pigments (90 % d'eau, 10 % de produit), la caisse, chargée négativement, se couvre d'une fine pellicule de protection très résistante. Le traitement anticorrosion est ensuite complété par l'application de produits PVC, notamment en dessous de la caisse. Résultat : cataphorèse plus produit PVC, contrairement à la 104, la 205 ne rouille pas. Dans ce domaine aussi, une nouvelle ère débute.
Bien protégée, la caisse de la 205 va maintenant pouvoir recevoir la laque déposée au moyen de robots sept axes pour les intérieurs et de minibols électrostatiques à grande vitesse pour les extérieurs. Seuls certains petits compléments intérieurs ou extérieurs sont encore réalisés manuellement.
Le procédé par minibols, très novateur lui aussi, assure une parfaite régularité dans la dépose de la peinture sur la tôle nue, les teintes opaques étant réalisées en une seule opération et les métallisées en deux (base plus vernis). Miracle de l'informatique, les robots reconnaissent les modèles et changent de teinte automatiquement ! Après cuisson en étuve, un contrôle d'aspect permet de veiller à la parfaite finition des caisses. Les roues sont peintes de la même manière. Le nouveau train arrière de la 205 dérivé de celui de Vera est également assemblé à Mulhouse. Trois robots de soudage par points, cinq robots de soudage à axe fabriquent sur une ligne parallèle les berceaux avant.
La caisse peinte va maintenant pouvoir recevoir d'abord les équipements intérieurs (feutres insonorisant, garniture de toit, faisceaux électriques, tableau de bord, vitres) puis les organes mécaniques (groupe motopropulseur, éléments de direction, train avant, train arrière) complétés par la batterie, le réservoir, le pot d'échappement. La petite créature en gestation reçoit enfin ses sièges, ses panneaux de portes, ses roues et de l'essence pour quitter la ligne d'assemblage par ses propres moyens.

Objectif pour enfin goûter à la liberté : réussir la visite médicale de sortie. C'est un contrôle préliminaire (aspect général, bruit moteur normal, verrouillage portes, capot, hayon, fonctions électriques, chauffage, niveaux liquides de frein et de refroidissement) de douze minutes, un passage sur le banc à rouleau de trois minutes, enfin un contrôle sur la piste d'essai de Mulhouse de quatre minutes incluant virages, pavés, trous, bosses, montées, dos-d'âne et autres impitoyables pièges concoctés par des techniciens très imaginatifs en la matière.

Les 205 seront ensuite stockées sur parc par paquets de 2 500 à 3 000 exemplaires avant d'être expédiées par le rail pour 70 % d'entre elles, par la route pour les autres.

La production de la 205

Entamée le 1er novembre 1982, la production atteint le plus tranquillement du monde quatre-vingts unités par jour en décembre. La progression volontairement très maîtrisée du rythme de fabrication permet de livrer des premiers véhicules sans défaut, et, cela aussi, c'est une caractéristique fondamentale de la 205 : jamais aucune cliente, jamais aucun client n'a eu à se plaindre d'elle depuis les premières livrées en 1983 jusqu'aux dernières en 1998.

Les cercles de qualité d'implication du personnel dans tous les secteurs (carrosserie, mécanique, forge, fonderie, presse, tôlerie) lancés dès juillet 1981 au centre de production de Mulhouse, la formation des salariés (treize mille heures de formation pour mille deux cents personnes, dispensées en carrosserie durant les six premiers mois de lancement, entre autres), le contrôle rigoureux des cinq cents fournisseurs extérieurs nécessaires à la construction d'une 205 par la Sogedac (société générale d'achats), filiale de PSA basée à Paris La Défense, ont porté leurs fruits : non contente d'être une voiture bien pensée, bien conçue, la 205 est aussi une voiture bien construite.

Peugeot 305 Série 2. Elle inaugure à partir de la fin de l'année 1982 une nouvelle ère pour son constructeur et un nouveau slogan : "Un constructeur sort ses griffes." (Archives de l'auteur)

Graduel ne veut pas dire lent : en mars 1983, le rythme de fabrication attendra déjà 450 exemplaires par jour. Plus faciles à fabriquer que les 104, les 205 vont se multiplier très vite.

Deux années après son arrivée à Sochaux début 1981, M24 est devenue une 205. Fidèle à sa réputation de chasseur de nouveautés, *L'Auto-Journal* publie les premières photos de la 205 définitive, surprise en action sur le circuit de Belchamp, dans son numéro 22 daté du 15 décembre 1982.

Durant ce laps de temps, la France a, elle aussi, beaucoup changé : François Mitterrand a été élu au second tour président de la République le 10 mai 1981 face à Valéry Giscard d'Estaing. Premier chef de l'État issu de la gauche sous la Ve République, il nomme Pierre Mauroy Premier ministre, dissout l'Assemblée nationale le 22 mai et fait entrer quatre ministres communistes au deuxième gouvernement de Pierre Mauroy après la victoire écrasante de la gauche aux élections législatives des 14 et 21 juin 1981.

Le parti socialiste et son ami le parti communiste détiennent la majorité absolue à l'Assemblée nationale. Les quatre ministres communistes, Charles Fiterman (Transports), Jack Ralite (Santé), Anicet Le Pors (Fonction publique), Marcel Rigaud (Formation professionnelle), seront appréciés de la population avant d'être définitivement écartés du pouvoir après le remplacement en juillet 1984 au poste de Premier ministre de Pierre Mauroy par Laurent Fabius. Le gouvernement de Laurent Fabius prendra à son tour fin le 21 mars 1986 après la défaite de la gauche aux élections législatives de cette même année. Jacques Chirac, son successeur, ouvrira une nouvelle ère politique en inaugurant la première cohabitation de la Ve République, toujours avec François Mitterrand comme président.

Du côté du petit monde automobile, les choses ont bougé aussi : version allongée du coupé 104 à la structure renforcée animée par le fameux moteur X, la Talbot Samba a fait une arrivée sympathique fin 1981, complétée par une version cabriolet dessinée et produite par Pininfarina en 1982.

Le groupe PSA avait cependant déclenché son offensive dès le mois de mars 1981 sur le segment des petites voitures avec la commercialisation de la Citroën Visa II, version esthétiquement très améliorée de la Visa originelle de 1978 au physique un peu difficile.

Côté concurrence étrangère, la principale nouveauté vient d'Opel avec la présentation de la très réussie petite Corsa au Salon de l'auto de Paris d'octobre 1982. Assemblée dans l'usine Opel de Saragosse en Espagne, une usine ultramoderne robotisée à 90 % elle aussi, il faut le souligner, la petite Corsa se fait remarquer par sa qualité de fabrication, sa finition, sa bouille sympathique. L'année automobile 1982 se termine en beauté avec l'inauguration à ce même Salon de la Citroën BX et de la sculpturale Audi 100 C3 à la ligne sublimement pure et aérodynamique.

Pour Peugeot, le mois d'octobre 1982 sera aussi une date cruciale, une date charnière : profondément remaniée sur le plan technique (voie avant très élargie, nouveau moteur XU essence et XUD diesel) et aérodynamique (calandre, phares, pare-chocs, gouttières, roues, becquet, feux arrière), la 305 Série 2 se montre aussi à Paris. La berline 305 Série 1 qui a servi de base au prototype Vera dévoilé en 1981 a largement influencé les modifications apportées à la 305 Série 2. Plus qu'une 305 Série 1 simplement remaniée, la 305 Série 2 est réellement une nouvelle auto, une nouvelle auto qui va inaugurer un nouveau slogan, le nouveau slogan de la marque Peugeot : “Un constructeur sort ses griffes.”

Geste de résolution, d'agressivité, le Lion donne par cette phrase un coup de patte au redressement que le grand public ne peut encore ressentir. Prometteuse, cette proclamation s'appuie sur la confiance que met Peugeot dans sa nouvelle 305, mais aussi, et surtout, dans sa future 205 alors que la part du constructeur en France passe par un minimum historique : 12,7 %.

L'Automobile Magazine a raison : avec, entre autres, son nouveau moteur XU et un nouveau train avant maintenant solidement triangulé, la 305 Série 2 n'est pas un simple restylage, mais bien presque une toute nouvelle voiture qui annonce la couleur à la concurrence. Avec elle, Peugeot est de retour. (Archives de l'auteur)

LE LANCEMENT DE LA 205

LES ESSAIS DE LA PRESSE

LE LION SORT SES GRIFFES

Une nouvelle stratégie commerciale

Principauté de Monaco, 20 janvier 1983 : les quatre cent quatre-vingts concessionnaires du réseau Peugeot-Talbot nouvellement constitué sont réunis dans l'auditorium Rainier-III de l'hôtel Loews de Monte-Carlo pour assister à la présentation de sept 205 cinq portes à essence par Roland Peugeot, Vic Dial, directeur commercial pour l'Europe et l'Amérique du Nord, Daniel Vasseur, directeur marketing France, Henri Chambaud, directeur des ventes France.

Homme de terrain, Henri Chambaud connaît bien les concessionnaires. Le réseau Peugeot est ancien. On y trouve des concessionnaires de deuxième et de troisième génération. La fusion a permis d'y intégrer de nombreux représentants de Talbot souvent efficaces et compétents après avoir beaucoup lutté, beaucoup souffert.

Peut-être plus compétent que conquérant, le réseau Peugeot historique va s'enrichir de cette énergie nouvelle apportée par les hommes de Talbot et par un homme en particulier : Vic Dial.

Américain né en 1938 en Californie, diplômé de l'université de Yale, il fait carrière chez Ford à partir de 1961, devient président-directeur général de Ford France dès 1973, rejoint Peugeot en 1981 comme directeur commercial pour l'Europe et l'Amérique du Nord. Un homme pressé et efficace qui a déjà assuré avec succès le lancement de deux voitures mythiques : la Fiesta en 1976, l'Escort traction avant en 1980.

Vic Dial, directeur commercial pour l'Europe et pour l'Amérique du Nord, présente la 205 aux concessionnaires du réseau Peugeot-Talbot le 20 janvier 1983. (Archives E-T-A-I)

La méthode Dial ? Organiser dans le réseau un prélancement avec quelque cinq mille véhicules répartis chez chaque concessionnaire qui aura la charge, dès avant la date de présentation officielle de l'auto, d'organiser des présentations confidentielles, savamment distillées dans le temps, de plusieurs exemplaires du modèle dans des versions et des couleurs différentes. Les premières commandes seront en plus rapidement satisfaites, les exemplaires mis en circulation faisant une publicité non négligeable à la voiture nouvellement commercialisée.

Utilisée avec succès chez Ford, cette méthode le sera aussi chez Peugeot et c'est la 205 qui sera la première Lionne à en bénéficier. Pour l'heure, nous n'en sommes pas encore là et le moment est à la découverte, à l'émotion.

Fin du balai. Balai de lumière noire…

Ohhhh ! D'admiration !

Les représentants de la marque sont euphoriques. Complété en catastrophe par le fameux bandeau en plastique gris crénelé qui sera surnommé "la râpe" par le réseau et qui relie les deux petits feux pour affirmer le dessin de la poupe, l'arrière de la 205, qui n'est pas toujours la partie la plus réussie d'un nouveau modèle, déclenche des applaudissements nourris.

Dehors, sur l'héliport, une équipe de montage de l'usine de Mulhouse assemble en moins de soixante minutes une 205 que Jean-Pierre Beltoise et Michel Elias, président du groupement amical des concessionnaires Peugeot, amènent bientôt sur scène où elle est baptisée au champagne par Vic Dial, qui révèle les prix de la gamme tandis qu'Henri Chambaud présente les objectifs.

Des 205 aux finitions variées

La gamme ? Deux 205 de 954 cm^3 et 45 ch (Base et GL), deux 1 124 cm^3 de 50 ch (GL et GR), deux 2 360 cm^3 de 60 ch (GR et SR), une 1 360 cm^3 de 80 ch (205 GT), toutes uniquement en cinq portes dans un premier temps.

L'époque des 203 et 204 proposées pendant de longues années avec une seule motorisation est bien révolue. La période où à chaque finition correspondait une seule cylindrée appartient aussi au passé. Le service marketing de Peugeot fait bien observer, et c'est tout à fait vrai, que, pour la toute première fois, la marque joue le croisement des finitions (appelées un peu pompeusement "standings" par les commerciaux) avec les motorisations, ce qui permet de multiplier les personnalités des véhicules et d'élargir les choix.

Le fait de proposer une gamme d'abord uniquement constituée de modèles à cinq portes surprend aussi, mais se justifie : en 1983, plus de 60 % des immatriculations dans le segment B2 sont le fait d'autos à cinq ouvrants. Fiat l'a bien compris et présente à cette même date de janvier 1983 sa nouvelle Uno simultanément en trois et cinq portes. Avec la 205 à cinq portes, Peugeot prend la concurrence à contre-pied et frappe fort d'entrée en inversant le plan marketing traditionnel qui veut que la cinq-portes apparaissent après la trois-portes, et non l'inverse, à l'image de la Renault 5 de 1972, de l'Opel Corsa de 1982

Peugeot s'est adjoint les services d'un homme d'expérience. Ancien président-directeur général de Ford France, Vic Dial a déjà lancé avec succès la Fiesta en 1976 et la Ford Escort MK3 à traction avant en 1980. (Archives E-T-A-I)

(la version cinq portes n'apparaîtra qu'en 1985), de l'Austin Metro de 1980 (cinq portes en 1984 seulement).

Pire, à cette même date de 1983, certaines concurrentes de la nouvelle 205, et pas des moindres, ne proposent pas de version à cinq ouvrants : lancée en 1976, rajeunie en 1981, la Ford Fiesta fait partie du lot, de même que la Volkswagen Polo née en 1975. La future Supercinq sera, elle aussi, très conventionnelle dans ses choix commerciaux : trois portes en septembre 1984, cinq portes en mai 1985.

La philosophie cinq portes de la 205 est en adéquation avec sa philosophie routière. Le grand réservoir de carburant (50 litres) qui l'équipe conforte cette ambition. Petit rappel historique : une Citroën 2 CV de 1948 se satisfait de 25 litres, une Renault 4 de 1961 de 32 litres, une Austin Mini de 1959 de 34 litres. La future Citroën AX de 1986 ne proposera que 36 litres (43 litres pour la version la plus puissante, l'AX 14 de 1 360 cm^3 et 65 ch) dans une quête de légèreté peut-être un peu exagérée. Contemporaines de la nouvelle 205, la Renault 5 plafonne à 43 litres, la Fiesta à 34 litres, l'Austin Metro, lanterne rouge, à 32 litres. Plusieurs modèles offrent 42 litres : Fiat Uno, Volkswagen Polo, Opel Corsa.

Dès lors, tout devient clair : avec son réservoir de carburant de 50 litres et ses cinq portes, la 205 se démarque de ses concurrentes, se détache du peloton. La 205 est une petite grande voiture, une petite grande routière.

La 205 quitte sa tanière

Revenons maintenant à notre journée du 20 janvier 1983 à Monte-Carlo : cent cinquante Peugeot 205 SR 1 360 cm^3 60 ch sont mises à la disposition des concessionnaires pour un essai sur différents types de routes, parfois enneigées. La journée s'achève au Sporting Club par une soirée de gala avec allocution de Roland Peugeot et de Vic Dial. Le réseau est convaincu par la nouvelle venue. Le réseau croit au succès de la 205, à un grand succès.

Les couleurs de lancement de la 205, enfin : brun Macao, beige Antilope. Des couleurs sages qui temporisent un marketing agressif. Même ambitieuse, une Peugeot reste une Peugeot, c'est-à-dire une voiture bien élevée. Encore deux mois à attendre pour le réseau avant de pouvoir vendre la 205.

Les temps sont durs et, quelques mois plus tôt, au Salon de l'auto de Paris d'octobre 1982, le Lion a dû faire preuve de créativité pour faire patienter la clientèle avec la présentation du très novateur prototype Vera Plus. Vera Plus, c'est la suite logique de l'étude aérodynamique Vera révélée par Peugeot deux ans plutôt. Vera 01, à essence, Vera 02, en diesel, dont l'Agence pour les économies d'énergie et le bureau d'études PSA avaient tiré de nombreux enseignements.

Avec Vera plus, l'Agence française pour la maîtrise de l'énergie et PSA Recherches vont beaucoup plus loin : roues postérieures partiellement recouvertes, vaste lunette arrière bombée à la base de laquelle

Le prototype Vera Plus est présenté au Salon de l'auto de Paris d'octobre 1982. Les portières sont celles de la 205 encore non commercialisée, tandis que sa lunette arrière bombée se retrouvera sur la Peugeot 309 de 1985, dont la forme générale s'inspire largement de Vera Plus. (Archives E-T-A-I)

se trouve un petit déflecteur, le Cx est tombé à 0,22 (0,318 pour la première Vera) ! Dessinée par les stylistes et les aérodynamiciens du bureau d'études Peugeot de La Garenne dirigé par Gérard Welter, la maquette de style Vera Plus offre une excellente habitabilité pour cinq personnes dans une carrosserie de 4,20 mètres de long dont le corps central et les quatre portières sont celles de la 205 à venir. Même encore cachée, la 205 est déjà présente. L'air de rien, la future petite Lionne marque déjà de sa patte son territoire. Ça promet.

Ballerine de seulement 750 kg, Vera Plus ne fait pas que fendre l'air, elle innove aussi avec son unique et originale motorisation Diesel atmosphérique à injection directe de 55 ch pour une cylindrée de 1 769 cm^3. Cette cylindrée n'est pas un hasard, c'est exactement la même que celle de la 205 à gazole qui apparaîtra, nous le verrons, moins d'un an plus tard…

Dernier point enfin : la future Peugeot 309 de 1985 s'inspirera largement pour son dessin de Vera Plus avec, pour elle aussi, la reprise des quatre portières de la 205 pour son corps central. Bien heureusement pour elle, la 309 se singularisera par la reprise de la très originale lunette arrière bombée de Vera Plus.

Vera Plus mise à part, les deux informations importantes à retenir de ce Salon 1982 en ce qui concerne Peugeot sont l'adoption par la 104 GL/GR du moteur XW7 1 124 cm^3 50 ch à 4 800 tr/min très économique qui prendra place sous le capot de la 205 et par la présentation de la nouvelle 305 GT Série 2 motorisée par le nouveau et nerveux XU5S 1 580 cm^3 94 ch à carburateur double corps efficacement secondé par une boîte de vitesses à cinq rapports.

Maintenant un peu en retrait, la 104 SR reprend le moteur XZ5 1 219 cm^3 57 ch brillant, mais peu économique, de la Renault 14 TL tandis que la 104 S tente de maintenir la flamme avec son propulseur XY 6B 1 360 cm^3 72 ch à carburateur double corps qui équipe aussi les Citroën BX E/RE et la Samba GLS de 1982.

Les signes de l'avenir sont plutôt à chercher du côté de la toute petite, mais très intéressante, 104 ZS. La puce offre pour ce Salon 1982 le choix entre deux moteurs : le XY 6B 1 360 cm^3 72 ch de la 104 S ou le tout nouveau XY8 de même cylindrée, mais à deux carburateurs double corps de 80 ch que nous allons retrouver entre les roues avant de la 205 GT. Cette 104 ZS annonciatrice de la 205 GT se reconnaît à son petit monogramme "80 hp" apposé sur la partie basse de son aile avant gauche. Équipée de jantes optionnelles à cinq branches en aluminium (disponible aussi sur la 104 S), la petite 104 ZS 80 hp annonce la bonne direction et fait patienter la clientèle.

Jeudi 24 février 1983 : le grand jour !

Un mois avant le premier vol de la navette américaine *Challenger*, la nouvelle 205 est enfin présente dans toutes les vitrines de tous les concessionnaires Peugeot de France. Un slogan, qui n'avait pas fait l'unanimité au sein de la marque, l'accompagne : "Peugeot 205, un sacré numéro". La publicité, tant à la télévision que dans la presse écrite, est constituée par le nombre 205 au sein duquel le zéro représente soit une mappemonde pour évoquer l'endurance sur une longue distance, soit un chronomètre pour symboliser la vitesse, soit un cœur pour exprimer la sympathie et l'attachement. La mention "un sacré numéro" est toujours doublée de : "un constructeur sort ses griffes", la 205 est une création de Peugeot, cela doit se savoir.

Flanquée dans les halls d'exposition, à sa gauche, du coupé 104 style Z et, à sa droite, de la 305 GT, la nouvelle Lionne doit aussi inciter le grand public à craquer pour ses sœurs. Regardée tant par les jeunes couples, majoritaires, que par les curieux de tout âge, la 205 suscite toujours sympathie et attention, rarement de l'indifférence, jamais de la réticence.

La partie s'engage sous les meilleurs auspices pour Peugeot, qui, plusieurs décennies plus tard, rappelle pourtant que les cadences de fabrication et les commandes ont progressé beaucoup plus posément que l'on ne l'imagine aujourd'hui. Pas de démarrage éclair sur les chapeaux de roues, pas d'hystérie collective pour la 205, mais au contraire une progression des ventes régulière, solide, à bon rythme. Tout le contraire d'un feu de paille.

Le jour même du lancement, le 24 février 1983, le constructeur organise, toujours sur une idée de Vic Dial, une opération spéciale avec le concours de trois stations périphériques. Sous contrôle d'huissier, les animateurs de RTL, Europe 1 et RMC reçoivent pour mission

Portières de 205, robe de Vera Plus, la 309 est une belle auto avec un habitacle qui fera le bonheur des familles dans les années 1980. (Archives E-T-A-I)

de parcourir plus de 1 000 km avec un seul plein au volant de la 205 1 124 cm³ 50 ch. Le défi est de taille, surtout pour une petite voiture de 3,70 mètres de longueur. Annoncés la veille à l'antenne par de nombreux messages, les raids 205 vont être commentés toutes les heures sur la route par les intéressés durant cette journée du 24 février. Le lendemain, 25 février, les trois stations font le bilan de l'opération. La 205 GR de l'équipe de RTL a effectué un aller-retour Paris-Strasbourg en consommant 4,44 litres aux 100 km sur un trajet de 1 010 km réalisé à 85 km/h de moyenne.

Europe 1 a réussi un aller-retour Paris-Bordeaux avec une consommation pour sa 205 GR de 4,2 litres à 84,4 km/h de moyenne sur ce parcours de 1 152 km.

Équipé d'une 205 GL, RMC relie Paris à sa maison mère de Monaco en réalisant sur cette randonnée pourtant assez vallonnée de 1 007 km une consommation record de 4,41 litres à pourtant 88,4 km/h de moyenne. Incroyable !

Déjà extraordinaires en 1983 pour un petit véhicule à essence, ces chiffres nous interpellent quarante ans plus tard : une Peugeot 208 à essence de 2023, pourtant dotée d'un excellent moteur techniquement très sophistiqué et d'une aérodynamique soignée, consomme plus ; la faute à un surpoids de presque 300 kg et à une surface frontale bien plus importante. Force est de constater que, au début des années 1980, les pouvoirs publics et les constructeurs avaient réellement une volonté de limiter la consommation de pétrole, pour des motifs plus économiques, liés au deuxième choc pétrolier, qu'écologiques, il est vrai.

Quoi qu'il en soit, le test est réussi pour la 205, qui démontre ainsi sa supériorité technique sur la concurrence, cela sans nuire à sa finition, à son confort et à son silence à bord, bien au contraire ! La Citroën AX de 1986, certes encore plus sobre que la 205, ne pourra pas en dire autant, du moins dans sa première version. La 205 est petite par la taille, sobre, mais s'affirme d'entrée en vraie routière.

NOUVEAUTES

Avec la 205, l'industrie automobile française avance une pièce capitale sur l'échiquier international. Peugeot s'attaque en effet au créneau le plus populaire, celui qui compte les best-sellers à l'échelon mondial. Avec la 205, Peugeot dépoussière son image traditionnelle et traditionaliste. Nous avons suivi sa gestation depuis 6 ans, et nous venons de faire sa connaissance, en avant-première.

PEUGEOT 205: LE CLIN D'OEIL ATTENDU

La commercialisation du Sacré Numéro approche. *L'Automobile Magazine* de février 1983 nous présente de manière statique une 205 SR sur une colline du Haut-Doubs. Vera Plus lui a bien emprunté ses portières. (Archives E-T-A-I)

L'ESSAI DE *L'AUTO-JOURNAL*

Une motorisation efficace

Né à Bruxelles, en Belgique, le 7 septembre 1926, André Costa est déjà au début des années 1980 un journaliste de légende. C'est lui qui réalise le premier essai officiel de la nouvelle 205 pour *L'Auto-Journal* n° 4 daté du 1er mars 1983. L'essai fait suite dans ce même numéro de *L'Auto-Journal* à son récit des 7 000 kilomètres réalisés par ses soins dans le Sahara avec un prototype de 205 dont nous avons déjà parlé. Revenons à ce premier essai officiel de Costa. La version essayée est une 205 GR 1 124 cm³ 50 ch, quatre vitesses, 4 CV, une version appelée à être la plus diffusée, de couleur rouge Féria. Mesurée sur l'anneau de vitesse de Montlhéry, la vitesse maximale s'établit à 141,2 km/h, en parfaite conformité avec la valeur annoncée par le constructeur (142 km/h), tandis que la consommation routière sur le circuit étalon relativement vallonné de *L'Auto-Journal* ressort à 5,2 litres à 75 km/h de moyenne, la vitesse d'utilisation idéale de la 205 GR 50 ch.
La version 1 360 cm³ 60 ch (5 CV, cinq vitesses en série) essayée en parallèle par Costa offre 147,9 km/h en cinquième, 152,2 km/h en quatrième pour une consommation presque équivalente et un peu plus de souplesse à bas régimes, la version 1 124 cm³ 50 ch l'étant déjà beaucoup. La 205 GT 1 360 cm³ 80 ch, cinq vitesses, 7 CV, accroche 164,8 km/h avec une consommation qui reste raisonnable. Dominée tant en vitesse de pointe que dans le domaine des accélérations, tant au niveau des reprises que de la consommation, la 104 GR 50 ch est mise hors de combat.

Le petit secret de la 205 GR 50 ch ? Une quatrième vitesse surmultipliée extrêmement longue (32,59 km/h à 1 000 tr/min, 29,78 km/h pour le cinquième rapport de la 205 GT) qui, jointe à la grande souplesse du moteur et à la légèreté et à l'aérodynamisme de l'ensemble, permet d'abaisser régime moteur, consommation et niveau sonore. Sans pénaliser les performances, très bonnes. André Costa insiste du reste bien sur ce dernier point, la 205 GR 50 ch est une auto très silencieuse, très douce à conduire, mais toujours vive et espiègle, jeune enfant turbulente qu'elle est, et qu'elle restera.
Petite précision : la troisième vitesse peut être poussée à 135 km/h, et ce sans dommage pour le moteur grâce au très tranquille régime maximal établi à 4 800 tr/min, ce qui permet, entre autres, une efficacité routière maximale sur les petites routes de montagne.
Dommage, l'essai ne fait pas allusion au petit moteur XV8 de 954 cm³ à la puissance plus haut perchée de 45 ch à 6 000 tr/min qui équipe également la GL et une aussi méconnue qu'éphémère 205 de base, nommée 205 tout court, équipée d'un réservoir de carburant en tôle de 40 litres en lieu et place de celui en polyuréthane de 50 litres des autres versions. Ce n'est pas grave. C'est excellent, bien que plus limité et un peu plus gourmand en essence. Ce petit moteur fera parler de lui, en bien, un peu plus tard, nous le verrons.
En tout cas, et Costa a raison de le souligner, la bonne idée de Peugeot est d'avoir monté dans la 205 GT un moteur puissant dans une petite carrosserie à cinq portes et non trois comme cela sera le cas avec la Talbot Samba GLS qui recevra ce même XY8 de 80 ch cette même année 1983.

L'Auto-Journal du 1er mars 1983. André Costa procède au premier essai officiel de la 205, une GR de 1 124 cm³ et 50 ch rouge Féria. Déjà espiègle, la petite nouvelle nous montre ses dessous dans un dessin d'une extraordinaire beauté. (Archives de l'auteur)

QUALITÉS

- EXCELLENTE TENUE DE ROUTE
- SUSPENSION TRES CONFORTABLE
- DIRECTION DOUCE ET PRECISE
- VOITURE SILENCIEUSE
- Bonnes performances
- Consommation modérée
- Boîte maniable
- Freinage endurant et bien équilibré
- Présentation sympathique
- Bonne habitabilité
- Bonne visibilité

DÉFAUTS

- Freins peu progressifs en cas d'urgence
- Volume modéré pour les bagages
- Essuie-glace arrière en option sur les bas de gamme.

Les qualités et les défauts relevés par André Costa ne laissent planer aucun doute : la 205 se pose comme une auto exceptionnelle. (Archives de l'auteur)

Habitabilité incroyable par rapport à sa taille, planche de bord novatrice, présentation raffinée, très beaux sièges, finition simple mais sérieuse, la qualité de vie à bord de la 205 est surprenante, même quarante ans plus tard. (Archives de l'auteur)

Il faut pourtant rendre à Citroën ce qui est à Citroën : la première petite auto à avoir testé un cocktail gagnant, gros moteur-petite caisse cinq portes, pour se muer en véritable routière, ce n'est pas la 205 GT, mais la Visa 2 GT.

La Visa 2 GT inaugure dès juillet 1982 (année modèle 1983) le XY8 de 80 ch, poussant la timide Visa Super X de 69 ch aux oubliettes et inaugurant avec force et vigueur le nouveau slogan de la gamme Visa, "Citroën Visa, ça décoiffe !" Tout un programme. Le grand talent de la 205 GT sera de porter à maturité ce bon concept inauguré par la Visa 2 GT en hissant les prestations en matière de confort et de silence de fonctionnement au niveau de berlines de catégories supérieures. Moteur XV8 de 954 cm³ et 45 ch, XW7 de 1 124 cm³ et 50 ch, XY7 de 1 360 cm³ et 60 ch, XY8 de 1 360 cm³ et 80 ch, la gamme 205 de cette année modèle 1983 est complète et équilibrée en ce qui concerne les mécaniques propulsives offertes.

Continuons maintenant à parcourir ce premier essai officiel de la 205 par André Costa. Une phrase, une seule, écrite par notre homme résume la tenue de route de la 205 : "Je m'avoue incapable de lui trouver un véritable défaut en ce qui concerne la stabilité." Tout est dit.

Qu'elle soit équipée de petits pneus Michelin MX en 135 SR13 (205 base/GL 954 cm³) ou en 145 SR13 (205 GL/GR 1 124 cm³, 205 GR 1 360 cm³), qu'elle soit pourvue de plus gros Michelin MXL 165/70 R13 taille basse (205 SR 1 360 cm³ 60 ch, 205 GT 1 360 cm³ 80 ch), la gamme tout entière affiche une tenue de route sûre, exempte de tout sous-virage intempestif. La barre stabilisatrice arrière réservée aux versions GR, SR et GT 1 360 cm³ ne fait absolument pas défaut aux versions plus modestes.

Une conduite agréable

Une autre phrase d'André Costa résume bien les qualités de confort de la suspension de celle que tout le monde appelle déjà le Sacré Numéro : "La suspension de la 205 est une réussite à cent pour cent qui fait honneur aux techniciens qui l'ont mise au point. Les débattements importants, 190 mm à l'avant, 235 mm à l'arrière, avalent littéralement les mauvaises routes sans que le roulis soit pour autant excessif. Un véritable tour de force." Costa est également impressionné par une direction qui, malgré une démultiplication relativement importante, 3,8 tours de volant entre butées, fait montre d'une précision,

d'une vivacité inconnues à ce jour à ce niveau de gamme tout en se montrant incroyablement douce, stable, et exempte de réactions brutales sur mauvais revêtement : "Le conducteur n'en éprouve pas moins l'impression d'utiliser une crémaillère très directe qui pourrait facilement passer pour assistée en raison de sa douceur et de son excellent filtrage des vibrations." Le Lion est un magicien.
Seulement équipé d'un servofrein à partir de la GR 1 124 cm^3 50 ch, le freinage de la 205 se fait également remarquer par son endurance et par l'attaque à la pédale à la fois franche et progressive, une caractéristique qui va devenir omniprésente sur sa descendance, jusqu'à la 208 actuelle. Précision importante : la voiture est tellement légère et le freinage si efficace qu'elle se passe aisément de toute assistance.
Les autres bonnes appréciations s'enchaînent : "Une bonne position de conduite avec un volant placé relativement bas, mais peu encombrant, un conducteur qui jouit d'une très bonne visibilité grâce à un capot fort peu proéminent, un volume utilisable important bien que la voiture soit courte, des occupants de la banquette arrière qui ne sont pas sacrifiés, avec, en prime, une accessibilité fort convenable, un équipement général plutôt complet avec une présentation et une finition d'excellent aloi, en particulier du côté de la planche de bord, trop souvent négligée sur les voitures françaises. Bien entendu, les puristes compareront les cotes au centimètre près. Qu'il me suffise ici de souligner la largeur habitable dont disposent les passagers, plus particulièrement à l'avant, avec des sièges confortables, le meilleur compliment que je puisse adresser à la suspension réside dans le fait qu'elle paraît avoir pratiquement rattrapé l'hydropneumatique en ce qui concerne le mariage confort-efficacité." Ce dernier compliment, déjà formulé par Costa à l'adresse de la 305 SR lors de son essai en 1978, est intéressant : il prouve à quel point le Lion a travaillé dur, et ce bien avant la 205, pour hisser ses propositions au meilleur niveau technique. La 205 de 1983 hérite légitimement de tout ce bon travail.
La preuve : il convient de plus d'apprécier pour la 205 dans quelles conditions d'aisance et de silence ces chiffres de performance sont obtenus. Grâce à une excellente étude de l'insonorisation et du filtrage des vibrations mécaniques, la 205 se révèle extrêmement agréable et discrète à mener, et ce même sur de longs trajets à grande vitesse. Il st donc juste de la considérer comme une véritable routière.
La conclusion de ce premier essai restera dans le cœur de celles, de ceux qui l'ont lue à l'époque : "Avec une tenue de route, une direction et un confort général qui touchent plus ou moins à l'exceptionnel et aussi avec des performances, une consommation et une présentation satisfaisantes, cette voiture naît sous des auspices susceptibles de lui assurer un très grand succès, d'abord en France, et ensuite dans les pays où Peugeot manifestera l'intention de la vendre avec suffisamment d'énergie et d'intelligence."
Voilà donc un bel atout dans le jeu de PSA, mais quel dommage de ne pas l'avoir jeté sur la table deux ans plutôt ! Cette conclusion justifie le titre de ce premier essai : la meilleure Peugeot.

PEUGEOT 205 GR

BANC D'ESSAI DE L'AUTO-JOURNAL 83

LE POINT DE VUE DE MADAME

« J'ai énormément pillé Molière. Je suis bien content qu'il soit mort ; sinon, il m'aurait fait des procès… » Auteur de ce trait et, entre autres folies cinématographiques, de « Frankenstein Junior », Mel Brooks ne m'en voudra pas de le rapporter. Je ne fais, après tout, que piller un pilleur…

Ce n'est pas une anecdote gratuite. Le rapport avec la 205 est net. Pour élaborer sa vedette 83, Peugeot a pillé le groupe Peugeot. Résultat, un cocktail très positif de traits de caractère à la fois sochaliens, Talbot, voire Citroën. L'atmosphère générale y gagne en jeunesse, en dynamisme.

Cependant, amateurs de lignes révolutionnaires, restez calmes. La silhouette de la 205, pas plus que celle de la Uno de Fiat, sa concurrente la plus directe, n'a rien de sensationnel. N'accusez pas les stylistes de tous les pays de ne penser qu'à leurs week-ends ou de s'entre-piquer les ébauches. Les lois de l'aérodynamique sont implacables.

La nouvelle venue pointe vers la route un nez dont la calandre affiche les couleurs de la carrosserie. Bon, ça… Les chromes sont restés au vestiaire ; c'est un mieux. Coup de chapeau à l'arrière et à… sa calandre. Je dis bien « calandre arrière », sans faiblesse méningée de ma part : le bas du coffre s'enjolive d'une grille qui lui va comme un gant. Astucieux.

Le profil est léger, la caisse, soulignée de traits noirs sport sans ostentation superfétatoire. Les enjoliveurs, en plastique argenté, sont d'un joli dessin compact. Bref, telle que, la silhouette a de quoi emporter non seulement les sous de l'acheteur, mais aussi son adhésion.

Je ne sais plus si c'est Bonaparte, Mel Brooks ou Philippe Bouvard qui a dit « Quand on n'atteint pas physiquement un certain nombre de centimètres, on est bien obligé d'être grand à l'intérieur ». Tant pis, pillons à l'aveuglette, car là encore, la situation appelle la citation. Peu longue au dehors (3,70 m), la 205 est vaste au-dedans. Jambes, coudes, têtes, passagers avant et arrière y trouvent leurs aises. L'impression d'espace est améliorée par la teinte claire (gris, beige, tourterelle), ambiante. Peu galbés, les sièges ne paraissent pas, au premier coup d'œil, promettre des délices de confort et de maintien. Faux, ils soutiennent très bien, remarquablement, même. Et comme la suspension est parfaitement dosée, le squelette, si j'ose dire, est content. Un détail regrettable : réglant son siège, l'utilisateur entre en bisbille avec la molette d'inclinaison des dossiers. Son maniement est peu commode, et d'une vélocité de Bouzigues…

Premier rôle de la réussite intérieure, un drap quadrillé léger dans les tons beige-brun, avec quelques fils orangés fondus. Il joue les costumes de demi-saison, « colle » avec la toile gris-beige de la planche de bord et des contreportes. Avec le tapis, le plafond. Bicolore, la planche est présente sans pesanteur. Le passager a devant lui deux creux de rangements ; côté fourre-tout on est d'ailleurs bien servi, avec une boîte à gants, des demi-bacs de portières, une tablette sous volant…

Je m'endors un peu, et, horreur, le lecteur aussi peut-être, dans les délices approbatifs. Un peu d'arsenic va nous réveiller tout ça. A quel zigue dénué de sens pratique devons-nous certaines hérésies de fonctionnement ? Vous ne pouvez laver la glace arrière qu'en inondant aussi le pare-brise, les commandes sont jumelées… La ventilation a été techniquement très peaufinée, nous dit-on. Oui da… mais impossible d'avoir simultanément, comme au bon vieux temps, chaud aux pieds et frais au nez ; aujourd'hui, c'est tout l'un ou tout l'autre. Au-dessus du cendrier, un creux grand comme un paquet de cigarettes. On y glisse le sien en confiance, pfuit, il est avalé avec une prestesse qu'on ne connaît qu'à ces satanés parcmètres !

Deux économies surprenantes : la pédale d'accélérateur, nue et métallique, apparaît raffinée comme celle d'un camion militaire. Encore pose-t-on le pied dessus, et on l'oublie. On ne peut en faire autant avec le levier de vitesses. Or, maigrichon et d'une élégance de chef de rayon, c'est celui de la… 104 ! Voilà qui détonne. C'est tout bête, mais le plaisir de conduire s'en trouve écornifié.

Et d'autant plus bête que le plaisir est là, bien réel. Cette version, qui brille par l'économie, n'est pas la plus musclée du lot (1 124 cm^3, 50 CV). Sa personnalité est douce, mais son efficacité indiscutable ; facile à manier, de direction amicale, d'une tenue remarquable en toutes circonstances, d'un freinage sûr, c'est une compagne à qui l'on adresse plus de satisfecit que de reproches.

Ai-je dit que le volant, bicolore, porte en son centre un lion argenté mat rajeuni ? Il fait patte de velours. Faisons de même envers un véhicule qui affiche, dès sa naissance, plus de points forts que de faiblesses.

Florence REMY
Marianne ANTOINE

Plaisante à regarder (1) la 205 possède une ligne esthétique réussie avec un profil harmonieux (2) qui souligne la carrosserie bicorps. Certains pourront regretter la présence de l'enjoliveur (5) synthétique de hayon arrière. On retrouvera sous le capot une mécanique identique à celle de la 104 avec la même disposition de jauge d'huile (4) et un cric aussi discret qu'accessible (3). Le tableau de bord (7) est très bien présenté et l'on remarquera que la console ne descend pas jusqu'au plancher. Les versions SR sont équipées d'appuis-tête (6).

En 1983, "Le point de vue de Madame" des journalistes Florence Rémy et Marianne Antoine est incontournable pour tout lecteur de *L'Auto-Journal*. Celui du 1er mars 1983 pour le premier essai de la 205 est entré dans l'histoire de l'automobile. (Archives de l'auteur)

Toujours perspicace et direct dans son propos, Costa note que la 205, ce sont ses mots, "se crotte très rapidement le postérieur en cas de circulation sur chaussées boueuses". Il regrette, il faut quand même bien trouver un défaut à cette auto, que l'essuie-glace arrière soit en option sur les bas de gamme. De même, il émet quelques réserves quant au volume du coffre à bagages qu'il trouve un peu juste pour quatre adultes qui voyagent loin. Rien de bien méchant. *L'Auto-Journal* aime la 205.
André Costa travaillera pour *L'Auto-Journal* jusqu'en 1991, date à laquelle il prendra sa retraite. Après s'être retiré à Châtillon-sur-Seine dans le département de la Côte-d'Or, il décède le 8 juin 2002 à seulement soixante-quinze ans. Il est inhumé au cimetière de l'église Saint-Vorles de Châtillon-sur-Seine.

Le point de vue de Madame

Complices de l'équipe de *L'Auto-Journal*, Florence Rémy et Marianne Antoine vont aussi livrer leurs impressions bien à elles sur la nouvelle Peugeot dans leur mythique rubrique "Le point de vue de Madame", qui fait suite à l'essai d'André Costa et aux mesures et descriptions techniques du non moins extraordinaire Jean-Pierre Joyeux. Là aussi, le verbe vaut son pesant d'or dans un style incroyable qui rejoint finalement les conclusions de Costa sur la 205 : "Je ne sais plus si c'est Bonaparte, Mel Brooks ou Philippe Bouvard qui a dit [que] quand on n'atteint pas physiquement un certain nombre de centimètres on est bien obligé d'être grand à l'intérieur, mais, ce qui est certain, c'est que, peu longue au-dehors (3,70 mètres), la 205 est vaste au-dedans. Jambes, coudes, têtes, passagers avant et arrière y trouvent leurs aises."

Le sourire est de mise aussi sur la route : "Comme la suspension est parfaitement dosée, le squelette, si j'ose dire, est content. Sa personnalité est douce, mais son efficacité indiscutable. Facile à manier, de direction amicale, d'une tenue remarquable en toutes circonstances, d'un freinage sûr, c'est une compagne à qui l'on adresse plus de satisfecit que de reproches." Les compliments continuent : "Coup de chapeau, enfin, à l'arrière et à… sa calandre. Je dis bien calandre arrière sans faiblesse méningée de ma part : le bas du coffre s'enjolive d'une griffe qui lui va comme un gant. Astucieux."

Deux petits coups de griffe aussi pertinents que drôles suivent : "La pédale d'accélérateur, nue et métallique, apparaît raffinée comme celle d'un camion militaire. Encore pose-t-on le pied dessus, et on l'oublie. On ne peut en faire autant avec le levier de vitesses. Or, maigrichon et d'une élégance de chef de rayon, c'est celui de la… 104 ! Voilà qui détonne."

La conclusion réconcilie tout le monde avec le Sacré Numéro : "Ai-je dit que le volant, bicolore, porte en son centre un lion argenté mat rajeuni ? Il fait patte de velours. Faisons de même envers un véhicule qui affiche, dès sa naissance, plus de points forts que de faiblesses."

Le descriptif technique de la 205, comme d'habitude toujours très détaillé, révèle deux informations intéressantes : l'allumage transistorisé à capteur magnétique sans pièces mécaniques en contact est présent sur tous les modèles, la direction se passe du déport négatif affichant un déport presque nul, ce qui en dit long sur la qualité d'un train avant peu enclin aux dérobades. Le dessin de l'éclaté technique de l'auto est signé René Bellu.

Membre de la rédaction de *L'Auto-Journal* depuis sa création, journaliste, historien de l'automobile à l'immense talent d'illustrateur, il se fait connaître en 1955 en dessinant les traits de la future Citroën DS 19 d'après des informations confidentielles. C'est aussi René Bellu qui inventera le concept des numéros annuels Spécial Salon de *L'Auto-Journal*, idée maintes fois copiée par la concurrence depuis.

Le magnifique dessin de la 205 par Bellu, réalisé bien sûr dans sa belle teinte rouge Féria, quarante ans plus tard impressionne toujours autant par sa précision, par son sens du détail, par la richesse et

DOSSIER PEUGEOT 205
Seul demain nous dira si, après avoir été la première grande nouveauté 1983, la 205 Peugeot sera, effectivement, la révélation de l'année. En attendant, après avoir séduit, il lui reste à convaincre. Alors que nos essayeurs fournissent critiques et arguments, M. Boillot, qui connaît son enfant, vous parlera de son avenir. Et il n'est pas jusqu'à Jean Todt, le sportif, qui ne vous livre ses ambitions.

L'Automobile magazine n'est pas en reste, le mythique Robert Séjourné se livre lui aussi au premier essai de la 205, une SR 1 360 cm³ 60 ch, dans le numéro de mars 1983. (Archives de l'auteur)

l'équilibre des éléments qui le composent. Magnifique. Vraiment. *L'Auto-Journal* n'est pas seul à essayer la nouvelle 205, l'autre grand titre de la presse automobile, *L'Automobile Magazine*, va aussi passer la Lionne sur le gril.

L'AUTOMOBILE MAGAZINE TESTE LA 205

Un bon moteur

Après un dossier consacré à la Peugeot 205 dévoilée en position statique dans son numéro 440 de février 1983, *L'Automobile Magazine* procède au premier essai dynamique dans son numéro 441 de mars 1983. La 205 choisie, une SR 1 360 cm^3 60 ch, est confiée à Robert Séjourné, un ancien de *L'Auto-Journal* récemment débauché par Jean-Paul Thévenet, directeur de *L'Automobile Magazine*, et toujours à la recherche d'artistes, tant du volant que de la plume.
Le titre de l'article, "Des griffes dans un gant de velours", résume déjà à lui seul et à merveille la personnalité de Dame 205. Bien que son cinquième rapport tire beaucoup plus long que celui de la 205 GT (36,25 km/h pour 1 000 tr/min, 29,78 km/h pour la plus puissante de la famille), la 205 SR, grâce à la qualité du travail effectué sur son moteur XY7, réussit le tour de force d'être à la fois très souple, très vive, très économique avec une consommation sur route à 75 km/h de moyenne mesurée à 5,54 litres.

L'AUTOMOBILE MAGAZINE

Antérieur à *L'Auto-Journal* (créé en 1950), le mensuel *L'Automobile Magazine* est fondé en 1946 par Pierre Laureys, ancien capitaine de l'armée de l'air française, et par Jean-Claude Moulin, publicitaire. Le premier numéro, qui s'appelle encore simplement *L'Automobile*, paraît en septembre 1946, comporte vingt-huit pages et couvre l'actualité de l'automobile, mais aussi celles de l'aéronautique, de la moto, du nautisme.
Durant ces premières années, la couverture est souvent une illustration en couleurs signée de grands affichistes comme Géo Ham et Rob Roy. L'augmentation croissante du nombre de voitures sur le marché conduit pourtant petit à petit le mensuel à abandonner ses pages consacrées aux avions, aux bateaux et au tourisme au profit de l'automobile.
L'Automobile devient *L'Automobile Magazine* pour son 420e numéro en mai 1982. Les essais automobiles sont devenus prépondérants dans le contenu du mensuel, qui redeviendra brièvement *L'Automobile* en février 2015 avant de reprendre son nom *L'Automobile Magazine* en janvier 2016.

Un couple maximal qui se maintient à plus de 10 m.kg entre 1 500 et 4 000 tr/min, une puissance de 60 ch obtenue au régime très tranquille de 5 000 tr/min, une vitesse de pointe en cinquième de presque 150 km/h, la 205 SR obtient immédiatement ses galons de routière des mains expertes de Robert Séjourné. Ce moteur XY7 est vraiment étonnant : dès 4 300 tr/min, sa puissance est déjà à 59 ch, soit 98 % de la puissance maximale, laquelle se maintient donc pratiquement pendant 700 tr/min.
Courbe de puissance très plate en haut, couple généreux de 10,9 m.kg au régime idéal de 2 500 tr/min, la traversée des villages à 50 km/h se fait le plus aisément du monde en cinquième sans avoir besoin de rétrograder. Les petits sifflements de pignonnerie de la fameuse triplette de transmission propres au moteur X se font bien sûr encore entendre, mais semblent plus discrets que sur la 104. La fête ne s'arrête pas là.

Une conduite souple

Le train avant McPherson inversé avec barre antiroulis montée en arrière de l'axe des roues avant comme sur les 305 GT ou Diesel de la série 2 joint au train arrière de Vera fait merveille, de même que la direction, très incisive. Robert Séjourné écrit : "Virant d'une pièce, en force, en s'inclinant un peu, mais malgré tout bien amortie en roulis, la 205 offre le comportement d'un kart confortable. La direction offre un bon compromis de précision et d'effort permettant de placer la voiture exactement où l'on veut. Les réactions sont vives, notamment autour du point milieu, il faut donc mener la voiture d'une main souple et précise sur le volant. En manœuvres, les efforts sont normaux et, même sur de mauvais revêtements, en virage, les réactions si caractéristiques des 104 ont pratiquement disparu."
Le confort de la 205 est aussi grandement apprécié dans cet essai : "Le bon accord des suspensions avant et arrière joint à un assez grand débattement des roues et à un amortissement efficace fait que l'on se sent constamment bien porté."
Seuls petits bémols notés par notre essayeur : "Une filtration des bruits de roulement qui pourrait être améliorée sur revêtements granuleux, les nouveaux Michelin MXL qui remplacent les XZX série 70 se montrant un peu bruyants, une assise des sièges peut-être un peu courte pour de grandes jambes avec un dossier certes suffisamment haut, mais il manque un poil d'enveloppe pour freiner efficacement les mouvements latéraux du dos dans les virages serrés."
Comme André Costa, Robert Séjourné est obligé de relever des points mineurs pour remplir de quelques remarques la rubrique "contre" de son essai.
Une fois de plus, l'examen de passage entre les mains des plus impitoyables journalistes automobiles de leur époque est réussi pour Dame 205 qui ne peut que se réjouir de la conclusion de l'article : "La 205 fait partie de ces voitures que l'on épouse dès le premier contact tant elle colle au conducteur grâce à une prise en main sans problème. Compte tenu des possibilités qu'elle offre, on pourra avoir tendance à la comparer à plus grosse qu'elle. Elle représente

seulement un cran au-dessus de la 104 dont les versions haut de gamme de cette série vont forcément progressivement céder la place. Pour la concurrence, elle sera un gros morceau à avaler, pour Peugeot elle sera un atout qui pèsera fort dans le marché des prochaines années."

Les dernières phrases de l'essai de la 205 par Robert Séjourné sont, elles aussi, extrêmement intéressantes, rejoignant une idée évoquée aussi par Marianne Antoine et Florence Rémy dans leur "point de vue de Madame" : "Enfin, si l'on veut se permettre une image la symbolisant, on peut dire que, sans qu'il y ait eu concertation, puisque le projet M24, c'est son nom de code, est antérieur à l'absorption de Talbot, elle matérialise dans une sorte d'osmose les caractères des deux marques, le côté sérieux et le souci du détail de Peugeot et le tempérament plus jeune, plus sportif et plus frondeur de Talbot. Une voiture de l'union en quelque sorte, qui trouvera le meilleur accueil dans le réseau bi-marques désormais, où, parfois, certaines susceptibilités ont été exacerbées lors de la fusion."

La 205 a effectivement pris le meilleur des deux marques pour devenir ce qu'elle est, c'est-à-dire une auto exceptionnelle aussi douce que vive, une auto à la fois statutaire, malgré sa petite taille, et frondeuse. Par contre, et l'histoire le montrera malheureusement très vite, ce génial cocktail appelé 205, s'il sauvera Peugeot, sera un violent poison pour Talbot, qui, loin de profiter de la dynamique créée par le Sacré Numéro, disparaîtra purement et simplement quatre ans plus tard. Vraiment dommage pour Talbot dont les excellentes autos (1510, Solara, Horizon, Samba, Tagora), bien qu'en bout de développement technique faute d'investissements suffisants, méritaient mieux. La 205 arrive sur le marché avec beaucoup d'atouts. La concurrence n'est cependant pas dénuée d'intérêt, bien au contraire.

PETIT TOUR D'HORIZON DES FORCES EN PRÉSENCE EN CE MOIS DE MARS 1983

Face à Renault

La 205 se situe de par sa longueur (3,70 mètres) tout en haut du segment B2 (petites voitures). Assez chère, elle dispose d'une gamme très complète de moteurs, mais doit se contenter d'une seule carrosserie cinq portes.

Rivale historique, la Renault 5 (3,52 mètres) dispose de deux types de carrosserie (trois portes et cinq portes) associées en entrée de gamme au moteur Billancourt trois paliers 845 cm^3 37 ch (de 31 900 à 33 700 francs) ou au Cléon-fonte cinq paliers 1 108 cm^3 45 ch (de 37 900 à 43 500 francs) pour les TL et GTL. En face, la 205 954 cm^3 45 ch démarre dans sa version de base à 38 300 francs, 40 500 francs pour la GL à réservoir de 50 litres et non plus 40 litres, la version 1 124 cm^3 50 ch de puissance comparable à la Renault 5 1 108 cm^3 étant affichée à 44 800 francs dans son emblématique finition GR.

Une 205 GR à 44 800 francs face à une Renault 5 GTL à 43 500 francs bien équipée (moulures en plastique de protection de bas de caisse, jantes à six alvéoles, appuie-tête montés en série à l'avant), très fiable, confortable, sobre en carburant et aux performances comparables, le match est serré. La 205 GL 1 124 cm^3 50 ch à 42 100 francs se situe, quant à elle, bien au-dessus sur le plan du prix par rapport à la référence du moment, la Renault 5 TL 1 108 cm^3 45 ch au tarif contenu à 39 700 francs !

La version 1 397 cm^3 63 ch (TS) exclusivement en trois portes à 44 200 francs garde encore son intérêt par rapport aux 205 GR/SR 1 360 cm^3 60 ch au prix peut-être un peu ambitieux (de 46 800

Des griffes dans un gant de velours

La 205 SR se déhanche sans excès tout en restant fidèle à la trajectoire souhaitée par son essayeur. Le secret du charme de l'auto est une part de douceur sans oublier la rigueur. (Archives de l'auteur)

POUR
- Excellent comportement routier
- Voiture confortable
- Souplesse et endurance du moteur
- Consommation modérée
- Direction précise

CONTRE
- Quelques bruits de roulement
- Places arrière un peu limitées
- Instrumentation trop sommaire
- Course morte de la pédale de freins

Le bilan d'ensemble de Robert Séjourné ressemble à celui d'André Costa : la 205 est très bien née. Du reste, ne dit-il pas dans son essai qu'elle sera un gros morceau à avaler pour la concurrence ? Prémonitoire ! (Archives de l'auteur)

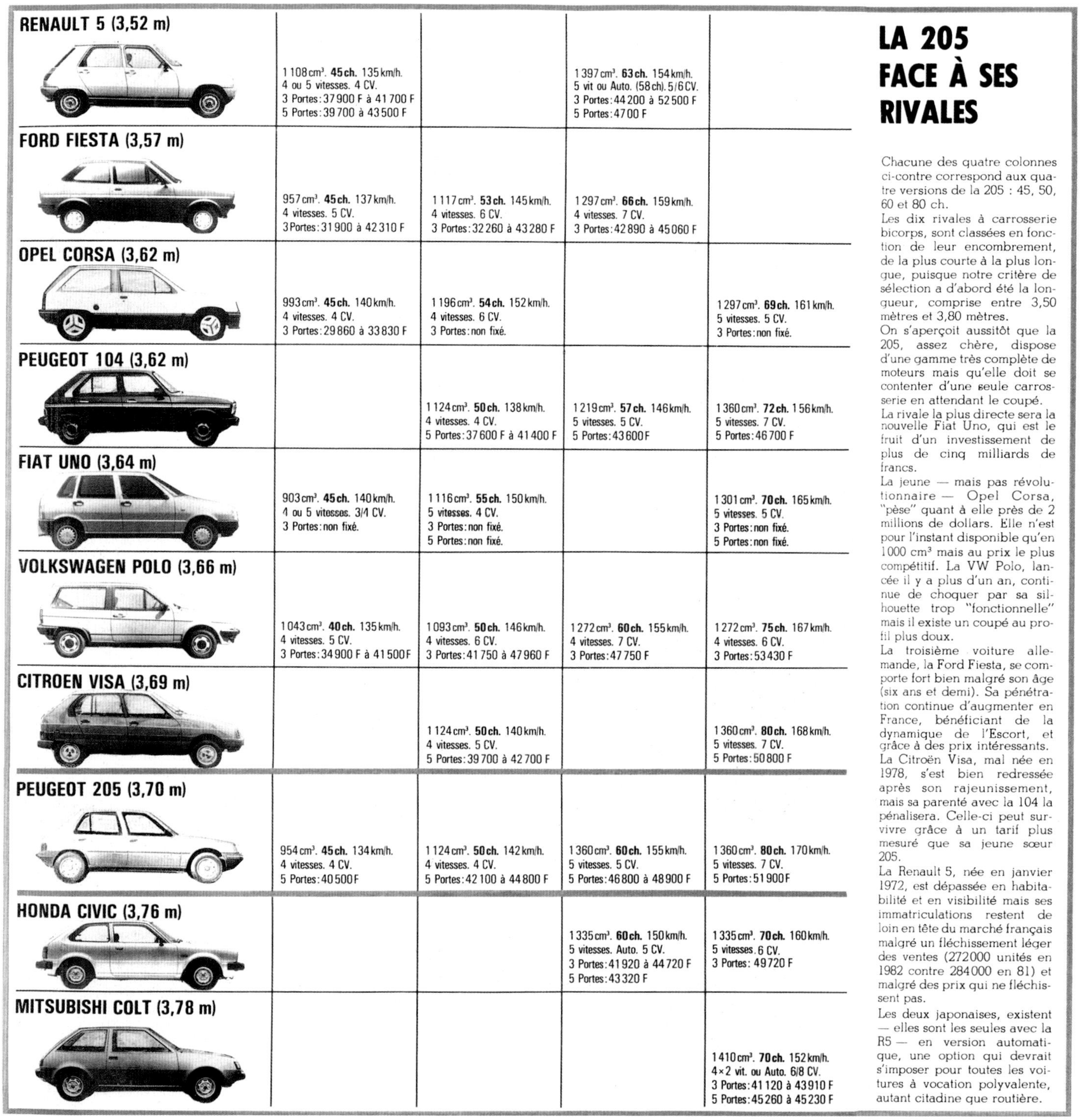

LA 205 FACE À SES RIVALES

RENAULT 5 (3,52 m)	1 108 cm³. **45 ch.** 135 km/h. 4 ou 5 vitesses. 4 CV. 3 Portes : 37 900 F à 41 700 F 5 Portes : 39 700 à 43 500 F		1 397 cm³. **63 ch.** 154 km/h. 5 vit ou Auto. (58 ch). 5/6 CV. 3 Portes : 44 200 à 52 500 F 5 Portes : 4700 F	
FORD FIESTA (3,57 m)	957 cm³. **45 ch.** 137 km/h. 4 vitesses. 5 CV. 3 Portes : 31 900 à 42 310 F	1 117 cm³. **53 ch.** 145 km/h. 4 vitesses. 6 CV. 3 Portes : 32 260 à 43 280 F	1 297 cm³. **66 ch.** 159 km/h. 4 vitesses. 7 CV. 3 Portes : 42 890 à 45 060 F	
OPEL CORSA (3,62 m)	993 cm³. **45 ch.** 140 km/h. 4 vitesses. 4 CV. 3 Portes : 29 860 à 33 830 F	1 196 cm³. **54 ch.** 152 km/h. 4 vitesses. 6 CV. 3 Portes : non fixé.		1 297 cm³. **69 ch.** 161 km/h. 5 vitesses. 5 CV. 3 Portes : non fixé.
PEUGEOT 104 (3,62 m)		1 124 cm³. **50 ch.** 138 km/h. 4 vitesses. 4 CV. 5 Portes : 37 600 F à 41 400 F	1 219 cm³. **57 ch.** 146 km/h. 5 vitesses. 5 CV. 5 Portes : 43 600 F	1 360 cm³. **72 ch.** 156 km/h. 5 vitesses. 7 CV. 5 Portes : 46 700 F
FIAT UNO (3,64 m)	903 cm³. **45 ch.** 140 km/h. 4 ou 5 vitesses. 3/4 CV. 3 Portes : non fixé.	1 116 cm³. **55 ch.** 150 km/h. 5 vitesses. 4 CV. 3 Portes : non fixé. 5 Portes : non fixé.		1 301 cm³. **70 ch.** 165 km/h. 5 vitesses. 5 CV. 3 Portes : non fixé. 5 Portes : non fixé.
VOLKSWAGEN POLO (3,66 m)	1 043 cm³. **40 ch.** 135 km/h. 4 vitesses. 5 CV. 3 Portes : 34 900 F à 41 500 F	1 093 cm³. **50 ch.** 146 km/h. 4 vitesses. 6 CV. 3 Portes : 41 750 à 47 960 F	1 272 cm³. **60 ch.** 155 km/h. 4 vitesses. 7 CV. 3 Portes : 47 750 F	1 272 cm³. **75 ch.** 167 km/h. 4 vitesses. 6 CV. 3 Portes : 53 430 F
CITROEN VISA (3,69 m)		1 124 cm³. **50 ch.** 140 km/h. 4 vitesses. 5 CV. 5 Portes : 39 700 à 42 700 F		1 360 cm³. **80 ch.** 168 km/h. 5 vitesses. 7 CV. 5 Portes : 50 800 F
PEUGEOT 205 (3,70 m)	954 cm³. **45 ch.** 134 km/h. 4 vitesses. 4 CV. 5 Portes : 40 500 F	1 124 cm³. **50 ch.** 142 km/h. 4 vitesses. 4 CV. 5 Portes : 42 100 à 44 800 F	1 360 cm³. **60 ch.** 155 km/h. 5 vitesses. 5 CV. 5 Portes : 46 800 à 48 900 F	1 360 cm³. **80 ch.** 170 km/h. 5 vitesses. 7 CV. 5 Portes : 51 900 F
HONDA CIVIC (3,76 m)			1 335 cm³. **60 ch.** 150 km/h. 5 vitesses. Auto. 5 CV. 3 Portes : 41 920 à 44 720 F 5 Portes : 43 320 F	1 335 cm³. **70 ch.** 160 km/h. 5 vitesses. 6 CV. 3 Portes : 49 720 F
MITSUBISHI COLT (3,78 m)				1 410 cm³. **70 ch.** 152 km/h. 4×2 vit. ou Auto. 6/8 CV. 3 Portes : 41 120 à 43 910 F 5 Portes : 45 260 à 45 230 F

Chacune des quatre colonnes ci-contre correspond aux quatre versions de la 205 : 45, 50, 60 et 80 ch.

Les dix rivales à carrosserie bicorps, sont classées en fonction de leur encombrement, de la plus courte à la plus longue, puisque notre critère de sélection a d'abord été la longueur, comprise entre 3,50 mètres et 3,80 mètres.

On s'aperçoit aussitôt que la 205, assez chère, dispose d'une gamme très complète de moteurs mais qu'elle doit se contenter d'une seule carrosserie en attendant le coupé.

La rivale la plus directe sera la nouvelle Fiat Uno, qui est le fruit d'un investissement de plus de cinq milliards de francs.

La jeune — mais pas révolutionnaire — Opel Corsa, "pèse" quant à elle près de 2 millions de dollars. Elle n'est pour l'instant disponible qu'en 1000 cm³ mais au prix le plus compétitif. La VW Polo, lancée il y a plus d'un an, continue de choquer par sa silhouette trop "fonctionnelle" mais il existe un coupé au profil plus doux.

La troisième voiture allemande, la Ford Fiesta, se comporte fort bien malgré son âge (six ans et demi). Sa pénétration continue d'augmenter en France, bénéficiant de la dynamique de l'Escort, et grâce à des prix intéressants.

La Citroën Visa, mal née en 1978, s'est bien redressée après son rajeunissement, mais sa parenté avec la 104 la pénalisera. Celle-ci peut survivre grâce à un tarif plus mesuré que sa jeune sœur 205.

La Renault 5, née en janvier 1972, est dépassée en habitabilité et en visibilité mais ses immatriculations restent de loin en tête du marché français malgré un fléchissement léger des ventes (272000 unités en 1982 contre 284000 en 81) et malgré des prix qui ne fléchissent pas.

Les deux japonaises, existent — elles sont les seules avec la R5 — en version automatique, une option qui devrait s'imposer pour toutes les voitures à vocation polyvalente, autant citadine que routière.

La 205 face à ses rivales du printemps 1983 en un seul coup d'œil. La nouvelle Fiat Uno sera son adversaire la plus coriace tandis que la Renault 5 fait moins la fière. La petite au losange reste pourtant, dix ans après sa sortie, et aujourd'hui encore, une auto elle aussi exceptionnelle. (Archives de l'auteur) à 48 900 francs), mais elle perd définitivement la partie face à une 205 GT cinq portes de 80 ch, aux performances (170 km/h pour la Peugeot, 150 km/h pour la Renault) et à l'agrément de conduite très supérieurs, affichée à 51 900 francs.

Moralité de cette première confrontation avec la concurrence : la 205 est chère, plus particulièrement dans ses versions d'entrée et de moyenne gamme. La Lionne compte sur son avance technologique et sur ses prestations exceptionnelles pour faire la différence au moment de la décision d'achat. Nous le verrons, cette stratégie sera payante, bien au-delà des espérances de Peugeot.

Faiblesse qui sera vite corrigée pour la 205 : l'absence des versions automatiques. En face, la Renault 5 garde l'exclusivité de ce mode de transmission avec la très réussie 5 Automatic (1 397 cm^3, 58 ch) affichée 45 200 francs en version trois portes, 47 000 francs en version cinq portes.

Les concurrences familiales sont quelquefois les plus rudes. Les 104 GL et GR 1 124 cm^3 50 ch équipées du même moteur que celui de la 205 se vendent 37 000 et 41 400 francs, la SR (1 219 cm^3, 57 ch), 43 400 francs, la S (1 360 cm^3, 72 ch), 46 500 francs. Franchement pas chère, mais l'auto est complètement dépassée dans tous les domaines. Seuls les coupés Z (50 ch), ZS (72 ch), ZS (80 ch) conservent, pour un temps, un petit intérêt en proposant une offre carrosserie différente de celle de la 205 de 1983.

Face aux autres Européennes

La Citroën Visa (3,69 mètres de long) est une concurrente un peu plus sérieuse. Modèles bicylindres à refroidissement par air mis à part (la toute petite cylindrée de 652 cm^3 associée à la puissance de 35 ch ne leur permet pas de rivaliser), les Visa L (39 700 francs) et Super E (42 700 francs) équipées du 1 124 cm^3 50 ch constituent encore un choix intéressant, l'homogénéité de ces autos n'étant plus à démontrer. De même, la nouvelle Visa GT (1 360 cm^3, 80 ch) équipée du même moteur que la 205 GT peut encore séduire avec un tarif limité à 50 800 francs et, elle aussi, de solides qualités de confort et de tenue de route. Concurrence hexagonale détaillée, qu'en est-il avec les autos du reste du monde ?

Assemblée dans l'usine de Saragosse en Espagne, présentée au Salon de Paris d'octobre 1982, la courte (3,62 mètres) et jeune, mais pas révolutionnaire, Opel Corsa, seulement disponible en trois portes avec un moteur de 993 cm^3 et 45 ch en 1983 ne fait pour l'instant pas techniquement le poids. Seuls des tarifs extrêmement bas (29 860 à 33 830 francs) plaident en sa faveur. L'usine de Saragosse, ultramoderne et robotisée à 90 %, n'est pas étrangère à cette performance tarifaire, il faut le souligner.

La Volkswagen Polo (3,66 mètres) lancée en 1981 continue de choquer la clientèle par sa silhouette très carrée qui la rapproche trop de par sa forme d'un véhicule utilitaire. Exclusivement présentée en trois portes, elle aussi, dans des puissances de 40 à 75 ch avec des tarifs, assez élevés pour les prestations fournies, de 34 900 à 53 430 francs, elle ne trouvera vraiment jamais sa place, d'autant que confort et tenue de route sont largement perfectibles.

Fruit d'un investissement de plus de 5 milliards de francs, la Fiat Uno (3,64 mètres) est disponible depuis le 21 janvier 1983 sur le marché italien et sera commercialisée en France à partir du 23 avril de cette même année 1983. Produite sur de nouvelles chaînes de production faisant appel aux dernières technologies en matière d'informatique et de robotique des usines de Rivalta et de Mirafiori près de Turin, la nouvelle Fiat propose en entrée de gamme le moteur 903 cm^3 de 45 ch exclusivement en carrosserie trois portes pour 32 000 francs. Plus polyvalentes que la Uno 45 de base, les Uno 55 (1 196 cm^3, 54 ch) et Uno 70 (1 297 cm^3, 69 ch) seront disponibles en trois et cinq portes avec une version 70 S très bien équipée (verrouillage centralisé des portes en plus du compte-tours et des vitres électriques) vendue seulement 48 000 francs. Dessinée par Giugiaro, jouissant d'une excellente habitabilité comme toujours chez Fiat, moderne et bien présentée, aérodynamique (Cx de 0,34), confortable et tenant bien la route, aussi nerveuse que sobre et proposée à des tarifs serrés, la Fiat Uno se pose en rivale numéro un de la Peugeot 205 avec de sérieux arguments à faire valoir. Seule réelle faiblesse de l'italienne : la contenance insuffisante de son réservoir de carburant de 42 litres.

Face aux Américaines et aux Japonaises

Toujours en embuscade, la mythique et petite (3,57 mètres) Ford Fiesta est là, et bien là. Version très largement restylée en 1981 de la version initiale de 1976, la Fiesta de mars 1983 se comporte très bien au niveau des ventes avec une pénétration qui continue d'augmenter en France grâce à des prix intéressants (de 31 900 à 45 060 francs), une offre moteur équilibrée (45 ch, 53 ch, 66 ch), une bonne dynamique inaugurée par l'Escort MK III (première Escort traction avant dévoilée en 1980), et ce malgré l'absence de version cinq portes. En septembre 1983, la Ford Fiesta MK2, plus un gros restylage qu'une nouvelle réelle deuxième génération, n'apportera rien de neuf. Il faudra attendre février 1989 pour bénéficier de cinq portes et de réels progrès dans les domaines de la tenue de route et du confort avec la Fiesta MK3. Pas grave pour la 205, qui aura marqué son territoire entre-temps.

Aux confins supérieurs du segment des petites voitures, deux voitures japonaises, la Honda Civic (3,76 mètres) et la Mitsubishi Colt (3,78 mètres) font valoir leurs possibilités d'être équipées d'une boîte automatique. Ce sont les seules avec la Renault 5. Ce mode de transmission fait pour l'instant défaut à la 205, mais, nous le verrons, cela ne va pas durer.

La Golf a trouvé sa concurrente

À sa présentation en 1974, la Volkswagen Golf boxait dans la catégorie des voitures moyennes avec une longueur de 3,81 mètres. Neuf ans plus tard, elle fait figure de petite auto dans son segment, comparée aux Fiat Ritmo, Opel Kadett, Ford Escort, Renault 11, et même Talbot Horizon, qui flirtent toutes avec, ou atteignent, 4 mètres de long. Bien malgré elle, et pendant quelques mois avant son remplacement par la Golf 2 bien plus grosse dans l'année, elle se retrouve donc en concurrence directe avec la 205. En fin de vie, la Golf 1 fait face à la Lionne avec deux moteurs à essence bien connus (1 092 cm^3 de 50 ch, 1 457 cm^3 de 70 ch) et deux types de carrosserie (trois et cinq portes). Les prix sont raisonnables pour la version 50 ch avec un départ à 40 350 francs en trois portes, mais ils s'envolent vite avec la motorisation 70 ch affichée à 57 850 francs en cinq portes. Toujours fonctionnelle, ultra-fiable et collée à la route, la Golf 1 ne peut pas lutter face à une 205 bien moins onéreuse, beaucoup plus confortable, aussi habitable et tout aussi rapide et fiable qu'elle.

La 205 prend le départ. Sa diffusion va s'élargir progressivement, de même que sa gamme, qui bénéficiera d'un déploiement méthodique. En 1983, pendant sa première année d'existence limitée à dix mois, le Sacré Numéro couvre déjà 5,24 % du marché français. Ça promet. Belle année 1983 pour la 205, belle année 1983 pour la France : le dimanche 5 juin, devant dix-huit mille personnes, Yannick Noah gagne le tournoi de tennis de Roland-Garros face à Mats Wilander, tenant du titre. Le 24 juillet, sur les Champs-Élysées, Laurent Fignon remporte le Tour de France cycliste à sa première participation à la moyenne de 36,23 km/h.

Page de gauche et ci-dessus. La 205 s'inscrit dans l'histoire de la série 200 de Peugeot. Les modèles de la série 200 ont toujours sauvé le Lion par leur audace et par leur sérieux, la 205 ne fait pas exception à la règle. Les 206, 207 et 208 qui suivront continueront d'écrire cette belle histoire. (Archives de l'auteur)

205

1983-1986

LE SACRÉ NUMÉRO RÉVÈLE TOUTE SA PUISSANCE

1983 : LA 205 POSE LES BASES DE SON SUCCÈS

Les premières 205

Le 24 février 1983 : yeux aussi volontaires que taquins, calandre à trois barrettes blottie sous le bord d'attaque arrondi de son capot, petite 205 découvre le vaste monde. Toute timide avec son réservoir de 40 litres et ses 45 ch, la 205 Base propose des sièges, certes en vinyle et à dossiers fixes, mais dont le confort est au-dessus de tout soupçon. Absence de pare-soleil avant droit (après tout, l'important c'est que le conducteur ne soit pas ébloui), de tablette arrière cache-bagages, de rétroviseur intérieur jour-nuit, d'allume-cigare, de lunette arrière chauffante, de vide-poches dans les portières, la 205 "tout court", puisque tel est son véritable nom, propose le "prêt à rouler" en cinq portes à 38 300 francs. Les esprits grincheux sont priés de garder le silence, d'autant plus que les accoudoirs de portières, certes simplifiés, sont présents. Non mais ! Trois couleurs sont disponibles pour celle qui s'appelle donc tout simplement 205 : le rouge Féria, le beige Antilope, le blanc Alaska, ce dernier remplacé la semaine 17 de production par le blanc Meije.

Les 205 GL (40 500 francs avec le moteur de 45 ch, 42 100 francs avec le moteur de 50 ch) suppléent aux omissions de la 205 Base tout en soignant le séant des grincheux déjà cités en leur offrant de jolis petits sièges en drap à dossier réglable et cinq nouvelles couleurs : bleu Magellan, beige métallisé, brun Macao métallisé, bleu Cascade métallisé, gris Boréal métallisé, remplacé semaine 17 de production par le gris Futura métallisé.

Avec les 205 GR (44 800 francs en 50 ch, 46 800 francs en 60 ch), les clients insatisfaits sont cette fois-ci priés de sortir de la concession sans faire de scandale. Enjoliveurs en plastique de roues à croisillons déjà vus sur la 305 Phase 2 (les 205 Base et GL se contentent de jantes en tôle avec un petit cabochon central noir), barre anti dévers arrière sur la version 60 ch, compteur journalier, montre électrique à quartz, baguettes de protection latérales de carrosserie, feux arrière de brouillard, appui-tête sur les sièges avant, que leur faut-il de plus, aux mécontents ? La climatisation, peut-être ? Nous ne sommes pas encore en 2023 ! D'autant plus que la 205 GR, à l'instar de ses sœurs plus luxueuses, ajoute à la palette de couleurs disponibles le noir verni : statutaire et sérieux, digne de la belle Peugeot qu'elle est.

Petits pneus de 135 SR13 pour les 205 de 45 ch, 145 SR13 pour les GL et GR de 50 et 60 ch, mais tailles basses 165/70 SR13 avec jantes en acier huit trous à cabochon central noir sur la 205 SR de 60 ch : la légendaire finition SR (super routière) de Peugeot est de retour au prix de 48 900 francs avec cette fois-ci phares à iode, essuie-glaces intermittents, et surtout sièges en velours au programme. Carrément complet.

La version GT 80 ch à 51 900 francs proposera juste, sportivité oblige, un compte-tours électronique en plus, les roues étant identiques à celles de la SR. La 205 GT peut néanmoins être commandée moyennant supplément avec des jantes en alliage douze trous. De même, les vitres teintées restent une option usine. Rappelons-nous que nous ne sommes pas en 2023, estimons-nous heureux.

Mais nous le sommes, heureux, et même si l'assistance de freinage n'est montée qu'à partir de la 205 GR 50 ch, même si la boîte

L'auteur au volant de sa 205 XE de 1986. C'est ça, la 205 : le bonheur de rouler et d'aller de l'avant. (Archives de l'auteur)

Toute la 205 est dans le modèle d'entrée de gamme : simplicité, efficacité, esthétique et plaisir de conduire. Le bloc de 45 ch est seul disponible. (Archives de l'auteur)

La finition GL permet d'accéder au moteur essence de 50 ch et au moteur Diesel de 60 ch. (Archives de l'auteur)

Tissu subtilement rayé de fils colorés pour les sièges, assistance de freinage et possibilité d'opter pour le gros 1 360 cm³ de 60 ch associé à la boîte cinq vitesses, la finition GR est très attractive. (Archives de l'auteur)

Associée aux seuls 60 chevaux, en essence et diesel, la 205 SR se singularise par ses pneus taille basse 15/70 SR 13 et par ses sièges recouverts de velours. En 1983, le compte-tours est encore absent et le pommeau du levier de vitesse est carré. (Archives de l'auteur)

Peugeot 205 GT. Elle seule propose le compte-tours et le moteur essence 80 ch.
Comme son nom l'indique, c'est la version grand tourisme de la gamme. (Archives de l'auteur)

Représentée en mouvement, la 205 GT avec ses belles jantes alliage en option et sa mythique robe couleur brun Macao représente vraiment le renouveau de Peugeot. (Archives de l'auteur)

CARACTÉRISTIQUES TECHNIQUES 1983	205	205 GL		205 GR		205 SR	205 GT
MOTEUR							
Puissance administrative	4	4	4	4	5	5	7
Cylindrée (en cm³)	954	954	1124	1124	1360	1360	1360
Nombre de cylindres	4	4	4	4	4	4	4
Distribution par arbre à cames en tête	●	●	●	●	●	●	●
Alésage/course (en mm)	70 x 62	70 x 62	72 x 69	72 x 69	75 x 77	75 x 77	75 x 77
Puissance maxi à tr/mn : Norme ISO (kW)	32,5 à 6000	32,5 à 6000	36 à 4800	36 à 4800	43,5 à 5000	43,5 à 5000	57,1 à 5800
Norme DIN (ch)	45 à 6000	45 à 6000	50 à 4800	50 à 4800	60 à 5000	60 à 5000	80 à 5800
Couple maxi à tr/mn : Norme ISO (mdaN)	6,75 à 2750	6,75 à 2750	8,4 à 2800	8,4 à 2800	10,5 à 2500	10,5 à 2500	10,9 à 2800
Norme DIN (mkg)	7 à 2750	7 à 2750	8,7 à 2800	8,7 à 2800	10,9 à 2500	10,9 à 2500	11,2 à 2800
Alimentation par carburateur	1 simple corps	1 simple corps	1 simple corps	1 simple corps	1 simple corps	1 simple corps	2 simple corps
Taux de compression	9,3/1	9,3/1	9,7/1	9,7/1	9,3/1	9,3/1	9,3/1
Starter manuel	●	●	●	●	●	●	●
Allumage électronique	●	●	●	●	●	●	●
Prise diagnostic	●	●	●	●	●	●	●
TRANSMISSION							
Boîte de vitesses manuelle : 4 rapports avant synchronisés	●	●	●	●			
5 rapports avant synchronisés					●	●	●
Embrayage monodisque à sec avec butée à billes	●	●	●	●	●	●	●
DIRECTION							
Nombre de tours de volant de butée à butée	3,8	3,8	3,8	3,8	3,8	3,8	3,8
Rayon de braquage hors tout (en mètres)	5,25	5,25	5,25	5,25	5,25	5,25	5,25
SUSPENSION							
Avant	A roues indépendantes, ressorts hélicoïdaux, barre antidevers et amortisseurs hydrauliques télescopiques à double effet.						
Arrière	A roues indépendantes, barres de torsion et amortisseurs hydrauliques télescopiques à double effet.				A roues indépendantes, barres de torsion, barre antidevers et amortisseurs hydrauliques télescopiques à double effet.		
FREINS	A double circuit croisé.						
Avant : à disque	●	●	●	●	●	●	●
Arrière : à tambour	●	●	●	●	●	●	●
Servofrein				●	●	●	●
ÉQUIPEMENT ÉLECTRIQUE							
Générateur d'électricité (alternateur triphasé)	750 W/55 A	750 W/55 A	750 W/55 A	750 W/55 A	750 W/55 A	750 W/55 A	750 W/55 A
Batterie	12 V/25 Ah	12 V/25 Ah	12 V/25 Ah	12 V/25 Ah	12 V/29 Ah	12 V/29 Ah	12 V/29 Ah
DIMENSIONS (en mètres)							
Longueur hors tout	3,705	3,705	3,705	3,705	3,705	3,705	3,705
Largeur hors tout	1,562	1,562	1,562	1,572	1,572	1,572	1,572
Empattement	2,420	2,420	2,420	2,420	2,420	2,420	2,420
Voie : avant	1,350	1,350	1,350	1,350	1,350	1,364	1,364
arrière	1,300	1,300	1,300	1,300	1,300	1,314	1,314
Largeur intérieure aux coudes : avant	1,310	1,310	1,310	1,310	1,310	1,310	1,310
arrière	1,305	1,305	1,305	1,305	1,305	1,305	1,305
NOMBRE DE PLACES	5	5	5	5	5	5	5
POIDS (en kilogrammes)							
En ordre de marche	740	740	745	780	785	800	810
Total autorisé en charge	1140	1140	1195	1195	1240	1240	1225
Charge remorquable, remorque freinée	800	800	800	800	900	900	900
Total roulant autorisé	1840	1840	1895	1895	2040	2040	2025
CAPACITÉS (en litres)							
Réservoir de carburant	40	50	50	50	50	50	50
Carter d'huile moteur	4	4	4,5	4,5	5	5	5
Volume total du coffre : – avec tablette et banquette ou sièges arrière	290	290	290	290	290	290	290
– sans tablette et banquette ou sièges arrière rabattus	564 à 1200*	564 à 1200*	564 à 1200*	564 à 1200*	564 à 1200*	564 à 1200*	564 à 1200*
PERFORMANCES							
Coefficient de traînée aérodynamique (CX)	0,35	0,35	0,35	0,35	0,35	0,35	0,35
Vitesse maximale en km/h	134	134	142	142	155	155	170
Accélérations en secondes : – de 0 à 100 km/h	18,8	18,8	17,0	17,0	14,8	14,8	11,6
– 400 mètres départ arrêté	20,7	20,7	20,0	20,0	19,2	19,2	17,7
– 1000 mètres départ arrêté	39,4	39,4	38,2	38,2	36,4	36,4	33,4
PNEUMATIQUES (carcasses radiales)	135 SR 13	135 SR 13	145 SR 13	145 SR 13	145 SR 13	165/70 SR 13	165/70 SR 13
CONSOMMATIONS (en litres aux 100 km, mesurées par l'UTAC)	Essence Super	Essence Super	Essence Super	Essence Super	Essence Super	Essence Super	Essence Super
– à 90 km/h en vitesse stabilisée	5,1	5,1	4,3	4,3	4,6	4,6	5,2
– à 120 km/h en vitesse stabilisée	7,3	7,3	5,8	5,8	6,4	6,4	7,0
– en parcours urbain	6,8	6,8	5,8	5,8	6,9	6,9	9,2

● Équipement de base X Option usine

* Avec montage d'un deuxième rétroviseur extérieur.

6 ANS DE GARANTIE ANTICORROSION PEUGEOT

ÉQUIPEMENTS ET OPTIONS 1983	205	205 GL		205 GR		205 SR	205 GT
ÉQUIPEMENTS DU TABLEAU DE BORD							
Témoin de frein à main	●	●	●	●	●	●	●
Témoin de niveau mini de liquide de frein	●	●	●	●	●	●	●
Témoin de pression mini d'huile moteur	●	●	●	●	●	●	●
Témoin de charge de la batterie	●	●	●	●	●	●	●
Témoin de feux de croisement	●	●	●	●	●	●	●
Témoin de starter	●	●	●	●	●	●	●
Témoin d'alerte centralisée (eau, huile)	●	●	●	●	●	●	●
Témoin de température d'eau	●	●	●	●	●	●	●
Indicateur de niveau de carburant	●	●	●	●	●	●	●
Témoin de niveau mini de carburant	●	●	●	●	●	●	●
Compteur kilométrique journalier				●	●	●	●
Montre électrique à quartz				●	●	●	
Montre électronique à affichage numérique par cristaux liquides							●
Compte-tours électronique							●
Rhéostat d'éclairage du combiné						●	●
ÉQUIPEMENTS DE CONDUITE ET DE SÉCURITÉ							
Pare-brise feuilleté	●	●	●	●	●	●	●
Toutes vitres teintées		X	X	X	X	X	X
Essuie-vitre 2 vitesses et lave-vitre à commande électrique	●	●	●	●	●	●	●
Essuie-vitre intermittent						●	●
Projecteurs réglables à 2 positions d'assiette	●	●	●	●	●	●	●
Projecteurs principaux à iode						●	●
Feux de recul	●	●	●	●	●	●	●
Feu arrière de brouillard				●	●	●	●
Dégivrage/désembuage de la lunette arrière	X	●	●	●	●	●	●
Lave-vitre/essuie-vitre de lunette arrière	XX	XX	XX	●	●	●	●
Baguettes de protection latérale				●	●	●	●
Bandes latérales de décoration							●
Becquet arrière							●
Rétroviseur extérieur réglable de l'intérieur						●	●
Rétroviseur intérieur jour et nuit		●	●	●	●	●	●
Ceinture de sécurité : avant à enrouleur	●	●	●	●	●	●	●
arrière statique	●	●	●	●	●	●	●
Sécurité enfants sur portes arrière	●	●	●	●	●	●	●
ÉQUIPEMENTS DE CONFORT ET DE FINITION							
Peinture noire vernie				X	X	X	X
Peinture métallisée vernie		X	X	X	X	X	X
4 jantes en alliage léger						X	X
Verrouillage électrique centralisé des 5 portes						XXX	XXX
Bouchon de réservoir de carburant fermant à clé						XXX	XXX
Lève-vitres avant à commande électrique						XXX	XXX
Équipement pour autoradio comprenant : – câble coaxial, antiparasitage, alimentation récepteur, emplacements récepteur et haut-parleurs arrière	●	●	●	●	●		
– antenne, câble coaxial, antiparasitage, faisceau de raccordement et emplacements récepteur et haut-parleurs arrière et avant						●	●
Climatisation air chaud et froid avec soufflerie à variateur	●	●	●	●	●	●	●
Sièges avant séparés à dossier inclinable formant couchette		●	●	●	●	●	●
Appuis-tête sur sièges avant	XX	XX	XX	●	●	●	●
Garnissage des sièges : drap		●	●	●	●		
vinyl	●	X	X				
velours						●	●
Plancher recouvert de moquette	●	●	●	●	●	●	●
Console centrale						●	●
Allume-cigares avant		●	●	●	●	●	●
Cendrier : avant	●	●	●	●	●	●	●
arrière				●	●	●	●
Accoudoirs de portes avant et arrière		●	●	●	●	●	●
Poignées de maintien : avant				●	●	●	●
arrière						●	●
Boîte à gants :				●	●	●	●
– avec éclairage et fermant à clé						●	●
Boîte à monnaie sur la planche de bord	●	●	●	●	●	●	
Vide-poches sous la planche de bord : à gauche		●	●	●	●	●	●
à droite	●	●	●				
Vide-poches dans les portes avant : gauche		●	●	●	●	●	●
droite				●	●	●	●
Pare-soleil avant : gauche	●	●	●	●	●	●	●
droit		●	●	●	●	●	●
Miroir de courtoisie sur le pare-soleil avant droit		●	●	●	●	●	●
Plafonnier avant	●	●	●	●	●	●	●
Rideau arrière cache-bagages	●						
Tablette arrière cache-bagages		●	●	●	●	●	●
Tapis de coffre				●	●	●	●
Banquette arrière rabattable	●	●	●	●	●		
Sièges arrière rabattables en 2 parties				X	X	●	●

● Équipement de base X Option usine XX Option concessionnaire XXX Options usine groupées.

Toutes les caractéristiques techniques des 205 de 1983, le premier millésime du Sacré Numéro. (Archives de l'auteur)

de vitesses à cinq rapports n'est disponible qu'à partir de la GR 60 ch, la route est belle, la route est merveilleuse en 205.

La 205 Diesel révolutionne le marché des petites voitures

Deuxième étape dans le développement de la gamme : le 14 septembre 1983, les 205 Diesel apparaissent équipées du moteur XUD7 1 769 cm³ 60 ch, soit une puissance équivalente à celle du 1 360 cm³ essence. Avec 155 km/h en pointe, un modèle à gazole français fait pour la première fois jeu égal avec celui qui utilise du super, et ce pour une consommation bien moindre. Avec la 205, le diesel ne joue plus les parents pauvres, bien au contraire.

Trois finitions, identiques de par leurs équipements à leurs homologues à essence, sont proposées : GLD (boîte quatre rapports, pneus 145 SR13), GRD (boîte cinq vitesses, mêmes pneus 145 SR13), SRD (même boîte cinq vitesses, mais roues de 165/70 R13). La boîte est nouvelle, BE1 avec marche arrière en haut à gauche et bague à soulever pour l'enclencher. Seule petite réserve : avec un moteur plus lourd, le volant exige des muscles en manœuvre. Aucune option direction assistée n'étant disponible en 1983, le renouvellement de votre forfait à la salle de musculation peut attendre.

Avec la 205 Diesel, Peugeot a trouvé la recette magique : mettre un gros moteur à gazole dans une petite caisse légère pour s'envoler. Volkswagen avait inauguré la formule avec la Golf GTI de 1976 couronnée du succès que l'on connaît. Malin et toujours pragmatique, le Lion applique cette même bonne martingale à un véhicule à huile lourde.

Rapide, presque sportive, bien insonorisée et toujours aussi confortable, la 205 Diesel va tout simplement bouleverser le marché automobile de l'époque : chiffres à l'appui, en 1983, la part du diesel parmi les B2 (petites voitures) ne représente que 1 % des ventes de ce segment et seulement 3 % des immatriculations, tous segments

Le moteur Diesel XUD7 de 1 769 cm³ et 60 ch fait irruption entre les roues avant de la 205 en septembre 1983, une révolution au pays des autos de moins de 4 mètres. (Archives de l'auteur)

Avec le Sacré Numéro, le moteur à gazole perd son image utilitaire : la finition haute SR peut lui être associée. (Archives de l'auteur)

confondus. En deux ans, 18 % des 205 vendues se nourriront de gazole, 87 % des acheteurs de 205 Diesel étant d'anciens propriétaires de voitures à essence ! Prestations égales en performances à celles de la version essence de 60 ch, mais très supérieures à celle de la version de 50 ch, consommations extraordinairement basses, la messe est dite et, comme en plus la fiabilité va se révéler incroyable, on peut affirmer sans exagération aucune que, si la Renault 4 CV a motorisé la France, la 205 l'a diésélisée.

La concurrence est sonnée : la 205 invente carrément un nouveau marché et s'y installe. La 205 invente carrément une nouvelle offre qui soulève les foules, en assure l'exclusivité, en retire tous les bénéfices. Du jamais-vu. Pas révolutionnaire, Peugeot ? Le vent tourne. La 205 est un prédateur. Et ce n'est qu'un début. En face, Renault, entre autres, est complètement démuni : sa brave 5 ne connaît même pas le mot diesel.

L'Auto-Journal soumet la 205 GR 60 ch à son fameux essai longue durée de 50 000 km dans son numéro du 15 octobre 1983. (Archives de l'auteur)

Le concours radiophonique

Toujours joueur, le Lion renouvelle l'opération réalisée quelques mois plus tôt le jour du lancement de la 205 essence avec le concours de RTL, Europe 1, RMC. Les 205 Diesel, quittant Paris, rejoignent Cannes, Perpignan, Biarritz avec un seul plein, 1 000 kilomètres sans ravitailler. La plupart des journalistes, qui n'ont jamais conduit un modèle à gazole de leur vie, sont éberlués, l'un d'eux faisant remarquer que le coût du carburant consommé par chaque auto est inférieur au montant des péages.

Toujours là, *L'Auto-Journal* s'en mêle avec Bernard Carat au volant. L'idée ? Pousser une 205 Diesel à la panne sèche pour voir jusqu'où peuvent la mener les 50 litres de fuel de son réservoir.

Le 17 octobre 1983 à 6 h 50 du matin, Bernard Carat quitte Paris par l'autoroute du Sud avec deux personnes à bord et leurs bagages. Objectif : rouler autour de 80 km/h de moyenne. La Nationale 7 voit la 205 Diesel passer par Montargis, Briare, Nevers. À Moulins, la Nationale 9 l'accueille pour la conduire à Clermont-Ferrand, Saint-Flour, Millau, Pézenas. Le temps est beau, léger vent de trois-quarts face. Puis c'est l'autoroute du Languedoc, un vent qui redevient favorable. La frontière espagnole est franchie au Perthus. Arrivé à 8 kilomètres de Barcelone, le complice d'André Costa voit un panneau : dernière pompe avant la ville. Pour ne pas rester immobilisé dans le trafic, Bernard Carat refait le plein, soit 47,5 litres. Il restait donc 2,5 litres dans le réservoir après 1 040 kilomètres, ce qui aurait largement permis de gagner le centre-ville. Pour la première fois, une automobile relie Paris à Barcelone sans ravitailler. Les chiffres sont calculés, ahurissants : après 12 heures 52 minutes de route à la moyenne générale plutôt élevée de 81,8 km/h, obtenue en partie grâce à l'étape finale sur autoroute, la consommation ressort à 4,56 litres aux 100 km.

La 205 Diesel a obtenu ce 17 octobre 1983 à 19 h 42 ses galons de grande routière économique. Pour elle, comme pour ses sœurs à essence, l'Europe, le monde est désormais à portée de roues.

La 205 passe le test

Introduire auprès de la clientèle les avantages d'une nouvelle motorisation sans remettre en cause les qualités et la personnalité d'un modèle : il est intéressant de noter que, presque quatre décennies après le lancement de la 205 Diesel, Peugeot a réutilisé cette même bonne stratégie en 2019 avec sa 208 II électrique, la e-208. Identique en tout point à la 208 thermique, dotée de qualités de base similaires, elle accroît encore son attractivité par l'intégration, aussi discrète au quotidien pour l'utilisateur que réussie sur le plan technique, d'une motorisation révolutionnaire, en l'occurrence un moteur électrique. Performances élevées, grande autonomie, faible coût d'utilisation, la 205 Diesel a une digne fille, la e-208 ; la e-208 a une extraordinaire ancêtre, la 205 Diesel.

En cette fin d'année 1983, la 205 passe vraiment sur le gril : alors que s'achève le raid de Paris à Barcelone de Bernard Carat en 205 Diesel, le même *Auto-Journal* a publié deux jours plus tôt le bilan du fameux essai vérité sur 50 000 km d'une 205 GR 1 360 cm³ 60 ch rouge Féria. Les résultats de l'essai de l'autre grande nouveauté du groupe PSA, la Citroën BX, parus dans le numéro 9 du 15 mai 1983, sont à peine finis d'être commentés dans les dîners de famille du dimanche midi que ceux de la 205 paraissent dans le numéro 18 du 15 octobre 1983 sous le titre évocateur : "50 000 kilomètres en Peugeot 205, un sacré rodéo !" Effectivement, ça l'a été.

Achetée neuve et de manière anonyme selon la stricte déontologie de *L'Auto-Journal* chez le concessionnaire Peugeot Neubauer de Paris, la pauvrette a ensuite sillonné la France du nord au sud, de l'est à l'ouest et inversement, par tous les temps, par tous les vents, livrée aux mains pas toujours délicates de moult essayeuses et essayeurs, et ce jusqu'à ce que son compteur affiche le chiffre de 50 000 kilomètres.

Direction ensuite la salle d'opération de *L'Auto-Journal* pour démontage complet de son petit corps et auscultation de chacun de ses organes par Pierre Borne. Montagne, route, ville, autoroute, la 205 a parcouru la distance à la vitesse moyenne de 67,71 km/h pour une consommation mesurée à 7,67 litres aux 100 km sur l'ensemble du parcours. Bilan de santé à l'issue de ces 50 000 kilomètres parcourus en un peu moins de quatre mois : le moteur est intact avec une consommation d'huile quasi nulle, de même que l'embrayage et la boîte de vitesses, excepté le pignon de marche arrière qui est usé. Ce défaut avait aussi été observé sur l'essai longue durée de la 104 et de la Talbot Samba équipées de cette même boîte BH. Cardans, trains avant et arrière, direction, équipement électrique, tout est neuf, de même que le système de freinage, à l'exception, bien évidemment, des plaquettes, usées à 80 %. Point important : les disques sont à peine rayés. Voitures légères, pièces de qualité, les disques accepteront sans rechigner un jeu de plaquettes neuves. Sur une auto beaucoup plus lourde du XXIᵉ siècle, c'est mission impossible.

Peinture, sièges et leurs mécanismes de réglage, instruments de bords, plastiques divers de la planche de bord, tout fonctionne, tout a bien résisté. Usés à 80 % tant à l'avant qu'à l'arrière, les pneus sont à changer. Normal quand on sait que les diverses conductrices et divers conducteurs de la 205 n'ont pas eu réellement le pied léger. Avec une conduite plus douce, ce même degré d'usure n'aurait été observé qu'à 60 000 kilomètres, ce qui est excellent. Étonnant, les deux amortisseurs arrière sont usés. À seulement 50 000 kilomètres, c'est un peu surprenant, mais, là encore, le style de conduite influe beaucoup sur la durée de vie de pièces aussi sollicitées que les amortisseurs.

Le mot de la fin est pour Pierre Borne de *L'Auto-Journal* : "Pour conclure, nous dirons que si, comme l'affirme son constructeur, la 205 est un sacré numéro, elle en est aussi un bon. La qualité des Peugeot

UN ESSAI VÉRITÉ SUR 50000 KM

LA PEUGEOT 205 GR

De toutes les voitures récemment apparues, la 205 est une de celles qui ont suscité à la fois le plus d'attention et le plus de commandes. C'est pourquoi il était indispensable de soumettre la nouvelle Peugeot à notre banc d'essai des 50 000 km. Cette épreuve d'endurance, exclusivité de l'Auto-Journal, apporte une somme d'informations sans équivalent.

Comme à son habitude, *L'Auto-Journal* va au fond des choses. Démontage complet de la Lionne à l'issue du périple. (Archives de l'auteur)

semble décidément redevenue satisfaisante. Après 50 000 kilomètres parcourus, notre voiture a, dans l'ensemble, conservé sa pleine forme, mécaniquement parlant." Une fois de plus, l'examen de passage est réussi pour Dame 205.
Légère, la voiture sollicite peu ses organes mécaniques. Construite sérieusement avec des pièces de qualité, la 205 est une auto faite pour durer. Peu onéreuse en entretien, sobre en carburant, la Lionne est le véhicule même qui sait se faire oublier au quotidien. Un seul impératif pour la garder en forme : une vidange moteur (et donc boîte en même temps) tous les 7 500 kilomètres avec de la bonne huile minérale 15W40 ou 10W40 semi-synthétique.

La révision (tous les 20 000 kilomètres) prévoit, en plus de la vidange moteur-boîte, le remplacement des bougies, du filtre à air, le réglage de l'allumage, de la carburation. Bien peu de choses en définitive eu égard au service rendu par la petite auto.
L'année a bien commencé, l'année se termine bien pour la 205 et pour Peugeot : le 23 novembre 1983, le Sacré Numéro se voit décerner le Volant d'or dans la catégorie des moins de 15 000 marks par le magazine allemand *Bild am Sonntag* du groupe Springer, qui tire à deux millions et demi d'exemplaires. Après la carrière hexagonale, la carrière internationale de la 205 démarre sous les meilleurs auspices.

LA 205 GR APRÈS ET AVANT 50000 KM

■ L'un des examens imposé à la 205 avant sa mise en pièces consiste à la comparer à une de ses sœurs fraîchement sortie des chaînes afin d'apprécier le degré de vieillissement de la carrosserie ainsi que l'évolution de son comportement général. Il convient d'autre part de préciser que notre Peugeot a couvert ses 50 000 km durant l'exécrable printemps que l'on sait mais aussi pendant la canicule de l'été qui a suivi. On peut donc dire que les conditions climatiques se sont à peu près équilibrées, si l'on écarte le froid qui a manqué à la fête. C'est dommage dans un sens, car nous ne pouvons juger les conséquences qu'auraient pu entraîner pour la carrosserie, les agressions du sel et des gravillons des routes hivernales.

Quoi qu'il en soit, l'extérieur de la caisse reflète une apparence de bon aloi et la peinture n'est pas même ternie. Les pare-chocs ne sont pas altérés, les jantes à peine écaillées sur leur pourtour et les seules marques d'oxydation que nous ayons relevées concernent la tubulure d'échappement, ce qui est compréhensible. Les portières, quant à elles, se manœuvrent normalement, sans grincements et leur étanchéité est restée efficace.

A l'intérieur, exception faite pour le lève-glace du conducteur dont le fonctionnement est devenu dur, les trois autres manivelles se manient toujours aisément. Le garnissage intérieur n'a pas pris une ride, qu'il s'agisse de la matière recouvrant la planche de bord ou de celle du pavillon et des portières. Les sièges ont conservé leurs formes initiales, à part celui du conducteur qui s'est un peu affaissé, dont le tissu s'est éraillé par endroits et a un peu perdu de son éclat. Pour la petite histoire, nos amis à quatre pattes ont aussi « testé » la 205 ; s'ils pouvaient parler, ils vous diraient que leurs poils ne se sont pas incrustés dans l'étoffe.

Précisons que le mécanisme des sièges avant n'a pas faibli et que son efficacité est égale à celle du premier jour. Pour sa part, le revêtement du sol n'est pas percé ; quant aux couvre-pédales, ils sont à peine entamés par le frottement des semelles de chaussures. En ce qui concerne les ceintures de sécurité, notons qu'elles coulissent dans leur système et s'attachent avec la même aisance qu'à leurs débuts. A ce propos, il convient tout de même de signaler que la ceinture du conducteur a dû être remplacée à 8500 km car elle était restée bloquée en position fermée ; cet échange a d'ailleurs été fait gracieusement, au titre de la garantie, par le concessionnaire Peugeot de Beaune qui, pour nous satisfaire rapidement, n'a pas hésité à en prélever une sur un de ses véhicules neufs. Celui qui venait d'être livré à son épouse !...

Les instruments de bord ne posent pas de problèmes particuliers, à ceci près que le compteur de vitesse est très optimiste et que les totalisateurs exagèrent également de 4 %. Autre remarque, mais qui n'est d'ailleurs pas le seul fait des 205 : le cendrier monté juste au-dessus de l'emplacement radio déverse immanquablement son contenu sur l'appareil.

Si l'on se penche sous le capot moteur, on constate que les projections de boue n'ont pas épargné la mécanique. Le coffre, quant à lui, est resté étanche à la poussière et à l'humidité.

Pour conclure, nous constaterons qu'après 50000 km d'utilisation, notre 205 a, dans l'ensemble, conservé sa pleine forme, mécaniquement parlant. Seule une certaine dureté de la suspension commence à se faire sentir dont, sans aucun doute, des pneus presque à bout de souffle ainsi qu'un amortisseur arrière défaillant sont les responsables.

P. B.

Bilan : Didier FOUQUET

Verdict de l'essai : la 205, c'est vraiment du costaud, une vraie Peugeot. (Archives de l'auteur)

Le magazine allemand *Bild am Sonntag* décerne le Volant d'or à la 205 le 23 novembre 1983. (Archives E-T-A-I)

Le Volant d'or décerné au Sacré Numéro sonne comme la reconnaissance outre-Rhin du savoir-faire français en matière automobile. Un excellent signal pour Peugeot et notre pays au début des années 1980. (Archives E-T-A-I)

Essai longue durée rime avec diversité, la 205 affronte la montagne sous le brouillard. (Archives de l'auteur)

Après la diesel, la GTI arrive le 16 février 1984 avec son 1 580 cm³ de 105 ch. Son objectif : manger la Golf du même nom. (Archives de l'auteur)

1984-1986 : LE SACRÉ NUMÉRO ACCROÎT SON TERRITOIRE

La naissance de la GTI

Trois ans. Pendant trois ans, la 205 va évoluer, se diversifier, investir toutes les niches du marché automobile, devancer la concurrence, la contrer si nécessaire, la sidérer, toujours. Le calendrier étant ce qu'il est, il m'oblige à parler d'elle en tout premier, j'ai nommé la 205 GTI, GTI comme "grand tourisme injection" faut-il le rappeler, et trois portes comme première de cordée dans la nouvelle gamme 205 à venir.

Quelques années plus tôt, Peugeot se retranchait derrière une attitude aussi hautaine que frileuse à l'évocation du mot sport. Sauf que, depuis, les cartes ont été sérieusement rebattues : en 1977, un an après le lancement de la Golf GTI, le marché des petites sportives représentait 3 300 véhicules par an. En 1983, ce même marché en représente cinquante-cinq mille. Pour le Lion, l'objectif devient clair : s'approprier 25 % de ce segment. Le moyen d'y parvenir : faire mieux que la référence du moment, la Golf 2 GTI, avec la nouvelle 205 GTI présentée le 16 février 1984.

L'Automobile Magazine n° 453 de mars 1983 met face à face les deux prétendantes au trône : d'un côté, la Lionne GTI, moteur XU5J incliné de 30° vers l'arrière à injection électronique L-Jetronic 1 580 cm³, 105 ch à 6 250 tr/min, 190 km/h en pointe, 31 secondes aux 1 000 mètres départ arrêté, 885 kg toute mouillée sur la balance, 3,70 mètres de long ; de l'autre, la nouvelle Golf deuxième génération, moteur 1 781 cm³, 112 ch à 5 500 tr/min repris de la Golf 1, 190 km/h en pointe elle aussi, temps quasi identique aux 1 000 mètres départ arrêté, la faute à une importante prise de taille (3,98 mètres de long) et de poids (945 kg). La Golf 2, maintenant disponible en trois et cinq portes, il faut le souligner, s'est empâtée et embourgeoisée quand la 205 se présente comme pure et tranchante sans négliger pour autant son confort, de suspension en particulier.

Sur le terrain, si l'Allemande limite les dégâts grâce à son excellent moteur et à son confort amélioré, la correction est sévère dans tous les autres domaines. Équipée (c'est une première dans la gamme) d'un train avant solidement triangulé et d'excellents pneumatiques Michelin MXV 185/60 HR 14, la 205 GTI s'amuse avec la route quand la Golf se contente de l'apprivoiser, avec efficacité certes, mais sans atteindre l'exceptionnel talent dans ce domaine de la Peugeot qui délivre un plaisir révolutionnaire en toute sécurité elle aussi. Seul petit doute à la lecture de la fiche technique, la Sochalienne est équipée de disques ventilés à l'avant, mais de tambours à l'arrière, quand la deuxième mouture de Golf GTI ose les quatre disques. La crainte est vite dissipée volant en mains : la 205 GTI freine sans faiblir, fort et longtemps. La Golf ne fait pas mieux, un peu moins bien même dans le domaine de la puissance pure. Plus embêtant encore, sa discrétion ne fait pas le poids face à celle de la 205 qui brille à la fois par sa réactivité, sa précision diabolique et son absence de réactions parasites sur mauvais revêtements et en cas de fortes accélérations.

Profil extrêmement pur pour notre GTI, grand tourisme injection, avec juste ce qu'il faut, mais pas plus, pour suggérer son potentiel volant en mains. (Archives de l'auteur)

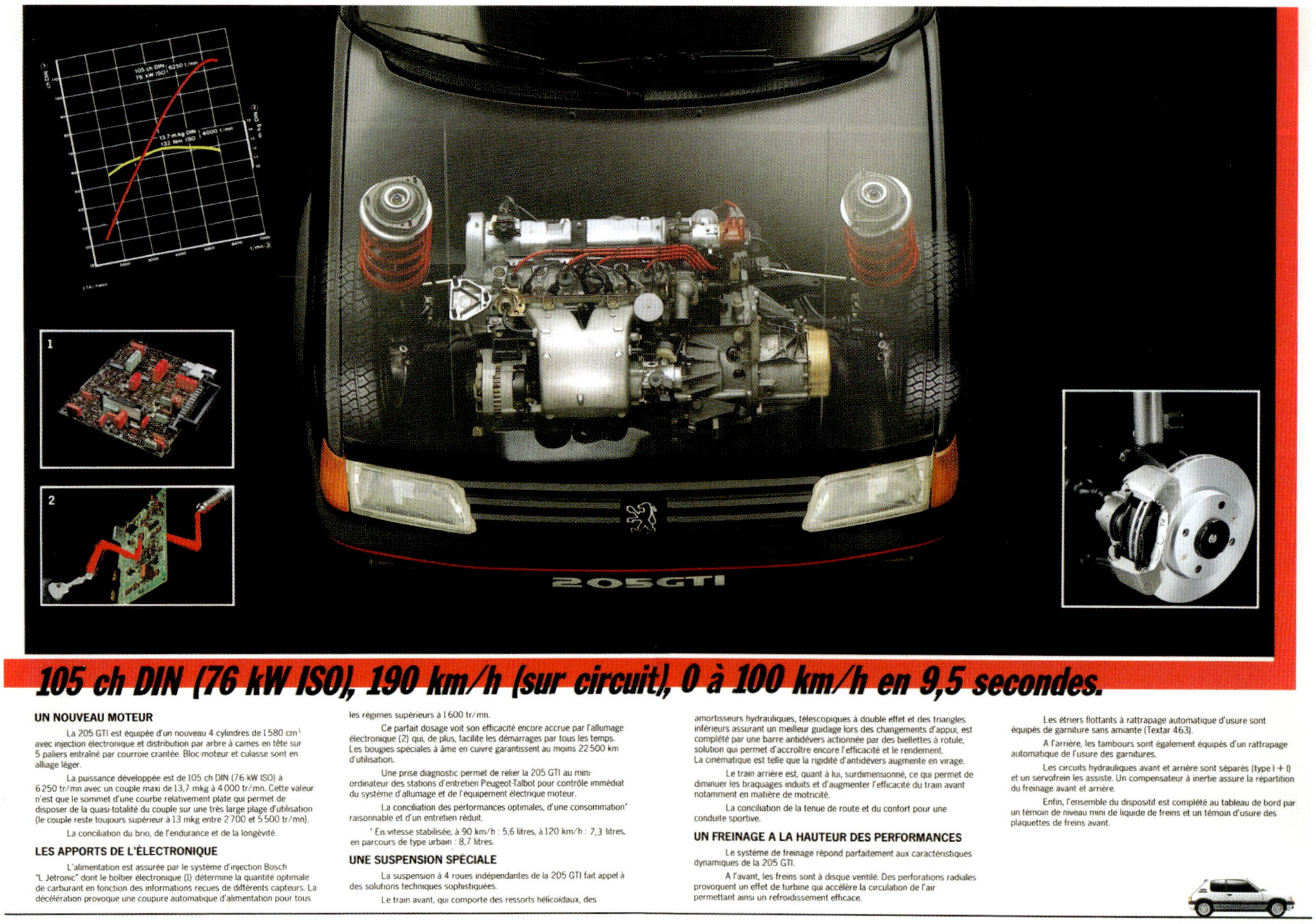

105 ch DIN (76 kW ISO), 190 km/h (sur circuit), 0 à 100 km/h en 9,5 secondes.

UN NOUVEAU MOTEUR

La 205 GTI est équipée d'un nouveau 4 cylindres de 1 580 cm^3 avec injection électronique et distribution par arbre à cames en tête sur 5 paliers entraîné par courroie crantée. Bloc-moteur et culasse sont en alliage léger.

La puissance développée est de 105 ch DIN (76 kW ISO) à 6 250 tr/mn avec un couple maxi de 13,7 mkg à 4 000 tr/mn. Cette valeur n'est que le sommet d'une courbe relativement plate qui permet de disposer de la quasi-totalité du couple sur une très large plage d'utilisation (le couple reste toujours supérieur à 13 mkg entre 2 700 et 5 500 tr/mn).

La conciliation du brio, de l'endurance et de la longévité.

LES APPORTS DE L'ÉLECTRONIQUE

L'alimentation est assurée par le système d'injection Bosch "L Jetronic" dont le boîtier électronique (1) détermine la quantité optimale de carburant en fonction des informations reçues de différents capteurs. La décélération provoque une coupure automatique d'alimentation pour tous les régimes supérieurs à 1 600 tr/mn.

Ce parfait dosage voit son efficacité encore accrue par l'allumage électronique (2) qui, de plus, facilite les démarrages par tous les temps. Les bougies spéciales à âme en cuivre garantissent au moins 22 500 km d'utilisation.

Une prise diagnostic permet de relier la 205 GTI au mini-ordinateur des stations d'entretien Peugeot-Talbot pour contrôle immédiat du système d'allumage et de l'équipement électrique moteur.

La conciliation des performances optimales, d'une consommation* raisonnable et d'un entretien réduit.

* En vitesse stabilisée, à 90 km/h : 5,6 litres, à 120 km/h : 7,3 litres, en parcours de type urbain : 8,7 litres.

UNE SUSPENSION SPÉCIALE

La suspension à 4 roues indépendantes de la 205 GTI fait appel à des solutions techniques sophistiquées.

Le train avant, qui comporte des ressorts hélicoïdaux, des amortisseurs hydrauliques, télescopiques à double effet et des triangles inférieurs assurant un meilleur guidage lors des changements d'appui, est complété par une barre antidévers actionnée par des biellettes à rotule, solution qui permet d'accroître encore l'efficacité et le rendement. La cinématique est telle que la rigidité d'antidévers augmente en virage.

Le train arrière est, quant à lui, surdimensionné, ce qui permet de diminuer les braquages induits et d'augmenter l'efficacité du train avant notamment en matière de motricité.

La conciliation de la tenue de route et du confort pour une conduite sportive.

UN FREINAGE A LA HAUTEUR DES PERFORMANCES

Le système de freinage répond parfaitement aux caractéristiques dynamiques de la 205 GTI.

A l'avant, les freins sont à disque ventilé. Des perforations radiales provoquent un effet de turbine qui accélère la circulation de l'air permettant ainsi un refroidissement efficace.

Les étriers flottants à rattrapage automatique d'usure sont équipés de garniture sans amiante (Textar 463).

A l'arrière, les tambours sont également équipés d'un rattrapage automatique de l'usure des garnitures.

Les circuits hydrauliques avant et arrière sont séparés (type I + I) et un servofrein les assiste. Un compensateur à inertie assure la répartition du freinage avant et arrière.

Enfin, l'ensemble du dispositif est complété au tableau de bord par un témoin de niveau mini de liquide de freins et un témoin d'usure des plaquettes de freins avant.

On vous l'a dit, la 205 est large : le moteur XU5J de 1 580 cm^3 est rentré sans problème. La 205 GTI est née. (Archives de l'auteur)

Volant épais à deux branches avec lion à droite du moyeu central et gros chiffres pour les compteurs : la planche de bord de la 205 GTI du millésime 1984 est très spécifique. (Archives de l'auteur)

Comme Jeanne Mas, la 205 GTI chante en rouge et noir. Sièges avec bourrelets de maintien sont au programme avec toujours le levier de vitesse au pommeau carré. (Archives de l'auteur)

Estocade finale, la Peugeot se montre plus silencieuse que la Golf et tout aussi tolérante en matière de confort de suspension. La messe est dite : la Golf GTI a trouvé plus forte qu'elle. La couronne change de tête.

Puissante mais âgée, étroite, étriquée et molle de suspensions, la Renault 5 Alpine Turbo (186 km/h en pointe) est neutralisée. Les Opel Kadett GTIE, Ford Escort XR3I, Fiat Ritmo 105 TC, Fiat Ritmo Abarth, Alfa Romeo Alfasuol 1,5 litre TI "quadrifoglio", Mitsubishi Colt Turbo ou encore Nissan Cherry Turbo manquent d'homogénéité pour espérer inquiéter les deux finalistes tandis que les pourtant excellentes Lancia Delta HF Turbo et Audi 80 GT/E se situent dans une gamme supérieure et donc beaucoup plus onéreuse.

Affichée au prix de 67 600 francs (75 250 francs pour la Golf GTI trois portes), la 205 GTI se permet, en plus, d'être peu chère, la Ford Escort XR3I n'hésitant pas à demander 72 800 francs et la pourtant presque retraitée Renault 5 Alpine Turbo 65 200 francs à leurs éventuels acquéreurs !

Cela devait arriver, c'est arrivé. *L'Automobile Magazine* de mars 1984 oppose la 205 GTI à la Golf GTI, et le moins que l'on puisse dire c'est que ça chauffe entre les deux protagonistes ! (Archives de l'auteur)

POUR
- Excellent comportement routier
- Très bons freins
- Bonne vitesse de pointe
- Prix intéressant

CONTRE
- Habitacle un peu étriqué
- Accélérations et reprises un peu justes
- Comportement en appui parfois délicat

Le bilan est exceptionnellement bon pour la 205 GTI, au train arrière un peu vif près. (Archives de l'auteur)

POUR
- Moteur exceptionnel
- Freinage en progrès
- Confort amélioré
- Volume habitable

CONTRE
- Prix élevé
- Options beaucoup trop chères
- Équipement pneumatique inadapté
- Présentation intérieure austère

Toujours une référence, la Golf GTI, mais, face à une surdouée comme la nouvelle Peugeot, la Volkswagen rend les armes. On ne lutte pas face à Mozart, on s'incline et on l'admire. (Archives de l'auteur)

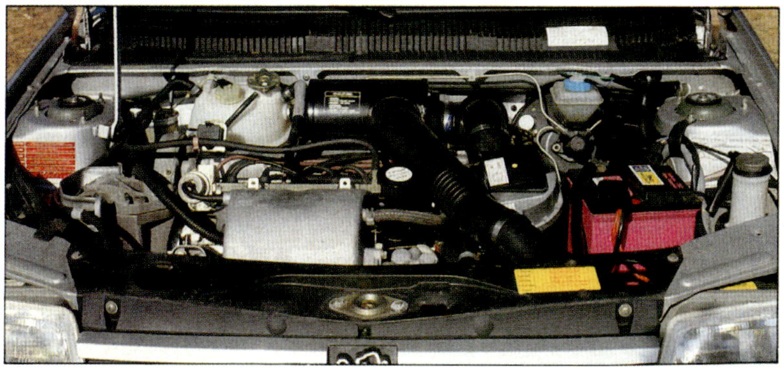

Deux autos, deux moteurs, deux ambiances, mais comme un petit air branché, "chébran" en 1984, pour la 205. (Archives de l'auteur)

Un super-moteur de 112 ch pour la Golf, mais comme un petit coup de vieux pour l'allemande une fois sa portière ouverte. (Archives de l'auteur)

L'effet GTI

La 205 GTI se pose donc en ce printemps 1984 comme la première 205 à trois portes. L'image de Peugeot en est bouleversée : la nouvelle Lionne sportive attire une clientèle jeune (70 % ont moins de quarante ans), masculine (86 %), avide de performances et de plaisirs. Toute la gamme profite de ce nouvel "effet GTI" : les toujours moins de quarante ans qui, en 1983, représentaient 40 % du total d'acheteurs de 205 passent à 51 % en 1984.

Dorénavant, grâce à la 205 GTI, Peugeot impose la mode. La concurrence va n'avoir de cesse à partir de cette date que de courir derrière elle. La 205 GTI va devenir "chébran" et par extension l'ensemble de la gamme 205, qu'elle s'appelle GL ou GR. La 205 va devenir l'auto qu'il faut acheter pour être "dans le coup". Qui l'eût cru de la part d'une Peugeot quelques années plus tôt ?

Dopée par sa boîte BE1 à cinq rapports courts, ensorcelée par sa mythique moquette rouge, ses élargisseurs d'ailes en plastique noirs (repris par la 208 II en 2019), son volant cuir à jante épaisse à deux branches et ses sièges semi-baquets en velours, la 205 GTI sera prioritairement choisie en blanc, en gris ensuite (Graphite puis Futura), en rouge enfin.

Aussi rebelle soit-elle, la 205 GTI reste une Peugeot, une auto toujours bien élevée à l'agressivité maîtrisée en quelque sorte.

Le 1er juillet 1984 (année modèle 1985), la 205 GTI, comme toutes les 205 en même temps qu'elle, évoluera sur trois points : les cadrans deviennent plus touffus en chiffres que sur la version précédente, le pommeau de levier de vitesse carré repris de la 104 s'arrondit, le graphisme de la jauge de carburant rentre dans le rang avec l'abandon de la sorte de lame de faux (ou croissant de lune, c'est plus souriant) qui signalait la panne sèche quand l'aiguille en atteignait sa partie la plus effilée. Terriblement angoissante, c'est indéniable, l'ancienne jauge est remplacée par un dessin plus conventionnel fait d'une série de pompes à essence décroissantes.

L'une est déjà un mythe, l'autre va le devenir. En 1984, le génie est français. (Archives de l'auteur)

LA 205 T16 : LA TOUTE-PUISSANCE DU LION

La naissance de la 205 Turbo 16

L'été évoqué, revenons au printemps, au mois de mars plus précisément. Ce mois de mars 1984 est important : si vous êtes rapide, un peu fortuné aussi, vous pouvez acheter la plus fantastique 205 jamais produite. Son nom ? 205 Turbo 16, ou 205 T16 série 200. Mais d'où sort-elle cette 205 ? Petit retour en arrière pour bien comprendre. Depuis les années 1960 (Peugeot 404) et 1970 (504 Berline, coupé 504 V6), Peugeot a acquis une certaine légitimité dans le monde des rallyes, africains en particulier. Après le rachat de Chrysler Europe, et donc de Talbot, le Lion reprend goût à la compétition automobile avec la victoire au championnat du monde des rallyes 1979 de l'emblématique Talbot Sunbeam à moteur Lotus.
Au tout début des années 1980, le niveau monte cependant d'un cran avec la Renault 5 Turbo et surtout l'Audi Coupé quattro, cela sans parler de l'arrivée imminente de la Lancia 037. À cette date, un certain Jean Todt est un coéquipier mondialement connu et reconnu associé à Guy Fréquelin au titre de champion du monde des rallyes au classement des constructeurs pour le compte de… Talbot.
Jean Todt sent que l'histoire s'accélère : après des débuts en compétition en 1966, il arrête sa carrière de copilote et se met au service de Jean Boillot, alors président des Automobiles Peugeot, pour créer

en 1981 avec lui Peugeot Talbot Sport (PTS), petite structure initialement composée de cinquante personnes, qui rassemble les forces vives françaises (Peugeot) et anglaises (Talbot Sunbeam). Jean Todt prend la tête de Peugeot Talbot Sport dans la foulée.

Au début de l'année 1982, la FIA (Fédération internationale de l'automobile) crée le fameux groupe B des rallyes : ce sont des voitures de sport modifiées qui doivent être produites à deux cents exemplaires en un an par le constructeur. Vingt autres modèles (nommés Évolution), pour lui permettre de participer à la compétition, seront autorisés à courir : les vraies voitures de compétition (dont le nombre passera à dix en 1986), ce sont elles. Pour les voitures à moteur turbo, le poids maximal de 890 kg autorisera une cylindrée de 1 785 cm³.

À cette date, la petite équipe de PTS a mis au point un prototype sur base de Peugeot 305 équipé d'un moteur V6 vingt-quatre soupapes de 205 ch issu de la 604. L'auto n'est qu'une propulsion et le moteur est beaucoup trop lourd : le projet est abandonné. Désormais, c'est le projet M24 (donc la future 205) qui va servir de base pour construire une auto de course susceptible d'intégrer le groupe B nouvellement créé et de gagner le championnat du monde des rallyes dont la vedette en 1982 est l'Audi quattro avec ses quatre roues motrices. En vingt minutes, Jean Todt et Jean Boillot jettent sur le papier les bases de la future 205 Turbo 16 : ce sera, à l'image de la Renault 5 Turbo, une "205 à l'envers" avec un moteur central 1,8 litre seize soupapes suralimenté de 200 ch dans sa version client destinée à être commercialisée (les fameux deux cents exemplaires). La version course sera beaucoup plus méchante et il est d'entrée prévu une puissance supérieure à 300 ch.

Après une présentation du programme en 1982, la mise au point du prototype de course doit être finalisée en 1983 pour des débuts en compétition en 1984 et l'obtention d'une éventuelle couronne mondiale en 1985. La version client dite "200" est donc dérivée du prototype de course et élaborée avec peu de moyens et de temps par une équipe Peugeot Talbot Sport sous pression.

Le 23 février 1983, un jour avant la commercialisation de la gamme 205 "normale", la 205 T16 de course fait ses premiers tours de roues à Mortefontaine, en région parisienne, entre les mains expertes de Jean-Pierre Nicolas, pilote de rallye très expérimenté.

Au mois de mars 1984, la version "civile", 205 Turbo 16 série 200, est présentée au Salon de Genève et fabriquée à Poissy en trois mois

Mars 1984. La 205 Turbo 16 série 200 clients arrive. Le 15 avril 1984, elle est à l'essai dans le numéro 7 de cette même année de *L'Auto-Journal*. (Archives de l'auteur)

QUALITÉS

- TENUE DE ROUTE EXCEPTIONNELLE
- FREINAGE PUISSANT
- Bonne boîte
- Direction précise
- Aspect séduisant

DEFAUTS

- CONSOMMATION IMPORTANTE
- REGLAGES DU TURBO DISCUTABLES
- Performances décevantes
- Prix trop élevé

PRIX

PEUGEOT 205 TURBO 16
300 000 F ENVIRON
(exportée sur commande)

À tout seigneur, tout honneur, c'est André Costa qui s'est chargé de tester la bête. Pourtant très expérimenté, notre homme est stupéfait par les prestations hors normes de l'engin. Seule la consommation en conduite raisonnable, 10 litres aux 100 km, est un peu inquiétante. Heureusement, le réservoir de 110 litres de carburant rassure. (Archives de l'auteur)

Au volant près, plus rien à voir avec le tableau de bord de la GTI, et le moins que l'on puisse dire est : ciel, que c'est beau ! (Archives de l'auteur)

Sièges en cuir et tissus frappés d'un gros lion sur leur dossier et toujours la belle habitabilité propre à la 205 Turbo 16. (Archives de l'auteur)

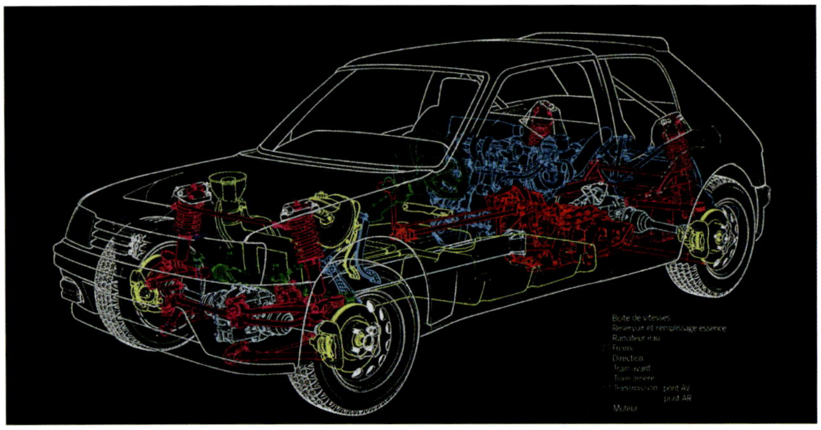

La 205 Turbo 16, c'est avant tout la perfection de l'architecture mécanique. Une grosse Audi quattro au nez trop lourd ne peut en dire autant. (Archives de l'auteur)

à raison de 280 exemplaires : deux cents destinés à la vente, tous de teinte identique (gris Graphite métallisé) regroupés à Mortefontaine pour inspection obligatoire par la FIA afin d'homologuer la version de course, vingt exemplaires Évolution, destinés donc justement à ladite course, plus soixante autres 205 T16 non assemblées, en pièces détachées.

Les caractéristiques de la 205 T16

C'est donc cette 205 T16 qui, à l'instar de l'ensemble de la gamme 205, est à vendre en ce beau printemps 1984 et, le moins que l'on puisse dire, c'est que l'auto est exceptionnelle. Le moteur XU8T développe 200 ch à 6 750 tr/min avec 1,7 bar de pression de suralimentation (2,2 bars et 350 ch pour la version course).
Si bruit et puissance sont ahurissants dans le haut du compte-tours, le couple de 25,5 m.kg à 4 000 tr/min induit forcément un manque de couple en deçà dudit régime. Rien de grave : la 205 T16 série 200 est avant tout une auto de course pour aller faire ses courses. Preuves à l'appui : le moteur est installé transversalement en position centrale dans une structure tubulaire dissimulée sous une cellule amovible en matériau composite qui occupe la place de la banquette arrière et du coffre. La coque autoporteuse en acier du modèle de grande série est ainsi juste conservée pour former l'habitacle et recevoir le train avant, non sans subir quelques modifications visant à améliorer encore sa rigidité. Toujours dans un même souci d'équilibre des masses, le réservoir de 110 litres se niche sous les deux baquets du compartiment avant, tandis que roue de secours et ventilateurs additionnels prennent place à l'avant, sous une barre antirapprochement. L'empattement passe de 2,42 mètres sur la 205 GL à 2,54 mètres sur la 205 T16 pour accroître la stabilité lors de brusques changements d'appuis. Voilà pour l'architecture générale de l'auto.
La transmission, maintenant : intégrale (quatre roues motrices en permanence) et complétée par un différentiel central à glissement limité hydraulique Ferguson. La puissance est répartie en ligne droite à 35,5 % sur l'avant, à 64,5 % sur l'arrière. Cependant, sitôt que la voiture vire ou qu'une différence d'adhérence apparaît sur l'un des trains, les disques procèdent par laminage du liquide qui les entoure et répartissent au mieux le couple en favorisant l'essieu le plus adhérent. Le différentiel central est complété par un différentiel avant à glissement limité à 17 % et par un différentiel arrière à glissement limité à 45 %. Si la boîte de vitesses est fabriquée par Peugeot, les différentiels avant et arrière sont fournis par la firme allemande ZF. L'ensemble de la transmission avec ses trois différentiels, dont un central, est identique dans sa conception à celui d'une certaine Audi quattro.
Le moteur, enfin : spécifique, il est sur le plan technique à des années-lumière de l'efficace mais classique XU5J de la 205 GTI. Implanté de manière centrale, certes, mais sur le flanc droit, derrière un panneau de carrosserie amovible destiné à faciliter son extraction rapide en cas d'interventions importantes, le bloc en aluminium à deux arbres à cames en tête est coiffé d'une très belle culasse

Train avant moteur solidement triangulé pour notre championne. (Archives de l'auteur)

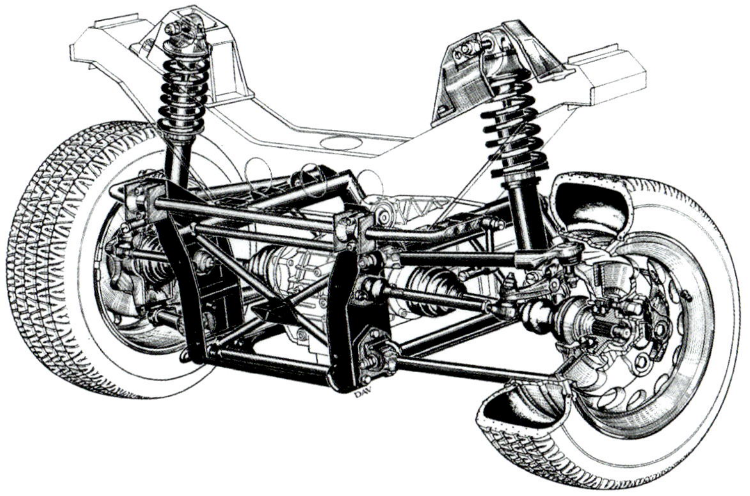

Double triangulation comme en compétition pour le train arrière de la 205 Turbo 16 qui passe 64,5 % de la puissance moteur au minimum. Cette part augmente très vite dès que la route serpente en devenant glissante. (Archives de l'auteur)

à quatre soupapes par cylindre qui, sans l'adjonction d'un turbocompresseur KKK complété d'un échangeur air-air, développerait déjà 150 ch. Pas mal pour un simple 1 775 cm^3 ! Le turbocompresseur KKK type K26-2664 GR/4-92, c'est précis, injection électronique Bosch K-Jetronic, le rendement de la mécanique est maximal. Le radiateur de refroidissement du moteur est, lui, resté à l'avant, de manière à respecter son efficacité.

À noter : non content d'être monté en position centrale et transversale, le moteur (puissance administrative de seulement 9 CV) est de surcroît incliné de 20° vers l'arrière pour porter l'équilibre des masses à un degré de quasi-perfection. La suspension de type compétition à quatre roues indépendantes par triangles doubles superposés s'occupe du reste en maintenant l'auto plaquée au sol quoi qu'il arrive.

Le poids de la 205 T16, vérifié par *L'Auto-Journal*, ressort à 1 230 kg pour une vitesse maximale proche de 210 km/h, une consommation économique de 10 litres aux 100 km et un 1 000 mètres départ arrêté abattu en 28 secondes toutes rondes.

Revisitée dans ses grandes lignes par Gérard Welter, la T16 se distingue par un capot moteur largement creusé en son centre pour alimenter en air frais les ventilateurs et par des ailes arrière élargies qui accueillent les écopes de refroidissement du moteur.

L'intérieur est tout aussi spécifique : les sièges mi-cuir mi-tissu, frappés sur leur dossier d'un énorme lion, très enveloppants, s'apparentent presque à de vrais baquets avec des appuie-tête intégrés, tandis que la planche de bord, propre à la T16, est habilement constituée d'une casquette contenant tous les compteurs et autres manomètres rivetés sur une partie basse bien connue de 205 de base. Astucieux et économique, très efficace en conduite rapide et très efficace à l'œil, du beau et du bon travail !

Marketing oblige, le liseré rouge qui court tout autour de la carrosserie ainsi que la forme des jantes en aluminium, identique visuellement à la GTI, rattachent cette T16 au reste de la gamme. Seul le nom de la marque n'est curieusement pas présent sur la partie gauche alors qu'il l'est très nettement sur la version course. Un peu bizarre et un peu dommage. Reste le prix, 290 000 francs. Soit trois fois celui d'une berline 604 V6 STI… En plus, la direction (trois tours et un quart de volant, de butée à butée) n'est même pas assistée, du pur, du dur, du brut de performances, on vous le dit…

L'Auto-Journal teste la 205 T16

La 205 T16 est essayée dans *L'Auto-Journal* n° 7 du 15 avril 1984 par André Costa, Marianne Antoine et Florence Rémy. Délaissons pour une fois le côté très sérieux et très technique de Costa, voici quelques phrases parmi les plus savoureuses des deux dames : "Conçue pour aller à fond les manettes, pour faire crier ses grands pieds dans les virolets, elle donne une sensation de vitesse phénoménale même à 140 compteur, infernal bruit peut-être, et colle à la route comme un ivrogne à son godet. La planche de bord serait classique sans sa grande casquette de cuir cousu main et ses sept cadrans qui vous reluquent de leurs yeux ronds et rouges. Spectaculaire et euphorisant, sans conteste. On passe au feu vert poussif comme un centenaire, l'accélération joue l'arlésienne, soudain, les 200 chevaux s'ébrouent, les pare-chocs qui vous précèdent vous sautent au visage. Coup de frein – Ah, qu'il est dur. Presque autant que la pédale d'embrayage et que le volant, qui, en trois manœuvres, vous fait des biceps à la Chéri Bibi. La suspension est ferme, mais on craignait pire. Par contre, à l'arrière, personne. Une vitre vous sépare du catafalque qui cache l'énorme moteur central. On peut loger quelques bagages, mais, vu le vacarme, en aucun cas un panier à chat !"

"Le point de vue de Madame"? Jouissif comme toujours, ou l'art de brosser en quelques mots aussi drôles que bien choisis l'âme d'une automobile. Produite à seulement deux cents exemplaires, la 205 T16 verra sa commercialisation commencer au début de 1983 pour ne se terminer qu'en 1986 : trois mois à produire, trois ans à écouler, cinquante T16 seulement ayant été vendues fin 1984.
Voiture exceptionnelle mais chère et un peu rebelle à une utilisation apaisée, la 205 T16 profite surtout à l'ensemble de la gamme 205, à la GTI en particulier. Ce sont finalement 219 versions client qui seront produites (source Peugeot), l'essentiel de la production ayant été vendu en France, plus particulièrement dans la région de Sochaux, berceau de la marque. Avec son moteur désaxé collé sur la partie droite, l'extraordinaire 205 T16 aura remis son constructeur dans l'axe du succès. Merci à elle pour cela.

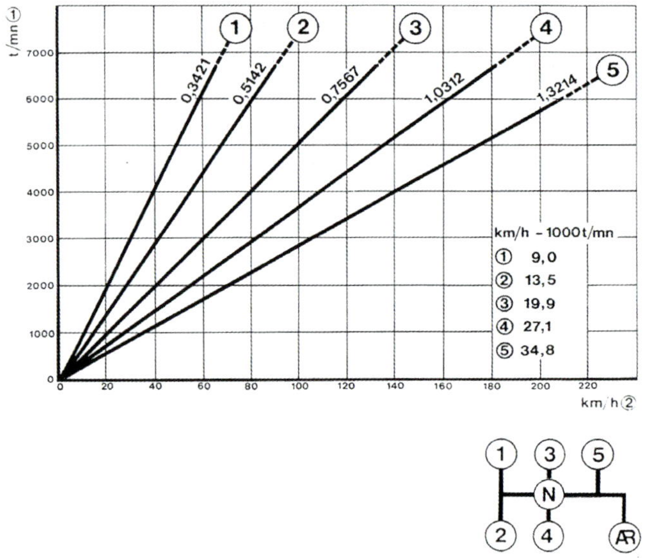

Un grand classique des catalogues automobiles des années 1980 : le diagramme des cinq vitesses du petit monstre de Sochaux.

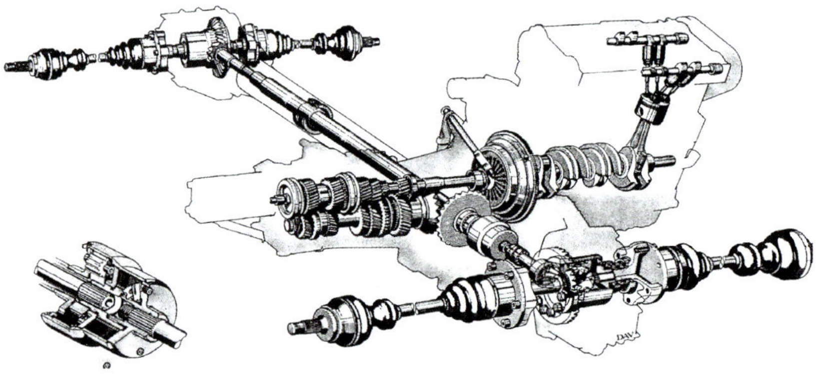

Le différentiel central à glissement limité hydraulique Ferguson régule la puissance entre l'avant et l'arrière de la 205 Turbo 16 en fonction des conditions de route rencontrées. L'efficacité globale de la voiture lui doit beaucoup. (Archives de l'auteur)

LA 205 POURSUIT SA COURSE

De l'Europe à l'Afrique

En 1969, la Peugeot 504 est élue voiture européenne de l'année par un jury international de journalistes. Au mois d'avril 1984, la 205 a toutes les chances de succéder à la 504 quant à l'obtention du titre. Un électeur britannique qui ne porte malheureusement pas Peugeot dans son cœur met un bulletin de vote au service de son humeur : il attribue 10 points à la Fiat Uno, aucun à la Peugeot 205, infléchissant de ce fait la décision finale. L'italienne sera élue voiture européenne de l'année 1984, pas la 205. Pas grave. La Volkswagen Golf, la Renault 5 n'ont jamais été distinguées, la Renault 9, si, en 1982. La carrière commerciale de cette dernière, bien que convenable, n'a pourtant jamais été exceptionnelle. Le jury se prononce, l'acheteur vote. Tenace, Peugeot lavera cependant l'affront subi par la 205 quatre années plus tard seulement : la 405, la voiture au "talent fou", dixit le slogan de lancement, sera élue voiture européenne de l'année 1988.
Présentée à Lomé, au Togo, à l'ensemble du réseau francophone réuni pour la première fois sur ce continent en février 1984, la 205 entame la reconquête de l'Afrique de l'Ouest et du Centre, face aux Japonais, et à Toyota en particulier. À cette date, la 205 est bien évidemment déjà vendue dans les départements et territoires français d'outre-mer et en Europe. L'Afrique va devenir son nouveau terrain de jeu. Un jeu auquel elle va se révéler très douée.
Rallye Côte d'Ivoire Bandama, East African Safari Rallye, l'Afrique a encore dans le cœur les 404, 504 TI, coupés 504 V6 injection qui s'y sont illustrées. Fabriquées localement dans l'usine de Kaduna au Nigéria en plus de toutes celles importées d'Europe, les 205 vont à leur tour investir l'Afrique, fortes d'un gros moteur de 1 360 cm^3 retenu en priorité, de suspensions renforcées, d'une coque rigidifiée, d'un radiateur plus gros, d'un filtre à air spécifique, d'une étanchéité à la poussière plus soignée.
Une fois de plus, l'Afrique va répondre présent : Sénégal, Mali, Bénin, Burkina Faso, Côte d'Ivoire, le Sacré Numéro plaît. Les ventes d'automobiles particulières Peugeot, qui étaient tombées à 10 % en Afrique de l'Ouest et du Centre en 1983, remontent déjà à 15 % fin 1984. Le Maghreb n'est pas en reste : construite au Maroc dès le mois d'avril 1984, la 205 progresse très vite, de même qu'en Algérie et en Tunisie.

De la 305 Team à la 205 Lacoste

Peu connue, elle s'appelait 305 Team. Construite pendant l'été 1982 pour écouler les dernières 305 Phase 1 avant l'arrivée de la Phase 2 en octobre au Salon de l'auto de Paris, la 305 Team est pleine d'une élégance un peu folle avec des sièges à grands carreaux bleus et blancs, lesdits motifs et lesdites couleurs se retrouvant sur les contre-portes. Surprenant chez une maison aussi sérieuse que Peugeot ! La carrosserie de couleur gris clair ornée d'un fin liseré noir et bleu courant sur son flanc, l'inscription "Team" sur les ailes avant, l'auto

En mai 1984, la 205 Lacoste est la première série spéciale du Sacré Numéro. Exclusivement proposée en cinq portes à sa sortie pour ne pas faire d'ombre à la jeune GTI, la Lacoste sera déclinée en trois portes à partir de mai 1985. (Archives de l'auteur)

La 205 a échoué à l'élection de la voiture de l'année face à la Fiat Uno en avril 1984. Pas grave : avec son petit volant de GTI personnalisé et sa belle tenue vert et blanc, elle se remonte le moral sur le *green*. (Archives de l'auteur)

donne le sourire, d'autant que le moteur choisi de 89 ch est souple et puissant. Victime d'une campagne de publicité trop discrète, comme si Peugeot n'assumait pas encore totalement son désir de fantaisie émancipatrice, la 305 Team restera malheureusement largement méconnue du grand public. Cela, c'était juste avant que le Lion ne sorte réellement ses griffes.

En mai 1984, peu après l'avènement de la Turbo 16, la gamme s'enrichit d'une version très différente : la série spéciale 205 Lacoste. Et là, le moins que l'on puisse dire, c'est que le Lion a changé de braquet. Plus question d'avoir honte de ses créations, bien au contraire.

Réservée au marché français, lancée à la veille des Internationaux de tennis de Roland-Garros avec le slogan publicitaire "Balle de match", la série limitée 205 Lacoste est tirée à seulement mille exemplaires, exclusivement en carrosserie cinq portes, cela dans le but de laisser la primeur de la version trois portes à la seule 205 GTI, pour l'instant. Le côté un peu échevelé de la 305 Team est oublié. La 205 Lacoste, c'est beaucoup de chic et un peu de sport, à l'image du public dudit tournoi parisien de tennis.

Habillée de blanc, frappée sur les ailes avant du célèbre crocodile, la carrosserie est soulignée latéralement d'un double filet vert et rouge. Contrastant avec la blancheur extérieure, l'habitacle est traité en noir et anthracite avec rappel de la couleur vert Lacoste et illuminé grâce à un toit ouvrant à glace translucide coulissante pouvant être occultée par un rideau mobile. Les vitres teintées, à commande électrique à l'avant, parachèvent un ensemble d'une rare élégance. Face au conducteur, le volant à jante épaisse gainée de cuir possède un coussin signé sur sa droite du Lion, sur sa gauche du crocodile Lacoste, ce dernier prenant la place du sigle "GTI" de sa puissante sœur. Le but est atteint : la 205 Lacoste fait, de par son volant, penser un peu à la GTI, mais elle possède une personnalité bien à elle : le moteur est le 1 360 cm³ de 60 ch que l'on trouve sur les GR et SR. La commande centralisée des portes, rare en 1984 à ce niveau de gamme, fait partie de l'offre.

Série spéciale proposée à une clientèle, dixit Peugeot, "éprise d'originalité", la 205 Lacoste déchaîne immédiatement les passions. La voiture qui est remarquée sans se faire remarquer, toujours selon son constructeur, arrive en rupture de stock en un temps record. Sans doute pas mécontent de laisser un peu sur sa faim la clientèle de cette série spéciale pour aviver le désir, Peugeot rééditera huit mille exemplaires de 205 Lacoste (dont trois mille cinq cents pour la France) en mai 1985 et quinze mille (trois mille cinq cents pour notre pays) en mai 1986, mais cette fois-ci uniquement en trois portes. On retrouve ici la volonté du constructeur de soigner tout particulièrement l'image de la 205 à trois portes, représentée notamment par la GTI et par la Lacoste, aux vocations très différentes.

LA 205 AFFRONTE UNE RIVALE DE TAILLE

La Supercinq arrive, la 205 trois portes aussi

Très actif en cette année 1984, le Lion fait feu de tout bois. Du côté de la Régie Renault pourtant, l'heure n'est pas à l'immobilisme, loin de là : en ce début septembre 1984, le Losange s'apprête à commercialiser celle qui va remplacer la tueuse de 104, la Renault 5. Pour la première fois depuis le 24 février 1983, la 205 trouve à qui parler. Ça tombe bien, elle ne compte pas se laisser faire : le 6 septembre 1984, la famille 205 s'agrandit de sept nouveaux modèles à trois portes de type X : XE (954 cm³, 45 ch), XL et XR (1 124 cm³, 50 ch), XR (1 360 cm³, 60 ch), XT (1 360 cm³, 80 ch). Le moteur Diesel n'est pas oublié : les 205 XLD et XRD (1 769 cm³, 60 ch) carburent au gazole. Présentant exactement les mêmes cotes et la même habilitabité que la cinq-portes, la 205 trois portes, grâce à un montant central très reculé, offre une accessibilité exceptionnelle aux places avant avec une portière plus longue de 25 cm que celle de sa sœur à cinq ouvrants. La longue portière (1,20 mètre) ouvre véritablement l'habitacle sur l'extérieur avec un accès aux places arrière facilité par le basculement des sièges avant : les plus grands gabarits n'ont de ce fait aucune difficulté à s'engouffrer dans la voiture pour s'installer sur la banquette arrière. Sur une auto de seulement 3,70 mètres

L'Auto-Journal du 1er octobre 1984. Dessinée par Monsieur Gandini, le créateur de la Lamborghini Countach et de la Citroën BX, madame Supercinq arrive ! (Archives de l'auteur)

Carrosserie trois portes pour commencer, mais un habitacle très confortable, fonctionnel et habitable pour la Supercinq. La 205 va-t-elle connaître le même sort que la 104 ? (Archives de l'auteur)

Peugeot a heureusement anticipé la sortie de la Supercinq avec la présentation des versions trois portes dès le 6 septembre 1984, dont la nouvelle 205 XR 60 ch, ici à l'essai. (Archives de l'auteur)

LA SUPERCINQ, LA SUPER-REMPLAÇANTE

Née en 1972, la Renault 5 a connu une carrière exceptionnelle tant par sa longévité (douze ans) que par sa diffusion, qui a atteint jusqu'à 16 % du marché en 1980. Les plus belles histoires ont malheureusement une fin et, depuis environ deux ans, son succès s'effiloche. Sa remplaçante arrive au bon moment. Une remplaçante dessinée par Marcello Gandini, le papa de la Lamborghini Countach et de la Citroën BX, qui va reprendre sa ligne, simplement modernisée, et son nom, à peine modifié. Son nom ? Supercinq.

Madame Supercinq de 1984, exclusivement vendue en version trois portes pour débuter, grandit un peu en longueur (3,59 mètres) et en largeur (1,58 mètre), mais surtout elle adopte les moteurs transversaux de la Renault 9 en trois cylindrées : 1 108 cm^3, 47 ch, quatre vitesses, 4 CV (Supercinq L et TL avec cinq vitesses), 1 397 cm^3, 60 ch, 5 CV (GTL) et 1 397 cm^3, 72 ch, 7 CV (GTS et TSE).

Partant du principe, juste, que les bons ingrédients font souvent les bonnes autos, notre Supercinq emprunte également le train avant McPherson triangulé de la Renault 9 ainsi que son train arrière à bras tirés à barres de torsion courtes et coaxiales, complété d'une barre antiroulis sur tous les modèles. Particularté de ce train arrière, les amortisseurs, très inclinés vers l'avant, dégagent le coffre des "chapelles" comme sur une certaine... 205. C'est une exclusivité technique de la Supercinq : sur sa sœur Renault 9, les amortisseurs sont verticaux. Si le Cx (0,35) est simplement équivalent à celui du Sacré Numéro, la nouvelle Supercinq ajoute des petits plus typiquement Renault : protections périphériques intégrées pour la circulation en ville (sur l'ancienne Renault 5, elles étaient simplement rajoutées sur la carrosserie dans sa version GTL), bas du hayon habillé de plastique pour le protéger lors d'une ouverture sous plafond trop bas, sièges avant de type "pétale" avec appuie-tête, réglables sur glissière unique monotrace, et basculants sur la version TSE, repris, une fois encore, de la Renault 9.

de long, c'est bluffant. Pas de doute, il y a quarante ans, les ingénieurs savaient concevoir des autos pratiques au quotidien !

Seul petit regret : les glaces arrière sont fixes sur les XE, XL, XLD, XR et XRD. Par contre, et le système est ingénieux, le point d'ancrage inférieur de la ceinture de sécurité coulisse sur une petite barre en métal située sur le plancher à la verticale du dossier des sièges avant pour faciliter la préhension de la boucle de fermeture et procéder au petit clic qui sera susceptible d'éviter un grand choc. Très simple de conception, le procédé est largement mis en avant dans la publicité. À cette époque, point besoin de systèmes très sophistiqués pour séduire l'acheteur, une bonne idée, un peu de sens pratique, une petite tige d'acier, le tour est joué, la route est belle. On a la "banane" au volant d'une 205 ou d'une Supercinq, on roule vitre ouverte, le nez au vent, le nez au ras des fleurs, et on est bien.

Commercialisées dans le sillage de leur chef de file la GTI, apparue six mois plus tôt, les 205 trois portes en reprennent la silhouette et l'esprit. La publicité les présente comme "branchées" ou "chébran", en s'efforçant de leur donner une personnalité nouvelle convenant à une clientèle jeune soucieuse de se différencier des acheteurs de cinq-portes.

Immédiatement perçue comme active selon le marketing, et pourtant très attachée jusque-là à Citroën, la lettre X qui a été choisie pour baptiser la gamme trois portes se réfère immédiatement aux sciences, aux mathématiques, à la technique, à l'électronique, à l'informatique naissante, donc à des domaines spécifiques de la société d'alors. Associé à l'automobile, le X évoque l'aérodynamique (Cx, SCx) et place de ce fait la voiture sous le signe de l'avance technologique. La 205 X apparaît spontanément comme synonyme d'automobile conçue sous l'angle de la modernité, confirmant Peugeot dans sa nouvelle image et dans sa nouvelle réalité de constructeur novateur sur les plans du style et de la technique.

Strictement identique à la 205 GT, le logo XT remplaçant seulement le logo GT sur la partie médiane de l'aile avant, la nouvelle 205 XT illustre à merveille cette stratégie commerciale très habile.

La Supercinq est dans la course

Un an jour pour jour après avoir procédé à l'essai longue durée sur 50 000 km d'une 205 GR 1 360 cm^3 60 ch, *L'Auto-Journal* oppose dans son numéro 18 du 15 octobre 1984 la 205 XR de même puissance à la Supercinq GTL 1 397 cm^3, 60 ch elle aussi. Serré au début en ce qui concerne les performances et la consommation, le match vire clairement ensuite en faveur de la 205 qui, outre sa domination dans les domaines de la tenue de route, du confort de suspension et du silence de fonctionnement à bord, met en lumière l'énorme défaut de la Supercinq : son espace dévolu aux passagers arrière.

Malgré un moteur placé en travers et une longueur augmentée, les passagers de la banquette de la Supercinq ne peuvent étendre leurs jambes correctement, après avoir en plus souffert d'une accessibilité médiocre, la faute à des sièges avant dont seuls les dossiers basculent. Dommage.

BANC D'ESSAI 84 DE L'AUTO-JOURNAL

PEUGEOT 205 XR

Plaisante à regarder la nouvelle Peugeot 205 deux portes, baptisée XR, possède, comme ses sœurs, une ligne esthétique réussie avec un profil harmonieux et un Cx assez moyen de 0,35 selon son constructeur (6). Sur la console (1), de taille raisonnable, la radio trouve son emplacement habituel et la boîte à gants possède une serrure. Vues de l'arrière, seul le sigle X (2) permet de différencier les versions deux et quatre portes. En monte de série : des pneus 145/70 R 13 et des enjoliveurs en plastique (3). A l'arrière (4), la banquette et le dossier se rabattent par moitié afin de dégager un espace supplémentaire pour transporter d'éventuels bagages volumineux. En position normale la capacité est de 228,7 dm³. La planche de bord, dans un ton clair (5) et d'un dessin agréable à l'œil est complète et bien disposée quant à l'instrumentation. C'est le « tout-à-portée » de main avec un levier de vitesses inédit sur toute la gamme. Les places arrière sont logeables en regard du gabarit et leur accès est facilité par le mouvement de bascule des sièges avant (7-8).

LE POINT DE VUE DE MADAME

■ Si je lance *« Citez-moi quantité de titres qui comportent des chiffres ! »*, nul doute que, vifs comme le sont nos lecteurs, je ne reçoive en réponse, tout à trac, *« Les 3 Mousquetaires », « Les 4 filles du Dr March ». « Les 5 sous de Lavarède », « Les 7 Mercenaires »* et même ô culture, ô Apollinaire, *« Les 11.000 Verges »*...

Est-ce la fureur que marquent les Français pour l'émission « Les chiffres et les lettres » ? Il semble que les constructeurs soient touchés par la contagion. Aujourd'hui, quand on pond un véhicule, on le multiplie aussitôt que possible par un tas de versions vertigineux : la Renault 9 et la 11 totalisent 20 modèles, et la 18, breaks compris, 22, pas moins !

Peugeot n'entend pas être en reste. A peine pubère, voilà la 205 nantie d'une lignée qui ferait une belle photo de famille. Depuis septembre, 17 modèles ! C'est ce qui m'a valu de grimper, à peine descendue d'une 5 portes, dans une 3 portes baptisée sobrement 205 XR 1300 (entre chiffres et lettres, accrochez vos ceintures)...

Trois portes, cinq portes.. considéré un peu vite, on pourrait penser que la différence n'est pas grande, puisque la longueur du véhicule reste la même. Grave erreur : la portière de la version trois portes est d'une très grande largeur : 1m20 pour seulement 0m95 aux cinq portes... C'est ce qui confère au profil une belle élégance. Surtout si l'on y ajoute les deux motifs noirs qui ornent le panneau de custode. Joli, vraiment très joli... Un de ces deux panneaux décoratifs n'a qu'un défaut : couvrant la trappe à essence, il interdit à celle-ci une serrure. Etant donné que le super va bientôt coûter le prix du caviar (qualité Beluga), il faudra aviser.

Donc, telle que, en rouge vermillon avec des roues à enjoliveurs de très bonne forme, cette version de prix moyen dans la gamme (1360 cm³ 53.700 F) a fière allure. Presque autant qu'une GTI. Parions que les jeunes acheteurs vont, avec un peu de ruban scotch rouge, et des sigles de marchands d'accessoires, être tentés de la farder un peu. Et alors, en avant la frime !

Pourtant, les performances les séparent. Même avec de l'allégria, un 1360 cm³ ne peut prétendre égaler la foudre du petit monstre de Sochaux. Cependant, l'agrément de conduite (sinon l'ivresse) se retrouve. Du gâteau. Tout est souple, doux, efficace ; le temps de réponse est bref, la tenue, impeccable. Familier, le chant de la transmission accompagne la route. Seul problème rencontré : pour passer de cinq en quatre, le levier accroche. Sur celui-ci, un nouveau pommeau ovale signe la cuvée 85.

Nouveaux aussi, les cadrans, plus touffus en chiffres que la version 84 ; disparue, la jauge à essence en forme de faux qui faisait trembler les superstitieux ; à la place, une série de pompes à essence décroissantes, claire. Et, en prime, un voyant de jauge à huile.

L'intérieur, dans cette version, ne joue pas sur le velours, mais sur du drap. Un drap sec de tailleur à l'anglaise, gris à fin fileté multicolore. A la fois sportif et bon genre. Attention cependant aux finitions : le même tissu habille les contreportes, ses lignes horizontales exigeraient une grande rigueur de pose ; or, si ma contreporte gauche est droite, l'autre présente un léger biais fâcheux. Où est le *« Mr Qualité »* du produit ?

La planche a été traitée tout en noir, à l'allemande. C'est sport sobre. Cependant, dans ce cas, le volant manque de pep. On souhaiterait une touche de rouge. Oui mais... que resterait-il à la GTI ?

Facile de monter à l'arrière : un bon cliquet et hop, le siège saute en avant tout seul. Meilleur système que sur une récente Renault qui porte aussi un 5 (cherchez bien). En revanche, le hayon 205 se lève avec effort (là, la 5 susnommée se révèle meilleure)...

Un double « grrr » de regret : pas de poignées-maintien à l'arrière, ni d'accoudoir ; du coup, en virages, ça chahute. Et plus dur, des vitres fixes... Si un automobiliste mécontent assure au conducteur qu'il ne manque pas d'air, il ne pourra en dire autant des passagers arrière !

Florence REMY
Marianne ANTOINE

Avec la version trois portes, la 205 rajeunit encore son image tout en restant toujours aussi élégante. L'effet GTI joue à fond, l'essai de Bernard Carat et "Le point de vue de Madame" sont positifs, les ventes vont s'envoler. Notez le pommeau de levier de vitesse qui s'est arrondi avec le millésime 1985. (Archives de l'auteur)

Le volume du coffre légèrement supérieur de la Renault (241 dm³, 229 dm³ pour la Peugeot) limite un peu les dégâts, mais le tableau de bord, un peu inspiré de celui de la récente Renault 11 apparue le 1er avril 1983, se fait négativement remarquer par quelques coloris au goût douteux quand celui de la Peugeot, sobre et complet, se distingue par une élégance sans failles renforcée par des sièges recouverts de drap de tailleur à l'anglaise gris à fin fileté multicolore à la fois sportif et chic qui habille également les contre-portes. La grande portière avant de la 205 (1,20 mètre, 0,95 mètre pour la version cinq portes) enfonce le clou et, si on y ajoute les deux mignons enjoliveurs de custode identiques de par leur composition (plastique) et motifs à celui qui orne le bas du hayon, la messe est dite : la 205 XR trois portes l'emporte sur la Supercinq GTL désavantagée de surcroît par un petit réservoir de carburant de seulement 43 litres.

N'en déduisez pas pour autant que la Renault est une auto simplement moyenne, bien au contraire. C'est une très bonne voiture qui donnera, nous le verrons, beaucoup de fil à retordre sur le plan commercial à la 205. Son seul handicap est d'avoir en face d'elle une 205, une auto exceptionnelle, sans doute la meilleure Peugeot de tous les temps. Pas facile d'exister dans l'ombre d'une championne. Elle y est pourtant parvenue, et de fort belle manière. Le scénario d'une 104 écrasée par une autre surdouée, la Renault 5 de première génération, ne s'est heureusement pas reproduit pour Renault.

La diésélisation du parc automobile français entamée avec la 205 Diesel cinq portes va s'accroître avec l'arrivée des 205 Diesel trois portes. Pour la première fois, la motorisation à gazole jugée un peu austère, un peu sérieuse, s'invite dans une carrosserie ludique prisée de la jeunesse. Le diesel, jusqu'alors presque "ringard", va devenir, d'un coup d'un seul, tendance. La 205 Diesel est la voiture qu'il va falloir pour être dans le coup, et si en plus c'est une 205 Diesel trois portes, eh bien, c'est encore mieux !

La 205 GTI fait vendre des 205 XL, la 205 XRD fait vendre des 205 GRD, la 205 T16 fait vendre toute la gamme, bref, tout va pour le mieux : la millionième 205 émerge de l'usine de Mulhouse le 9 décembre 1985 à 17 h 20. C'est une GR blanche de 1 360 cm^3 et 60 ch, cinq vitesses, destinée au Cameroun. Le constructeur se porte comme un charme, le bébé aussi.

FIN 1985, PREMIER BILAN

Un nouveau public

Il est temps de faire un premier petit bilan du début du parcours du Sacré Numéro en cette fin d'année 1985. Première constatation : la 205 est une voiture de conquête qui mord sur la concurrence. Elle attire des acquéreurs propriétaires d'une automobile de marque différente à 59 % en ayant démarré à 45 % en 1983 avec souvent une descente en gamme volontaire de l'acheteur pour se procurer la petite Peugeot, ce mouvement étant particulièrement marqué en cas d'achat d'une 205 Diesel. En ce qui concerne la GTI, le taux de conquête atteint un niveau exceptionnel de 71 %. Sur cent ventes de 205 GTI, on en compte seulement vingt-neuf avec reprise d'une Peugeot contre quarante et une réalisées auprès de possesseurs d'une autre marque française et trente concernant des propriétaires de voitures étrangères. Deuxième constatation : la clientèle de la 205 rajeunit. Les moins de quarante ans, qui représentaient 40 % des acheteurs en 1983, deviennent majoritaires (51 %) en 1985. La 205 GTI et la 205 Diesel, cette dernière séduisant les jeunes actifs gros rouleurs, ne sont pas étrangères à cette bonne évolution. Le record est à mettre au crédit de la 205 GTI acquise à 70 % par des personnes de moins de quarante ans composées (nous sommes encore dans les années 1980) à 86 % d'hommes.

Troisième et dernière constatation : les femmes et les hommes n'achètent pas les mêmes versions de la 205. Les dames sont toujours surprenantes : alors qu'elles ont adoré la Renault 5 en trois portes, elles boudent la 205 équivalente achetée à, effet GTI encore sûrement, 75 % par des hommes. Plus fort encore, elles boudent la 205 Diesel,

■ MOTEUR : Puissance administrative : 5. Quatre cylindres en ligne, transversal. 1 360 cm^3. Alésage : 75 mm. Course : 77 mm. Refroidissement par eau (6 l). Alimentation par un carburateur simple corps. Réservoir : 50 l. Allumage électronique. Carter d'huile : 5 litres. Un arbre à cames en tête entraîné par chaîne. Culasse en alliage léger. Bloc-moteur en alliage léger. Puissance maximale : 60 ch DIN à 5 000 tr/mn. Couple maximal : 10,9 mkg DIN à 2 500 tr/mn. Rapport volumétrique : 9,3 : 1.
■ TRANSMISSION : Traction avant. Boîte à cinq rapports synchronisés. Vitesse aux 1 000 tr/mn en 5e : 36,04 km/h.
■ DIRECTION : A crémaillère. Tours de volant : 3 3/4. Diamètre du volant : 37 cm. Rayon de braquage : 5 m.
■ SUSPENSION : Roues avant indépendantes. Roues arrière indépendantes. Ressorts hélicoïdaux à l'avant et barres de torsion à l'arrière. Barre stabilisatrice à l'avant et à l'arrière.
■ FREINS : Disques à l'avant et tambours à l'arrière. Double circuit et assistance à dépression.
■ PNEUMATIQUES : 145 SR 13.
■ CARROSSERIE : Poids : 767 kg. (AV : 474 ; AR : 293). Dimensions : longueur : 3,705 m. Largeur : 1,572 m. Hauteur : 1,373 mm. Empattement : 2,420 m. Voie avant : 1,350 m. Voie arrière : 1,300 m. Cinq places.
■ CARACTERISTIQUES DE PERFORMANCES : Puissance au litre : 44,1 ch/l. Rapport poids/puissance : 12,8 kg/ch. Autonomie moyenne de la voiture : 750 km.

■ MOTEUR : Puissance administrative : 5. Quatre cylindres en ligne, transversal. 1 397 cm^3. Alésage : 76 mm. Course : 77 mm. Refroidissement par eau (5,5 l). Alimentation par un carburateur simple corps. Réservoir : 43 l. Allumage électronique. Carter d'huile : 3,25 litres. Un arbre à cames en tête entraîné par chaîne. Culasse en alliage léger. Bloc-moteur en fonte. Puissance maximale : 60 ch DIN à 5 250 tr/mn. Couple maximal : 10,6 mkg DIN à 2 500 tr/mn. Rapport volumétrique : 9,25 : 1.
■ TRANSMISSION : Traction avant. Boîte à cinq rapports synchronisés. Vitesse aux 1 000 tr/mn en 5e : 38,19 km/h.
■ DIRECTION : A crémaillère. Tours de volant : 3 3/4. Diamètre du volant : 37 cm. Rayon de braquage : 5,05 m.
■ SUSPENSION : Roues avant indépendantes. Roues arrière indépendantes. Ressorts hélicoïdaux à l'avant et barres de torsion à l'arrière. Barre stabilisatrice à l'avant et à l'arrière.
■ FREINS : Disques à l'avant et tambours à l'arrière. Double circuit et assistance à dépression.
■ PNEUMATIQUES : 155/70 R13 75S.
■ CARROSSERIE : Poids : 767 kg. (AV : 474 ; AR : 293). Dimensions : longueur : 3,591 m. Largeur : 1,584 m. Hauteur : 1,397 mm. Empattement : 2,407 m. Voie avant : 1,323 m. Voie arrière : 1,280 m. Cinq places
■ CARACTERISTIQUES DE PERFORMANCES : Puissance au litre : 42,9 ch/l. Rapport poids/puissance : 12,8 kg/ch. Autonomie moyenne de la voiture : 700 km.

PEUGEOT 205 XR

Il est presque inutile de préciser que les lignes de la 205 ont été créées pour plaire et il n'est pas étonnant que cette voiture remporte un succès marqué Un tableau de bord sobre et complet n'égare pas le conducteur par une profusion exagérée d'instrumentation et la console d'une dimension raisonnable s'intègre très bien dans le décor intérieur. Une transformation arrière par dossiers rabattables séparément peut accroître le volume d'un coffre de capacité réduite.

RENAULT 5 GTL

Une ressemblance de la nouvelle Renault 5 avec son aînée, place cette voiture dans la catégorie des petites berlines au Cx amélioré, avec une habitabilité plus importante. Le tableau de bord clair, de facture maison, présente quelques points communs avec celui de la R 11 et si ce n'était certaines garnitures au coloris douteux sa présentation serait séduisante. Une transformation de l'arrière facile, désormais courante dans ce genre de véhicule.

La 205 XR est opposée dans ce même numéro de *L'Auto-Journal* à la nouvelle Supercinq GTL de même puissance, soit 60 ch. Dominée en tenue de route et en confort, la Renault doit s'incliner. Le plaisir de conduire reste la grande force de la 205, même si la Supercinq n'en est pas moins une excellente automobile. (Archives de l'auteur)

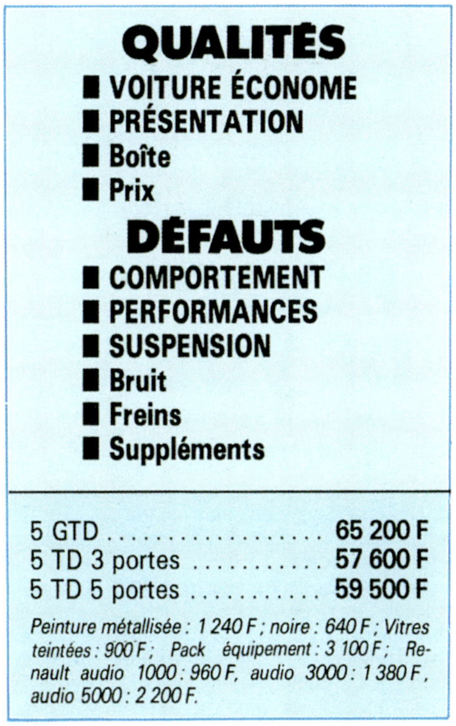

QUALITÉS
- VOITURE ÉCONOME
- PRÉSENTATION
- Boîte
- Prix

DÉFAUTS
- COMPORTEMENT
- PERFORMANCES
- SUSPENSION
- Bruit
- Freins
- Suppléments

5 GTD	**65 200 F**
5 TD 3 portes	**57 600 F**
5 TD 5 portes	**59 500 F**

Peinture métallisée : 1 240 F ; noire : 640 F ; Vitres teintées : 900 F ; Pack équipement : 3 100 F ; Renault audio 1000 : 960 F, audio 3000 : 1 380 F, audio 5000 : 2 200 F.

Bilan final catastrophique pour la Supercinq Diesel. La 205 Diesel peut dormir tranquille, même si les très bonnes versions à essence de la petite Renault concurrencent fortement le Sacré Numéro sur le marché français. (Archives de l'auteur)

Après s'être dotée de cinq portes en mai 1985, la Supercinq emprunte le moteur Diesel de 1 595 cm³ et 55 ch de la Renault 9 en fin d'année. Le 1er décembre 1985, la Supercinq GTD est essayée par Jean-Pierre Joyeux. (Archives de l'auteur)

majoritairement choisie, quand elles se décident à en acquérir une, en finition supérieure SRD. Peugeot 205 cinq portes essence pour elle, Peugeot 205 trois portes essence et diesel et cinq portes diesel pour eux, les différentes versions du Sacré Numéro qui possèdent des clientèles bien distinctes rencontrent aussi des succès différents.

Les quatre 205 les plus vendues en France en 1985 sont la 1 360 cm³ essence cinq portes (23,6 % des ventes), la 1 124 cm³ essence cinq portes (19,7 %) la diesel cinq portes (14,1 %), la GTI (11,9 %). Deux versions cinq portes perdent du terrain : la GT (5,4 %), la GL 954 cm³ (1,2 %). Un remède révolutionnaire va cependant vite être trouvé pour relancer les ventes de la dernière citée, nous allons nous en rendre compte rapidement.

En ce qui concerne les versions trois portes hors GTI, la gagnante est, une fois encore, la version 1 360 cm³ 60 ch à essence (7,4 %) suivie comme son ombre par la 1 124 cm³ (7,3 %), la XT 1 360 cm³ 80 ch (4,4 %) qui talonne ainsi sa jumelle à cinq portes, la diesel avec un beau 4 %, score encore modeste, mais très encourageant, (nous sommes en 1985, ne l'oublions pas), pour une version à gazole trois portes. Grande perdante encore et lanterne rouge : la 954 cm³ essence, avec un seul tout petit pour cent.

Plus globalement maintenant, et toujours en pourcentage des immatriculations en France en 1985, les versions cinq portes essence restent en tête (49,8 %) loin devant les cinq-portes diesel : le marché est en cours de diesélisation à cette date, mais il n'est pas encore presque totalement diésélisé comme il le sera vingt ans plus tard !

Le Lion encore gagnant du match 205 *versus* Supercinq

Les trois-portes essence, GTI mise à part, plaisent beaucoup (20,2 %), la GTI proprement dite affole les compteurs (11,9 %), la trois-portes diesel travaille pour l'image de la gamme et pour l'avenir avec ses 4 %. Avec 63,9 % de 205 vendues en cinq portes et 36,1 % de 205 vendues en trois portes, la Lionne se pose comme une petite familiale appréciée de la clientèle française, particulièrement dans ses versions puissantes (1 360 cm³ essence, diesel) à la finition supérieure (GTI, GR/SR). Révolutionnaire mais bourgeoise quand même, la 205 ! Et notre amie Supercinq, que devient-elle pendant ce laps de temps ? Eh bien, elle fait mieux que résister ! Dopée à partir du mois de mai 1985 par une version cinq portes dont l'empattement rallongé de 6 cm permet d'offrir une meilleure habitabilité aux places arrière, la petite Renault, une très bonne auto, on vous l'avait dit, colle aux roues de la 205 quant au nombre de ses immatriculations sur le marché français. Après le match 104-Renault 5 dans les années 1970, le duel entre la Régie Renault et le Lion reprend de plus belle avec la 205 et la Supercinq dix ans plus tard, les deux autos représentant à elles seules le quart des ventes de voitures en France !

Présentée en toute fin d'année 1985, en réponse à la 205 à gazole, mais aussi aux Fiat Uno et Citroën Visa qui se nourrissent du même carburant, la Supercinq Diesel fait irruption pour seconder ses sœurs à essence. Équipée du moteur 1 595 cm^3 55 ch de la Renault 9 mieux équilibré et un petit peu plus silencieux, elle est toute jolie. Sa version GTD cinq portes est opposée à la 205 GRD dans le numéro 21 de *L'Auto-Journal* du 1er décembre 1985 et, là, c'est la grosse correction pour Dame Supercinq.

Moteur poussif, consommations décevantes, train avant inchangé et inadapté à un excédent de poids de 75 kg dû au moteur Diesel, tenue de route incertaine, confort de suspension passable, niveau sonore élevé dans l'habitacle, il ne faudra pas compter sur la Supercinq GTD pour tuer la 205.

Début 1986, Peugeot reste avec la 205 maître du diesel, maître de la situation tout court. Le Lion anticipe pourtant la pression commerciale de la Renault Supercinq qui s'accroît semaine après semaine. Le 6 mars 1986, trois nouvelles versions font irruption : le cabriolet, l'automatique, la GTI 115 ch.

LE LION SORT LA CAPOTE ET L'AUTOMATIQUE

Le cabriolet et Peugeot : une longue histoire

Le cabriolet est une tradition chez Peugeot : sans parler des 401 et 601 Éclipse de 1935 qui inaugurent un toit rigide escamotable dans le coffre mis au point par le carrossier Pourtout, c'est la 402 de 1936, avec sa fameuse ligne aérodynamique dite "fuseau Sochaux", qui donne le top départ de l'ouverture du cabriolet pour le Lion avec une offre de quatre versions découvrables en plus des berlines traditionnelles. La 302 remplace la même année la 201 et elle aussi sera disponible en cabriolet. Courte carrière pourtant pour la 302 : la très moderne 202 la remplace dès février 1938. Outre une berline quatre portes découvrable, un cabriolet deux portes sera proposé à la clientèle. Le premier petit cabriolet Peugeot, c'est elle, c'est la 202 Cabriolet de 1938 !

La 202 découvrable assurera sa mission jusqu'en 1948 et il faudra attendre 1951 pour voir arriver le premier cabriolet Peugeot de l'après-guerre, avec la mythique 203. Disponible en deux portes, le cabriolet 203 passe le relais au cabriolet 403 en 1956 (vous vous souvenez, celui de l'inspecteur Columbo), et surtout à la *bellissima* 404 Cabriolet en 1961. Signée Pininfarina, elle sera la première voiture à n'avoir aucun embouti en commun avec la berline éponyme : une auto "haute couture" totalement intemporelle.

La Renault 5 GTD est opposée à la 205 GRD dans ce même numéro de *L'Auto-Journal* du 1er décembre 1985. (Archives de l'auteur)

Honnête en moteur et en confort, la Renaut 5 GTD pèche vraiment en tenue de route. La 205 Diesel reste la reine dans sa catégorie. (Archives de l'auteur)

LE GRAND DUEL DES PETITES DIESELS

En ajoutant des versions diesel à sa très large gamme de R5, Renault confirme l'importance prise par le gazole à tous les niveaux de la production automobile. La Fiat Uno, la Citroën Visa sont proposées avec des moteurs diesel. Compte tenu de la place occupée par le 205 sur le marché français et européen, Renault se devait d'offrir une R5 à gazole. Il vient de le faire, avec un certain retard. A-t-il profité de ce délai pour présenter une voiture supérieure à sa rivale ? Nous allons le savoir. Le duel s'élargit : R5 GTD et 205 GRD se mesurent sur un nouveau terrain.

R 5 GTD

● **MOTEUR :** Puissance administrative : 4. Quatre cylindres en ligne, transversal. 1 595 cm^3. Alésage : 78 mm. Course : 83,5 mm. Refroidissement par eau (7,5 l). Alimentation par pompe d'injection rotative. Réservoir : 43 l. Carter d'huile : 5,5 l. Arbre à cames en tête entraîné par courroie crantée. Culasse en alliage léger. Bloc-moteur fonte. Puissance maxi : 55 ch DIN à 4800 tr/mn. Couple maxi. : 10,4 mkg DIN à 2250 tr/mn. Rapport volumétrique : 22,5 : 1.
● **TRANSMISSION :** Traction avant. Boîte à cinq rapports synchronisés. Vitesse aux 1 000 tr/mn en 5e : 38,31 km/h.
● **DIRECTION :** A crémaillère. Tours de volant : 3 3/4. Diamètre du volant : 37 cm. Rayon de braquage : 5,1 m.
● **SUSPENSION :** Roues avant et arrière indépendantes. Ressorts hélicoïdaux à l'avant. Barre stabilisatrice AV et AR.
● **FREINS :** Disques AV, tambours AR. Double circuit et assistance à dépression.
● **PNEUMATIQUES :** 155/70 R 13 75S.
● **CARROSSERIE :** Poids : 860 kg (AV : 550 ; AR : 310). Dimensions : Longueur : 3,651 m. Largeur : 1,584 m. Hauteur : 1,397 m. Empattement : 2,467 m. Voie AV : 1,323 m. Voie AR : 1,292 m. 5 places.
● **CARACTÉRISTIQUES DE PERFORMANCES :** Puissance au litre : 34,5 ch/l. Rapport poids/puissance : 15,6 kg/ch. Autonomie moyenne de la voiture : 650 km

205 GRD

● **MOTEUR :** Puissance administrative : 5. Quatre cylindres en ligne, transversal. 1 768 cm^3. Alésage : 80 mm. Course : 88 mm. Refroidissement par eau (8,3 l). Alimentation par pompe d'injection rotative. Réservoir : 50 l. Carter d'huile : 5 l. Un arbre à cames en tête entraîné par courroie crantée. Culasse en alliage léger. Bloc-moteur en fonte. Puissance maximale : 60 ch DIN à 4600 tr/mn. Couple maximal : 11 mkg DIN à 2000 tr/mn. Rapport volumétrique : 23 : 1.
● **TRANSMISSION :** Traction avant. Boîte à cinq rapports synchronisés. Vitesse aux 1 000 tr/mn en 5e : 37,77 km/h.
● **DIRECTION :** A crémaillère. Tours de volant : 3 3/4. Diamètre du volant : 37 cm. Rayon de braquage : 5 m.
● **SUSPENSION :** Roues indépendantes. Ressorts hélicoïdaux à l'AV et barre de torsion à l'AR. Barre stabilisatrice AV et AR.
● **FREINS :** Disques AV et tambours AR. Double circuit et assistance à dépression.
● **PNEUMATIQUES :** 145 R 13 74 S.
● **CARROSSERIE :** Poids : 895 kg (AV : 570 ; AR : 325). Dimensions : Longueur : 3,705 m. Largeur : 1,562 m. Hauteur : 1,376 m. Empattement : 2,420 m. Voie AV : 1,350 m. Voie AR : 1,300 m. Cinq places.
● **CARACTÉRISTIQUES DE PERFORMANCES :** Puissance au litre : 33,9 ch/l. Rapport poids/puissance : 14,9 kg/ch. Autonomie moyenne de la voiture : 650 km.

LA 205 GRD L'EMPORTE PAR 7,6 A 7

● La 205 et la R5 sont les deux modèles les plus diffusés en France. D'autre part, le diesel suscite un intérêt croissant, même parmi les utilisateurs de petites voitures. Le match que nous avons organisé offre un intérêt exceptionnel.

S'étant fait attendre avant d'entrer en scène, la R5 diesel a-t-elle profité de ce délai pour engager, dans les meilleures conditions, un combat singulier avec la redoutable 205 ? Non pas. Comme on vient de le voir, la 205 GRD, qui dispose d'une cylindrée supérieure est, tout naturellement, plus rapide et plus vive que sa rivale. Mais en même temps elle se révèle un peu plus sobre. En outre la Peugeot bénéficie d'une meilleure suspension et d'un niveau sonore moins élevé. A ces handicaps de la R5 s'en ajoute un autre qui nous a désagréablement surpris. Son comportement routier assez incertain ne se situe pas au même niveau que celui de sa rivale très saine.

Dans ces conditions, la 205 GRD l'emporte très nettement en matière de sécurité et, de façon moins sensible, dans les domaines de la mécanique, de la carrosserie (grâce à l'esthétique), du confort. En ce qui concerne le budget, la partie était très serrée. En particulier la 205 est plus chère à l'achat mais exige moins de carburant. Le coût de l'assurance est identique dans les deux cas. Quoi qu'il en soit notre commission a peu goûté le fait qu'une banquette arrière fractionnable soit facturée 800 F sur la 205 alors qu'elle est livrée en série sur la R5 ! Celle-ci gagne donc la reprise du budget.

La petite Renault qui présente des aspects sympathiques, notamment par son équipement intérieur, aurait mérité de tout autres qualités routières. Ce défaut peut-il être corrigé ? On le souhaite vivement dans l'intérêt de ses utilisateurs.

Gilles GUÉRITHAULT

La petite révolution est pourtant à venir : l'année 1967 salue l'apparition de la 204 Cabriolet, à l'empattement beaucoup plus court que la berline. Après la 202, cette version de la 204 reprend le flambeau et bouleverse le marché : d'élitiste, la voiture découvrable devient accessible. Le succès est foudroyant, en particulier dans la nouvelle classe moyenne en pleine expansion qui, dopée par un pouvoir d'achat croissant, veut goûter à tous les plaisirs.

Précédée par la grande 504 découvrable en 1969, la 304 Cabriolet succédera à la 204 en 1970 avec le même succès, opération très rentable pour Peugeot, la nouvelle venue ne se différenciant de la dernière citée que par sa calandre en phares en amande hérités de la 504 de 1968 et par son levier de vitesse au plancher. La 304 Cabriolet tirera sa révérence en 1975, la 504 du même nom en juin 1983 après un restylage en 1980, puis plus rien, la production en série d'une 505 découvrable n'ayant jamais eu le feu vert du constructeur malgré deux exemplaires construits par le Lion. Pour les amateurs de cabriolets Peugeot, la traversée du désert commence. Le 6 mars 1986, la 205 Cabriolet l'interrompt en reprenant un étendard laissé vacant. Les 204 et 304 Cabriolet ont trouvé leur digne héritière.

Le respect de la tradition de l'automobile Peugeot découvrable n'a pas seul pesé : si les Français ne représentent que 6 % des acheteurs de cabriolets en Europe, les Allemands, gros clients des voitures du constructeur franc-comtois, fournissent 49 % des acheteurs de ce type de véhicule. La Peugeot 205 ne peut se permettre de laisser un marché, quel qu'il soit, inexploité.

La 205 cabriolet : la patte Pininfarina

Dès le mois de mai 1983, Peugeot a confié l'étude du cabriolet à Pininfarina, qui a scalpé une 205 trois portes tout en laissant un arceau de sécurité au niveau du montant central afin d'améliorer la rigidité en torsion et de protéger les occupants de l'auto en cas de retournement. Le poids de la coque, renforcée, n'augmente que de 40 kg avec un volume de coffre presque préservé. L'ordre est donné à Pininfarina par Peugeot de ne toucher ni au plancher ni à la partie

Le 6 mars 1986, la 205 se découvre. En 1967, la 204 avait déjà échangé son toit en tôle pour un toit en toile. (Archives de l'auteur)

avant de la voiture pour des raisons juste de coûts et de facilités d'industrialisation de l'auto. La caisse a juste été renforcée au niveau de l'ancrage des pieds, sous les fauteuils, au niveau du réservoir d'essence. Dans le même esprit, longerons et montants autour du pare-brise sont eux aussi renforcés.

Commencées en janvier 1984, les études d'industrialisation du partenaire italien n'ont pas dénaturé la petite française. Du travail sérieux, du travail fiable. Dès lors, tout va s'enchaîner : l'usine Pininfarina de Grugliasco reçoit du centre de production de Mulhouse diverses pièces de carrosserie, du centre de production de Sochaux les plates-formes préparées pour l'assemblage. Le montage de la carrosserie sur une chaîne spéciale dont la capacité moyenne de production est de cinquante unités par jour est réalisé dans la péninsule. Après traitement anticorrosion et peintures, les coques reçoivent les pièces spécifiques (capote, tapis, installation électrique) puis sont transférées à Mulhouse pour le montage final des organes mécaniques, moteur, boîte, freins, suspensions…

Début 1986, prenant gentiment à contre-pied la 201 de 1929, qui avait proposé une caisse fermée, reléguant les configurations roadster ou cabriolet aux seuls loisirs, la 205 se présente en petite tenue sur le marché en version découvrable. Exactement cinquante ans après la 402 Cabriolet, presque vingt ans après la 204, la 205 enlève le haut pour nous séduire. Un Sacré Numéro à tous points de vue, la petite ! Deux versions sont proposées : une 205 CT équipée du moteur XY8 1 360 cm^3, 80 ch, incliné à 72° vers l'arrière de la GT, une 205 CTI équipée du nouveau bloc XU5JA 1 580 cm^3 115 ch incliné de 30° vers l'arrière que l'on va retrouver sur la nouvelle version de la 205 GTI.

La 205 CTI est équipée exactement de la même boîte que la GTI, la CT propose logiquement des rapports un peu plus courts. Petit problème quand même : le moteur de 115 ch de la CTI est monté sur le train avant non triangulé de la CT 80 ch, le train avant muni de solides triangles inférieurs étant réservé à la seule GTI.

La 205 CT reprend la planche de bord, l'équipement, les sièges et le volant de la XT, la 205 CTI reprend la planche de bord, l'équipement, les sièges et le volant de la GTI, le cerceau des CTI et GTI étant légèrement plus petit que celui des CT et XT (diamètre de 365 mm contre 370 mm).

Version intrinsèquement plus homogène dans ses prestations que sa sœur CTI, la 205 CT est essayée par André Costa dans *L'Auto-Journal* n° 11 du 15 juin 1986. Par rapport à la CTI, la CT est équipée de disques de freins avant pleins au lieu d'être aérés avec à l'arrière les mêmes tambours, mais avec des garnitures plus étroites. Les pneumatiques

QUALITÉS

- **JOLIE CARROSSERIE**
- **CAPOTE SIMPLE À MANIER**
- **Performances satisfaisantes**
- **Suspension généralement confortable**

DÉFAUTS

- **Manque de rigidité**
- **Direction lourde à l'arrêt**
- **Chauffage trop faible**

PRIX/OPTIONS

205 CT .... **87 400 F**

Vitres teintées : 950 F - Jantes alliage léger : 1 950 F - Lève-vitres électriques, condamnation centralisée des portes et du coffre : 2 050 F - Peinture métallisée vernie : 1 450 F

La 205 CT est essayée par André Costa dans *L'Auto-Journal* du 15 juin 1986. (Archives de l'auteur)

Dans sa version 1 360 cm^3 à deux carburateurs simple corps de 80 ch, la 205 Cabriolet appelée CT séduit tout en manquant de rigidité. Elle se montre en tout cas plus homogène que la peut-être trop puissante CTI. (Archives de l'auteur)

sont identiques à ceux de la GT (165/70 R13) montés sur les mêmes jantes tôle de 5 pouces.
Malgré ce petit déficit technique, le bilan est satisfaisant, Costa soulignant le fait que la CT atteint, capotée, 164,5 km/h en pointe (165,4 km/h pour la GT) et encore 157,7 km/h décapotée. Le freinage donne, lui aussi, toute satisfaction tant en puissance qu'en endurance. Par contre, et "Le point de vue de Madame" de Florence Rémy et de Marianne Antoine le souligne à l'instar d'André Costa, le comportement routier de la CT est bien plus agréable que celui de la CTI, le moteur trop puissant associé à des suspensions inutilement affermies de la CTI mettant à rude épreuve une caisse qui manque cruellement de rigidité pour supporter une telle mécanique que l'on peut qualifier, sans crainte d'être démenti, de sportive ! Avec une flexibilité aux roues avant légèrement plus forte et un déport au sol beaucoup plus faible (8,03 mm contre 20,98 mm), la 205 CT est toute douce.
Signature "Pininfarina" discrète, mais présente, sur l'aile arrière, jolis sièges avec appuie-tête en velours côtelé gris noir, petit volant grenu, planche de bord sobrement gris foncé elle aussi, l'auto est tout simplement très chic. Petite restriction d'usage, si les adultes sont parfaitement à l'aise aux places arrière, la 205 Cabriolet, c'est marqué sur sa carte grise, est une quatre-places, cinq pour ses sœurs fermées.
En tout cas, qu'elle soit CT ou CTI, un point primordial met tout le monde d'accord : la capote. Simple à manipuler, rapide à mettre en place, de bonne qualité et bien étanche, elle fait honneur à la réputation de son constructeur en la matière, la longue collaboration entre Peugeot et Pininfarina depuis la 403 ayant largement contribué à faire évoluer cette technique.
Pas donnée (87 000 francs en 1986), mais moins chère que sa concurrente directe Volkswagen Golf Cabriolet, la 205 CT renoue en beauté avec la bonne tradition des découvrables Peugeot, en y ajoutant, à défaut de la rigueur de tenue de route des versions fermées, une malice et une bonne humeur communicative propres à la 205. La fantaisie s'arrête pourtant là : mises au point avec soin, 5 000 km parcourus sur piste automatique pavée, 83 000 km sur piste routière, cinq mille cycles d'ouverture-fermeture pour la capote, vingt-deux

La 205 CTI récupère le moteur de 115 ch de la nouvelle 205 GTI, mais son train avant n'est pas triangulé. Plaisir garanti, mais la prudence reste de mise. (Archives de l'auteur)

BANC D'ESSAI 86 DE L'AUTO-JOURNAL

205 CT PEUGEOT

La 205 CT, propose une carrosserie dont le profil se révèle très séduisant pour ceux qui aiment rouler à ciel ouvert (1). Comme sur les autres versions de la 205, les bacs de portières accessibles (2) et bien dimensionnés sont appréciables. Le coffre (3) dont la capacité de rangement n'est pas diminuée correspond toujours au volume de 228,7 dm^3 d'après nos valises étalon. Le tableau de bord paraît à première vue assez dépouillé, mais lorsqu'on l'examine attentivement, il se révèle assez complet (4). Extérieurement (5), seule une baguette de protection latérale et des jantes en alliage léger permettent de différencier la CT de la version la plus musclée (CTI). Les sièges, recouverts de tissu, sont d'une forme qui autorise une assise correcte et confortable à l'avant (7), tandis qu'à l'arrière les places se révèlent moins accueillantes (6). Néanmoins, la banquette et le dossier arrière peuvent se rabattre par moitié permettant ainsi de dégager un espace supplémentaire pour d'éventuels bagages.

LE POINT DE VUE

de Florence RÉMY et Marianne ANTOINE

■ Cabriolet sous-entend cabriole. L'esprit le plus court saisit illico que l'on est en compagnie joyeuse, et qu'il serait dommage, si le beau temps le permet, de laisser couvert un tel véhicule dont le rêve est d'aller nu-tête.

D'ailleurs, avec celui qui nous occupe, c'est facile. Vous décramponnez deux crochets latéraux internes, vous sortez, tirez la capote vers l'arrière en prenant seulement soin de ne pas mal plier la lunette arrière, et hop, en route ! Les raffinés préfèrent, bien sûr, extirper du coffre arrière (mini mini) le cache capote, dont l'ajustement pressionné n'a rien d'impressionnant, mais prend quelques minutes. Les impulsifs, les impatients prennent la route sans procéder à cette jolie finition. Qu'importe, quelle que soit la vitesse, tout restera en place, je l'ai vérifié.

La mode des cabriolets, passée pendant plus de deux décennies, est heureusement revenue. Aujourd'hui, le catalogue des journaux spécialisés en compte plus d'une dizaine. Le choix est donc large pour, (pardon Renault et ta pub), les vrais « amateurs de liberté ».

Car même si le mot peut paraître emphatique, c'est bien de liberté qu'il s'agit. De liberté, et de sensations.

Des sensations, la 205 CT en procure. Comme tout cabriolet, en donnant à ses passagers le plaisir, allons même jusqu'à dire l'ivresse, d'avoir les cheveux au vent, de baigner dans les bois, les prés, de saisir à pleines narines l'enivrant parfum des champs de colza (si vous ne connaissez pas, c'est jaune vif, follement odorant et à perte de vue), bref de vibrer aux joies de la nature comme Jean-Jacques Rousseau le faisait à Ermenonville.

Comme vous et moi, ce bon Jean-Jacques avait un nez, des yeux, une sensibilité. Mais non la possibilité de lancer 80 ch sur les routes par un jour ensoleillé. Dommage pour lui. Car le comportement de ce véhicule concourt au plaisir. Doté d'un moteur très vivant, d'une boîte de miel, d'accélérations plaisantes et d'un joli petit chant moteur entraînant, il est bon compagnon. Certes, nous n'avons pas affaire à la CTI. Celle-ci est un peu plus calme, et d'une suspension moins ferme, partant, d'une tenue parfois berçeuse. A 160 km/h sur route, les passagers arrière réclament un peu de modération, bousculés qu'ils sont. Sur autoroute, en revanche, tout va bien. Mais ma question, promenade faite, sera celle-ci : est-ce un véhicule à mener comme une bête ? A mon sens, non. Capoté, à la rigueur. Décoiffé, son conducteur devient une peau qui profite du soleil, un regard, bref, un sybarite, voire un jouisseur. Or, jouisseur et fonceur, au volant non plus, ne vont pas pair...

« Quel est son look ? » s'impatientent les esthètes. Réponse : du meilleur goût. Dénudé, ce cabrio là laisse apparaître un large arceau qui lui confère de l'assise, une belle silhouette compacte. Sur l'aile arrière, discrète mais présente, la signature de Pininfarina. Avec une planche de bord sobrement gris foncé, un amusant volant noir (réplique en petit de celui de la 505), il est tout à la fois jeune et pas garçon-coiffeur. Surprenant cependant, quoique de bonne allure, le velours côtelé gris-noir des sièges : on eût pensé plutôt, côté pratique, à un de ces skaï noirs à la fois veinés et bien mats, comme Fiat a su en faire pour sa Panda 4 × 4, et qui contrefait le cuir à s'y méprendre. Alors, en cas de subite ondée, un coup d'éponge et il n'y paraît plus. Là, si cela vous arrive, vous risquez d'avoir le séant au frais.

Son prix place cette 205 au-dessous de sa concurrente Volkswagen. Même s'il n'est pas donné pour autant (87 000 F). N'empêche. Se mettre à découvert pour rouler décapoté, surtout si l'on niche au sud de la Loire, c'est se faire un joli plaisir.

Belle auto très douce à conduire, la 205 CT enchante les journalistes Florence Rémy et Marianne Antoine. Un bon point pour la petite nouvelle. (Archives de l'auteur)

Lorsque conduire devient sacré. Convertissez-vous. Découvrez la distinction. Découvrez la 205 Automatic.

Savoir-faire Peugeot oblige. Avec son moteur nouvelle génération de 80 ch DIN (58 kW CEE) couplé à la nouvelle boîte ZF à 4 rapports avant et système à dérivation de puissance, la 205 Automatic vous offre une solution de haute technologie, exceptionnelle pour sa catégorie.

La conduite racée, souple et silencieuse, conférée à l'automatisme sur une voiture compacte, est obtenue sans faire aucune concession sur les performances :

205 AUTOMATIC

14,2 secondes de 0 à 100 km/heure départ arrêté. 166 km/heure (en troisième sur circuit) et 5,6 litres de super à 90 km/heure en vitesse stabilisée* : la rapidité de la 205 Automatic n'a d'égale que sa modestie en matière de consommation.

Laissez-vous aider. Commandez la boîte du bout du pied sur l'accélérateur. La seule différence... est une bien plus grande souplesse dans l'enchaînement des rapports et une finesse de décision qui épargne votre tension et votre moteur.

Une petite route sinueuse ? Un bout de conduite sportive ? – La 205 Automatic est prête à relever le défi. La seule différence... est que la commande des rapports est encore plus facile et rapide.

A vous de choisir. L'Automatic vous propose les versions 3 ou 5 portes. Chacune d'elles vous offre un équipement complet : jupes avant et arrière de la couleur de caisse, phares à iode, pneus larges 165 70 SR 13, baguettes de protection latérale, lave-vitre/essuie-vitre de lunette arrière.

Même chose pour l'intérieur, la 205 Automatic présente un ensemble cossu : garnissage des sièges et des inserts de portières en velours, appuis-tête réglables à l'avant, banquette arrière rabattable en 2 parties, montre à quartz, combiné avec éclairage à rhéostat, lecteur de cartes, poignées de maintien à toutes les places passagers...

Si vous aimez le grand confort, n'hésitez pas, la 205 Automatic n'est qu'enchantement... Un sacré plaisir de conduire.

* Autres consomations en fin du présent catalogue.

La 205 Automatic dans son milieu naturel, avenue Montaigne à Paris. (Archives de l'auteur) mille cycles équivalents pour le mécanisme et le coulissement des glaces de portes, les 205 Cabriolet, qu'elles soient CT ou CTI, sont, avant d'être des découvrables, des Peugeot, c'est-à-dire des autos fiables, pensées et construites avec sérieux. Elles seront construites à raison de 72 142 exemplaires de 1986 à 1995.

La 205 Automatic : une autre réussite

C'est légèrement mieux en Europe du Nord, mais, en Europe du Sud et en 1986, la boîte automatique n'a pas la cote : une 205 équipée d'une telle transmission est censée attirer au maximum 3 % des acheteurs du modèle. Qu'importe. Comme pour le cabriolet, Peugeot ne néglige aucun marché, fût-il très étroit : la 205 Automatic arrive, elle aussi, le 6 mars 1986 en versions trois et cinq portes et avec un seul niveau de finition voisin de celui de la SR.

Gros moteur 1 580 cm^3 type XU51C repris de la GTI, mais alimenté par un carburateur simple corps qui limite sa puissance à 80 ch à 5 600 tr/min, associé à une boîte de vitesses ZF à quatre rapports, identique à celle qui équipe déjà la 305 et la BX, avec verrouillage mécanique sur le quatrième rapport censé limiter les consommations et la perte de performances, la 205 Automatic nous refait le coup de la 205 Diesel : une mécanique puissante, une technologie moderne pour une auto sobre et performante.

Une fois de plus, c'est réussi. Reconnaissable grâce au bossage sur son capot rendu nécessaire pour permettre l'installation sur le bloc XU du carburateur en lieu et place de l'injection de la GTI, la 205 Automatic va faire plus que de la figuration au sein de la gamme en séduisant 4 % des personnes intéressées par le Sacré Numéro. Tout en s'en tenant à des chiffres de vente encore modestes, elle sera très appréciée de la clientèle tant des beaux quartiers de la capitale que des campagnes et contribuera fortement au développement de l'automatisme pour les véhicules populaires, le tout sans se départir de son élégance naturelle, bien évidemment !

Nouveauté 1986, la 205 Automatic arrive. Moteur 1 580 cm^3 de GTI alimenté par un carburateur simple corps de 80 ch, boîte ZF de 305 ou de BX à quatre rapports, bossage sur le capot pour permettre l'installation du carburateur sur le bloc XU, la 205 sans pédale de gauche sera un vrai succès. (Archives de l'auteur)

LA FORCE DU LION : LA 205 GTI ET LA 205 JUNIOR

La 205 GTI : la toute-puissance du Lion

L'évolution était attendue tant le châssis le permettait, le troisième atout Peugeot est dévoilé lui aussi le 6 mars 1986 : il s'appelle 205 GTI 115 ch. La version 105 ch reste au catalogue, mais son moteur XU5J, en adoptant des soupapes d'admission et d'échappement au diamètre augmenté et un arbre à cames modifié, gagne 10 ch et un nouveau nom : XU5JA.

La puissance de 115 ch est obtenue au même régime de 6 250 tr/min, mais la limitation supérieure du régime, par coupure de l'alimentation en essence, est portée à 6 900 tr/min. Ça sent le sport ! La vitesse maximale évolue de 190 à 196 km/h, le 1 000 mètres départ arrêté est couvert en 30,4 secondes au lieu de 31 secondes. Pour le reste, la 205 GTI 115 ch est strictement identique à sa sœur 105 ch : boîte de vitesses, suspensions, freins sont repris tels quels, de même la présentation extérieure et l'équipement.

Avec le XU5JA, la 205 GTI a trouvé le moteur qu'il lui fallait : la presse est conquise, le public aussi. Seul bémol à cet équilibre quasi parfait : le maintien de freins à tambour à l'arrière. Si puissance et endurance sont encore largement satisfaisantes, le système, en raison de l'accroissement des performances, trouve ses limites.

La 205 Junior : la séduction par la couleur

"Au mois d'avril, ne te découvre pas d'un fil, au mois de mai, fais ce qu'il te plaît". En ce mois de mai 1986, le Lion est d'humeur joyeuse autant que conquérante en nous présentant son dernier enfant, la 205 série spéciale Junior, la deuxième série spéciale du Sacré Numéro après la 205 Lacoste.

En 1986, au sein de la gamme 205, la GTI, la diesel, l'automatique, représentent à elles trois 40 % des ventes, les petites 954 cm^3 45 ch, 3 %. La 205 XE équipée de cette motorisation d'entrée de gamme consomme plus que les autres Sacrés Numéros dotés du 1 124 cm^3 et même du 1 360 cm^3 en plafonnant à 135 km/h, en accélérant beaucoup moins fort, cela sans même parler des reprises, franchement timides. Il y a un problème.

Le marketing a trouvé la solution : la série spéciale 205 Junior mitonnée sur base de 205 XE, justement, mise sur la couleur pour séduire. Sièges garnis de tissu jean avec appuie-tête à l'avant, moquette bleu Indigo, caisse blanc Meije ou gris Futura soulignée de bandes latérales unies rouge, bleue et verte, enjoliveur en plastique de custode comportant, un rappel, cette fameuse bande décorative, la nouvelle série spéciale 205 Junior va donner raison à Jean Boillot, patron de Peugeot, qui, dans une interview de juin 1986 à Gilles Guérithault de *L'Auto-Journal*, prédit un sursaut des ventes des 205 à moteur 954 cm^3 de 3 % à 10 % dans l'Hexagone grâce à cette nouvelle série spéciale.

Troisième arrivée dans la gamme 205 après le cabriolet et la version automatique : la GTI 1,6 litre 115 ch. Le moteur XU5J est amélioré, gagne 10 ch et prend le nom de XU5JA. La version 105 reste néanmoins au catalogue. (Archives de l'auteur)

Vendue 46 900 francs, soit à peine plus que la XE, mais pas plus rapide ni plus sobre que cette dernière et équipée des mêmes roues sans enjoliveurs, toujours dépourvue d'assistance de freinage et de lunette arrière dégivrante (seulement disponible en option pour améliorer la visibilité), la 205 Junior ne partait pas, sur le papier, spécialement gagnante.

En quelques mois la magie opère : de série spéciale elle accède au rang de phénomène de société. Jean Boillot, comme bien souvent, avait vu juste. Mieux encore, les ventes de 205 XE ne pâtissent pas du succès de la Junior. Très classique dans sa présentation, fidèle à la tradition de discrétion du Lion, elle garde, bien que dépourvue d'appuie-tête aux places avant, sa clientèle, une clientèle désireuse d'acquérir une petite auto simple, mais à l'élégance classique, pure et intemporelle dans sa présentation.

Soucieux d'être présent sur tous les fronts, le Lion poursuit son offensive pendant l'été avec une 205 XTD identique à la XT au compte-tours près, remplacé par une montre à aiguilles, toujours équipée du moteur XUD7 de 1 769 cm^3 et 60 ch. Sa mission : séduire les amateurs de trois-portes à une époque où le diesel a encore une image très austère dans le grand public.

La 205 XS : l'influence de la 205 GTI

Encore traumatisé par la connotation vieillotte dont ses automobiles étaient affublées trois ans plus tôt, Peugeot développe et cultive sa nouvelle et chèrement acquise aura de sportivité obtenue grâce à la 205 GTI et au double succès de la 205 Turbo 16 en championnat du monde des rallyes en 1985 et en 1986 : équipée du même moteur que la XT, la nouvelle XS trois portes déboule en décembre de la même année, en même temps que la nouvelle GTI 1,9 litre 130 ch. Sa raison d'être : permettre à celles et ceux qui ne peuvent s'offrir la GTI de goûter au mythe à moindres frais.

Phares additionnels longue portée intégrés à la jupe avant, sièges d'inspiration GTI recouverts d'un garnissage spécifique, volant type lui aussi GTI, stickers "XS" blancs ou noirs, rouges par la suite, sur les

Peugeot est dopé par le printemps. Pour relancer les très faibles ventes du moteur 45 ch, le Lion sort la série spéciale Junior en mai 1986. (Archives de l'auteur)

Planche de bord de 205 XE au mince volant, mais sièges en jean bleu avec appuie-tête et moquette de même couleur. La 205 Junior va devenir un phénomène de société. (Archives de l'auteur)

Deux couleurs disponibles pour la 205 Junior, blanc Meije ou comme ici gris Futura, mais toujours les mêmes bandes de couleurs rouge, bleue, et verte. Le ton est donné : c'est gai et frais. (Archives de l'auteur)

L'été 1986 voit l'arrivée de la finition XT sur la 205 Diesel. La 205 XTD est identique à sa sœur à essence, sauf pour le compte-tours remplacé par une montre à la gauche du tachymètre. (Archives de l'auteur)

ailes avant, nouveau combiné d'instruments à quatre cadrans qui intègre le compte-tours et qui sera repris tel quel par la 205 Rallye de 1988, la XS fait illusion.
La boîte à cinq rapports raccourcis permet d'accélérer fort et d'atteindre 170 km/h en pointe. Seuls bémols, les jantes en tôle de 13 pouces reprises de la XT associées au train avant non triangulé figurent au programme sans pour autant impacter gravement le comportement routier qui reste très sûr. Dans le même ordre d'idée, les deux cadrans supérieurs du combiné d'instruments ne renferment pas, comme sur la GTI, des jauges (niveau d'huile à gauche, température d'huile à droite), mais de simples témoins d'alerte de niveau et de température d'huile. Malin, et, même si c'est moins complet, ça reste largement suffisant.
Le seul véritable point noir de la XS reste sa consommation qui, avec une moyenne sur route de 7,5 litres aux 100 km, commence à se montrer élevée au vu de la taille et des performances de l'auto.

La nouvelle 205 GTI : encore plus puissante

La nouvelle 205 GTI 1,9 litre 130 ch ? Eh bien, parlons-en maintenant ! L'arrivée imminente de la belle est annoncée par Jean Boillot dès le mois de juin 1986 dans l'interview qu'il accorde à Gilles Guérithault de *L'Auto-Journal*. Il faut dire que la concurrence, en particulier Volkswagen, n'a pas chômé : la Golf 2 GTI seize soupapes est arrivée dès le mois de mars 1985, soit un an à peine après la présentation de la Golf 2 GTI huit soupapes 115 ch, que beaucoup considéraient comme trop timide. Le moins que l'on puisse dire, c'est qu'ils ne sont pas déçus : le mythique 1 781 cm^3 voit sa puissance portée à 139 ch à 6 100 tr/min. La vitesse maximale bondit à 206 km/h, le 1 000 mètres départ arrêté est abattu en 29,6 secondes, tout cela dans une précision de conduite absolue. Du très grand Volkswagen, qui signe avec la Golf 2 GTI seize soupapes une de ses meilleures autos.
La réponse de Peugeot, quoiqu'un peu tardive, est pourtant cinglante : la 205 GTI 115 ch est maintenue, la 205 GTI 105 ch est éjectée pour faire la place à celle qui va définitivement s'imposer comme la référence de sa catégorie tout en étant moins chère que la Golf, la 205 GTI 1,9 litre 130 ch.
Cette fois-ci, pas de demi-mesures, le Lion jette toutes ses ressources, encore fragiles en cette fin 1986, dans la bataille. La nouvelle 205 GTI reprend le moteur XU9 1 905 cm^3, 105 ch, excellent et fiable depuis sa naissance, monté pour la première fois sur la Citroën BX 19 GT à l'automne 1984, mais dont le carburateur double corps a été remplacé par une injection Bosch LE2-Jetronic. La puissance

Les 205 à trois portes plaisent, Peugeot en profite. En décembre 1986, une XS au moteur de XT, mais à la présentation plus sportive, sièges à bourrelets et nouveau combiné d'instruments à quatre cadrans en particulier, complète la gamme. (Archives E-T-A-I)

bondit de 105 ch à 5 600 tr/min à 130 ch à 6 000 tr/min avec rupteur à 6 700 tr/min. Le nom de ce bijou : XU9JA.

La vitesse de pointe (206 km/h) rejoint celle de la Golf GTI seize soupapes, mais la Peugeot laisse la Volkswagen une demi-seconde derrière elle aux 1 000 mètres départ arrêté. Dix années d'humiliation depuis la première Golf GTI de 1976 sont ainsi lavées. Ce n'est pas fini : la 205 dispose maintenant de quatre freins à disques, de pneus Michelin MXV en 185/55 VR 15 spécialement développés par le manufacturier pour elle, d'une voie arrière élargie de 11 mm, d'une voie avant diminuée de 5 mm pour améliorer encore sa stabilité, d'une première vitesse allongée pour s'extraire plus facilement des épingles en montée. Avec ses roues de 185/60 R14 de série (185/55 VR15 en option), sa boîte de vitesses à l'étagement des rapports et son freinage insuffisant, bien qu'à quatre disques dont deux ventilés à l'avant, la Golf GTI seize soupapes rentre dans le rang. La surdouée, c'est la Peugeot, une auto techniquement au-dessus du lot qui propose, outre une tenue de route diabolique, un confort de suspension de haut niveau associé à une bonne finition et à un équipement complet. Volant gainé de cuir, vitres électriques, condamnation centralisée des portes et du hayon sont de série, de même que, au choix et sans supplément, les sièges tout tissu ou en cuir sur les bourrelets latéraux et en tissu sur les assises.

La nouvelle 205 GTI 1,9 litre 130 ch continue dans le même registre bon chic bon genre pour le choix des couleurs proposées avec quatre teintes sages (blanc Meije, noir verni, gris Graphite, gris Futura plus clair) et une plus osée, le rouge Vallelunga. L'année 1986 se termine en beauté pour la 205 et pour Peugeot grâce à cette super GTI, mais la situation est-elle réellement idyllique pour le Sacré Numéro ? La 205 a-t-elle vraiment tué toute la concurrence ? Pas tout à fait. Loin de là, même.

Elle arrive en même temps que la 205 XS, c'est la nouvelle 205 GTI 1,9 litre 130 ch. Son moteur 1 905 cm³ prend le nom de XU9JA, les roues passent en 15 pouces, les freins arrière se dotent de disques. (Archives de l'auteur)

Peugeot devient champion du monde des rallyes en 1985 et en 1986, avec Jean Todt et la 205 Turbo 16. Ça aide pour vendre la GTI, la 130 ch en particulier. (Archives de l'auteur)

CARACTÉRISTIQUES TECHNIQUES 1987	205 GTI
MOTEUR	
Puissance administrative	9
Cylindrée (en cm³)	1 905
Nombre de cylindres	4
Distribution par arbre à cames en tête sur 5 paliers entraîné par courroie crantée	●
Alésage/course (en mm)	83 x 88
Puissance maxi à tr/mn • Norme CEE (kW)	93,5 à 6 000
• Norme DIN (ch)	130 à 6 000
Couple maxi à tr/mn • Norme CEE (mdaN)	16,1 à 4 750
• Norme DIN (mkg)	16,8 à 4 750
Alimentation par injection (système Bosch L Jetronic)	●
Taux de compression	9,6/1
Starter automatique	●
Allumage électronique à capteur magnétique	●
Bougies à âme en cuivre	●
TRANSMISSION	
Boîte de vitesses manuelle à 5 rapports avant synchronisés	●
Embrayage monodisque à sec avec butée de débrayage à billes	●
DIRECTION	Crémaillère et pignon
Nombre de tours de volant de butée à butée	3,8
Rayon de braquage hors tout (en mètres)	5,85
SUSPENSION	
Avant : À roues indépendantes, ressorts hélicoïdaux, barre antidevers et amortisseurs hydrauliques, télescopiques à double effet	
Arrière : À roues indépendantes, barres de torsion, barre antidevers et amortisseurs hydrauliques, télescopiques à double effet	
FREINS	[illegible]
Avant : disques ventilés à étrier flottant et rattrapage automatique d'usure	●
Arrière : disques à rattrapage automatique d'usure et compensateur fixe	●
Servofrein	●
ÉQUIPEMENT ÉLECTRIQUE	
Générateur d'électricité (alternateur triphasé)	750 W/55 A
Batterie sans entretien	12 V
DIMENSIONS (en mètres)	
Longueur hors tout	3,705
Largeur hors tout	1,572
Empattement	2,420
Voies • avant	1,383
• arrière	1,344
Largeur aux coudes • avant	1,310
• arrière	1,305
NOMBRE DE PLACES	5
POIDS (en kilogrammes)	
En ordre de marche	875
Total autorisé en charge	1 310
Charge remorquable, remorque freinée	900
Total roulant autorisé	2 110
CAPACITÉS (en litres)	
Réservoir de carburant	50
Carter d'huile moteur	5
Volume total du coffre (méthode PSA) • avec banquette arrière	216
• banquette arrière rabattue	1 200**
PERFORMANCES	
Coefficient de traînée aérodynamique (Cx)	0,34
Vitesse maximale en km/h (sur circuit)	206
Accélérations (en secondes) • de 0 à 100 km/h	7,8
• 400 m départ arrêté	15,8
• 1000 m départ arrêté	29,2
PNEUMATIQUES : carcasses radiales	185/55 VR 15
Roue de secours	Type Galette
CONSOMMATIONS en litres aux 100 km : mesurées par l'UTAC	ESSENCE SUPER
• à 90 km/h en vitesse stabilisée	5,9
• à 120 km/h en vitesse stabilisée	7,7
• en parcours de type urbain	9,7

Outre la garantie légale, toutes les Peugeot bénéficient d'une garantie d'un an pièces et main-d'œuvre sans limitation de kilométrage. De plus, la 205 GTI, dans le cadre d'une maintenance allégée, ne nécessite qu'un entretien tous les 20 000 kilomètres, ou tous les deux ans, avec opérations de station-service (remplacement de l'huile moteur et graissage) tous les 10 000 kilomètres ou une fois par an.

● Équipement de base / ○ Option / * Témoins couplés / ** Avec montage d'un deuxième rétroviseur extérieur

ÉQUIPEMENTS ET OPTIONS 1987	205 GTI
ÉQUIPEMENTS DU TABLEAU DE BORD	
Indicateur de température et témoin de température d'eau	●
Témoin de niveau mini d'eau dans le circuit de refroidissement	●
Indicateur de niveau de carburant	●
Témoin de niveau mini de carburant	●
Témoin d'usure des plaquettes de freins avant*	●
Témoin de niveau mini de liquide de freins*	●
Témoin de frein à main*	●
Indicateur de température d'huile moteur	●
Indicateur de pression d'huile moteur	●
Témoin de pression mini d'huile moteur	●
Témoin de charge de la batterie	●
Témoin d'alerte centralisée (eau, huile)	●
Témoin des feux de croisement	●
Compte-tours électronique	●
Montre électronique à affichage numérique par cristaux liquides	●
Compteur kilométrique journalier	●
Rhéostat d'éclairage du combiné	●
ÉQUIPEMENTS DE CONDUITE ET DE SÉCURITÉ	
Pare-brise feuilleté	●
Toutes vitres teintées	●
Essuie-vitre 2 vitesses et lave-vitre à commande électrique	●
Essuie-vitre intermittent	●
Lave-vitre/essuie-vitre de lunette arrière	●
Dégivrage/désembuage des vitres latérales avant	●
Dégivrage/désembuage de la lunette arrière	●
Projecteurs principaux à iode (H4)	●
Projecteurs longue portée à iode (H1)	●
Projecteurs principaux réglables à 2 positions d'assiette	●
Feux de recul	●
Feu arrière de brouillard	●
Rétroviseur extérieur réglable de l'intérieur	●
Protection latérale de la caisse	●
Becquet arrière	●
Vitres latérales arrière entrouvrables	●
Bouchon de réservoir de carburant fermant à clé	●
Rétroviseur intérieur jour et nuit	●
Avertisseur à compresseur 2 tons	●
Ceintures de sécurité • avant à enrouleur	●
• arrière statiques	●
ÉQUIPEMENTS DE CONFORT ET DE FINITION	
Peinture noire vernie	○
Peinture métallisée vernie	○
4 jantes en alliage léger	●
Toit ouvrant	○
Verrouillage électrique centralisé des portes et du hayon	●
Lève-vitres avant à commande électrique	●
Volant sport gainé cuir	●
Équipement pour autoradio comprenant : antenne, câble coaxial antiparasitage, emplacement récepteur (norme ISO) et haut-parleurs avant et arrière, faisceau de raccordement récepteur et haut-parleurs avant	●
Autoradio (4 modèles homologués au choix)	○
Climatisation air chaud et froid avec ventilateur à rhéostat	●
Sièges avant de type "baquet" • séparés à dossier inclinable	●
• basculants pour dégager l'accès vers l'arrière avec mécanisme à mémoire	●
Garnissage de sièges : drap/cuir ou drap/côtelé	●
Appuis-tête sur sièges avant	●
Banquette arrière rabattable en 2 parties	●
Accoudoirs avant et arrière	●
Poignées de maintien : avant (1) et arrière (2)	●
Plancher recouvert de moquette	●
Console centrale	●
Allume-cigares avant et cendriers avant et arrière	●
Vide-poches • dans les portières avant	●
• sous la planche de bord	●
Boîte à gants fermant à clé avec éclairage	●
Miroir de courtoisie sur le pare-soleil avant droit	●
Plafonnier avant	●
Lecteur de cartes à l'avant	●
Tapis et éclairage dans le coffre	●

La fiche technique détaillée de la 205 GTI 130 ch de l'année modèle 1987 pour vous. (Archives de l'auteur)

Volant encore à deux branches, mais gainé de cuir, sièges en tissu ou, à la demande, en cuir aussi sur les côtés, grandes jantes à huit grands trous, la nouvelle GTI 130 ch se singularise. Le rétroviseur est pourtant toujours absent. La boîte reste la BE1 à marche arrière en haut à gauche. (Archives de l'auteur)

LA 205 À L'ASSAUT DES AUTRES PAYS

La Supercinq et la 205 : affrontement au-delà de leur territoire

Une auto résiste encore et toujours, mieux, domine maintenant : la Renault Supercinq ! De première voiture vendue en France en 1985, la 205 recule à la deuxième place en 1986, derrière la Renault, justement. Jean Boillot avance une explication convaincante. Après avoir donné la primeur au marché français, Peugeot souhaite augmenter sa pénétration européenne de 7 % en 1985 à 8 % du marché en 1987.

Résultat : sur deux mille trois cents Peugeot 205 fabriquées chaque jour, mille trois cents voitures sont destinées à l'exportation, mille seulement à la France. Après avoir retrouvé une part du marché français voisine de 20 % qui fait suite à la chute à 12,7 % de 1982, la nouvelle priorité du Lion se révèle être l'exportation. Grâce à la 205, qui plaît beaucoup, notamment en diesel, en Allemagne, la part de marché de Peugeot dépasse 3 % en 1986 dans ce pays (1,9 % en 1984). Les autres nations apprécient également beaucoup la petite Peugeot, à l'image de l'Espagne où elle passe en tête de sa catégorie devant la "Corsa", première en 1985, la Fiesta, la Renault 5, l'Ibiza, la Polo. Les progrès du constructeur sont aussi sensibles en Grande-Bretagne (5 % du marché en 1986, 4,2 % en 1985), en Belgique (de 7,6 % en 1985 à 8,2 % en 1986).

Dans ces conditions, une diffusion en France de Peugeot aux alentours de 20 % est très correcte, presque égale au maximum de 21,45 % du marché national atteint en 1970 grâce à la 204. Ce bon chiffre, obtenu en grande partie grâce à la 205, ne doit cependant pas cacher une réalité : toute surdouée qu'elle soit, la petite auto, le Sacré Numéro, a dû se battre chaque jour pied à pied avec son ennemie héréditaire, la Renault 5 devenue Supercinq, pour préserver son territoire. Cela n'a pas été simple. La voiture au losange a multiplié les agressions, obligeant la Lionne à lui répondre coup sur coup, et inversement. Les petits exemples pour illustrer ce duel tricolore titanesque ne manquent pas.

Renault jette dans les roues de la 205 GTI 105 ch sa Super 5 GT Turbo (moteur Cléon-fonte 1 397 cm^3 115 ch suralimenté par un Turbo

Garett) en mars 1985. L'auto est rapide (197 km/h) et, malgré ses roulettes de série de 175/60 R13, elle colle au pavé. Le 6 mars 1986, Peugeot est obligé de sortir sa 205 GTI en 115 ch.
En mai 1986, le Lion présente sa 205 Junior. Moins d'un an plus tard, en avril 1987, le Losange lui opposera sa mignonne Supercinq Five qui connaîtra un succès incroyable, tant en trois portes qu'en cinq portes.
En décembre 1986, Peugeot frappe fort avec sa 205 GTI 130 ch. Six mois plus tard, en juillet 1987, le moteur de la Supercinq GT Turbo sera poussé à 120 ch pour améliorer l'allumage électronique intégral, la monte pneumatique de série identique pouvant être changée sans supplément en Michelin MXV2 195/55R13.
Très rapide, la Supercinq (204 km/h) fera jeu égal avec la 205. La grande force de la Supercinq, outre ses grandes qualités qui lui sont propres, aura été de bénéficier d'une gamme cohérente bien pensée pour le marché national des années 1980, qui lui a permis d'exploiter à fond l'immense capital sympathie de sa devancière. Un réseau dense et expérimenté a assuré le reste du succès, en milieu rural en particulier, endroit dans lequel Renault a toujours été très présent.
La plus grande victoire de la 205 en cette fin d'année 1986 aura finalement été de s'imposer partout en Europe, devançant, sauf en Italie, sa jeune, moderne et plus dangereuse rivale à l'exportation, la Fiat Uno. Première petite voiture importée sur le premier marché d'Europe, celui de la République fédérale d'Allemagne, la 205 y devance largement la nouvelle italienne, sans parler de la Supercinq, qui ne trouvera jamais son public outre-Rhin. Lancée même au Japon à partir de mai 1986, diffusée dans ce pays par le canal des concessionnaires Austin Rover, la 205 sera vendue cette année-là à plus de mille cent unités : quelques diesels, mais surtout des GTI et des Lacoste, principalement en couleurs blanche et rouge. Valeur sûre et vedette en France, mais, mieux encore, star à l'exportation, ainsi va la 205 en cette fin d'année 1986.

La 205 : une nouvelle dynamique chez Peugeot

Peugeot avance cependant ses pions avec assurance, mais avec prudence aussi. Toujours dans son interview à Gilles Guérithault, Jean Boillot est formel sur un point essentiel : si la Golf GTI existe en trois et cinq portes, il n'y a et il n'y aura pas de 205 GTI cinq portes. Sa phrase est sans équivoque : "La présentation actuelle de la 205 GTI lui va bien. Pour nous, l'image de la 205, c'est la prunelle de nos yeux. Ainsi, je peux vous dire qu'il n'y aura pas de break 205. Mieux vaut pour la 205 proposer deux versions de GTI et deux versions de cabriolets. Ce modèle découvrable convient bien, lui aussi, à son style. Je vous rappelle que nous devons être prudents. Contrairement à une idée vague, le succès de la 205 n'a pas été fulgurant, mais progressif : en six mois de vie, elle avait accédé à 4,05 % du marché français. Dans le même espace de temps, la 309 a atteint 5,4 %. Le succès de la 205, qui se confirme dans le temps, est avant tout lié aux qualités intrinsèques de la voiture et au sérieux de sa commercialisation. Tout est dit, il n'y a rien à rajouter.
Les autres modèles profitent aussi de la nouvelle dynamique du constructeur. À l'automne 1986, l'ABS est livré en série sur la 505 Turbo Injection, une nouvelle 505 V6 2,8 litres fait son apparition, la 505 GTD Diesel Turbo reçoit un échangeur qui porte sa puissance à 110 ch. Le renouvellement méthodique de la gamme en commençant par le bas (205, 309) bénéficie par les nouveaux profits générés aux modèles supérieurs et permet d'en envisager plus sereinement le remplacement le moment venu.
Il est impossible de clore ces deux années pendant lesquelles la Peugeot 205 s'est affirmée sans parler de l'événement majeur qui s'est produit au sommet de la hiérarchie de PSA Peugeot-Citroën : le départ d'un des papas du Sacré Numéro, Jean-Paul Parayre, remplacé par Jacques Calvet à la tête du groupe en 1984. Conseiller de la famille Peugeot, le mythique François Gautier fait appel à lui en mai 1982 pour tenter de sauver de la faillite le plus grand constructeur automobile français.
Né en 1931 à Boulogne-Billancourt, ancien élève de l'ENA, Jacques Calvet est un financier, un haut fonctionnaire, directeur de cabinet de Valéry Giscard d'Estaing, directeur général de la banque BNP Paribas de 1976 à 1979, président de cette même banque publique jusqu'en février 1982, date à laquelle il se fait remercier par le gouvernement socialiste. Quatre mois plus tard, le 1er juin 1982, il entre chez PSA

Supercinq GT Turbo. Jetée dans les roues de la 205 GTI 105 ch en mars 1985, la petite furie au losange de 115 ch obligera Peugeot à sortir sa 205 GTI aussi en 115 ch en mars 1986. Ce temps de réaction d'un an aurait pu être fatal à la Lionne, ce ne fut heureusement pas le cas. (Archives E-T-A-I)

banc d'essai

LA PEUGEOT 505 V6 TROP TARD !

Avec le montage sur la 505 de la dernière version du V6 PRV - ces initiales signifiant Peugeot-Renault-Volvo, du nom des trois marques ayant contribué à sa naissance - Peugeot ressuscite en quelque sorte l'idée maîtresse de la défunte 604, morte de n'avoir jamais vraiment su séduire sa clientèle potentielle.

Des années durant, le 6 cylindres en V à 90° construit à Douvrin par la Française de Mécanique a souffert des originalités discutables de sa conception, nées vraisemblablement du fait que, dessiné à l'origine en tant que V8, il fut ensuite amputé de deux cylindres, de manière à mieux s'intégrer dans un marché européen frustré d'essence.

Aujourd'hui, les ingénieurs ont quand même corrigé le tir, en offrant à leur moteur la régularité cyclique qui lui faisait défaut et le privait un peu de la puissance et, plus encore, du couple, dignes d'un V6 de 2 849 cm³... Pour ce faire, un nouveau vilebrequin à manetons décalés de 30° a été dessiné, ainsi que des culasses dont les chambres d'explosion bénéficient d'une nouvelle implantation des bougies, de sièges de soupapes de plus grand diamètre (45,3 mm à l'admission et 38,5 à l'échappement), de conduits d'admission redessinés et de l'apparition de deux détecteurs de cliquetis. Parallèlement, l'un des deux arbres à cames a été muni à ses extrémités de masselottes d'équilibrage tournant en sens inverse du moteur, destinées à parfaire l'équilibrage de l'équipage mobile.

Ayant adopté ce moteur atmosphérique en complément du 4 cylindres turbo 2 155 cm³ dont la puissance est d'ailleurs pratiquement équivalente (180 ch contre 170 ch) Peugeot l'a pourvu d'une alimentation par injection électronique Bosch LH 2-2, couplée intimement à un allumage électronique cartographique, le tout étant muni d'une mémoire régissant la richesse en fonction du régime et de la charge moteur, d'un calculateur à microprocesseur (riche de 128 points d'avance programmés), d'une régulation du régime de ralenti, d'un limiteur de régime taré à 6 240 tr/mn et, je l'ai déjà dit, d'un détecteur de cliquetis par rangée de cylindres.

Suite page 69

VITESSE MAXIMALE (Montlhéry) : 202,2 KM/H
CONSOMMATION SPORTIVE : 13 litres aux 100 km
CONSOMMATION ÉCONOMIQUE : 9,4 litres aux 100 km
1 000 M DÉPART ARRÊTÉ : 29,7 s

En cette fin 1986, le Lion fait feu de tout bois. Deux mois avant la présentation de la 205 GI 130 ch, Peugeot sort une 505 six cylindres. Son PRV développe 170 ch. (Archives de l'auteur)

banc d'essai

PEUGEOT 505 V6

Pour la première fois de son existence, la 505 peut fièrement arborer à son postérieur un monogramme V6 qui ne doit rien à personne... sauf à son acheteur, bien entendu. Le style adopté par la planche de bord montre à quel point l'influence de certaines marques allemandes est déterminante. Pourtant, l'organisation générale pèche par une certaine dose d'improvisation. Par exemple, la division du coffre à gants en deux élément totalement séparés est très discutable. Les dimensions du cendrier sont d'autre part extrêmement réduites et que dire de l'implantation du poste radio, à demi coincé en permanence par le levier de changement de vitesse ? Sièges et banquette sont traités dans le mode cossu mais le confort qu'ils offrent apparaît plus sensible à l'arrêt qu'en marche, surtout en ce qui concerne les coussins des sièges avant.

LE POINT DE VUE

de Florence RÉMY et Marianne ANTOINE

Pour savoir si une poire est bonne, il faut la goûter. La Palisse l'a sûrement pensé mais c'est Mao qui l'a dit. Du fruit des progrès techniques les plus élaborés est né le nouveau sommet de la gamme Peugeot, la 505 V6. Une dégustation attentive autant que gourmande en témoigne, elle est aussi juteuse qu'ontueuse. Les rondeurs de l'avant, les phares presque joufflus rappellent assez la reine des poires, la doyenné du Comice dont la saveur incomparable atteint la perfection en octobre. C'est précisément le moment où le Salon de l'auto, 73° du nom, ouvre ses portes. On y verra donc un modèle arrivé à parfaite maturité.

Vous avez dit « V 6 » ? Miam, Miam ! Aussitôt l'amateur salive, son teint se colore, sa bouche rit déjà. Pour un peu, à l'instar de Marguerite Duras (qu'il ne faut pas prendre pour une poire à couteau) il s'écrierait : « Sublime, forcément sublime ! ». Ce V6-ci, nos princes de la mécanique vous l'expliqueront, a notablement évolué depuis feu la 604. Comme un ouragan, de l'injection à l'allumage, l'électronique a tout balayé sur son passage. Résultat : un moteur toute souplesse, toute rondeur, extrêmement silencieux, même lorsqu'on atteint un maxi qui dépasse la barre des 200 km/h, le « must » du standing automobile.

La performance est flatteuse. Elle se situe plus dans le registre de la puissance sereine que dans celui de la pétulance piaffante. La cavale, oui, si l'on veut, mais en douceur.

J'ai été tout à fait séduite par le volant, ses pompes et ses œuvres. Entendez par là qu'il est d'abord très beau de lignes et de matière, un cuir au grain très mat. Et, ce qui est plus important encore, il commande la direction avec une subtilité que beaucoup pourront lui envier : la direction est assistée fort intelligemment en fonction de la vitesse. Cela procure un confort de conduite proche de la perfection : aucun effort dans les manœuvres, mais une assistance qui se fait oublier à mesure que l'on prend de la vitesse.

Autre point fort, le freinage à quatre disques, avec ABS en série : une garantie d'efficacité et de tranquillité intérieure.

Intérieur, vous avez dit intérieur ? Venons-y précisément. Le velouté des sièges est assuré par un velours bleu nuit à tout petits grains. Il a belle apparence et l'on ne voit nul inconvénient, bien au contraire, à le retrouver sur les contre-portes dont il adoucit le toucher et sur les quatre appuis-tête, moelleux à la nuque. Levier gainé, pommeau ovale, frein à main soigné, la main se pose avec plaisir sur ces aides indispensables au voyageur. Les sièges ont fait l'objet de grands soins : celui du conducteur se règle en hauteur et, comme celui du passager, son voisin, il est pourvu d'un soutien lombaire modulable. Au rayon des douceurs, notons avec totale approbation l'ouverture à distance des portes et du coffre (cher plip) et, pour rouler frais ou douillet, un réglage de température au degré près. Les lève-vitres sont électriques à toutes les places et les deux rétros externes aussi.

Je suis un peu moins conquise par l'ensemble de la planche de bord. Beaucoup de chiffres au combiné, y compris celui du litrage en carburant (70 litres au total, c'est nécessaire car au-dessus de 150, nous buvons sec). Mais ces chiffres, ceux des cadrans surtout, sans être disgracieux manquent un rien d'élégance, dommage. Et puis on découvre çà et là des creux inutilisables. En revanche, un bon point : s'il ne peut rien poser sur la planche, le passager dispose de deux boîtes à gants et d'un miroir éclairé dans le pare-soleil.

Mais comment un acheteur exigeant admettra-t-il ce cendrier indigent, cet emplacement radio sans cache, ce dessin d'aumonière désuet qui désigne le tiroir à monnaie ? Par quelle aberration a-t-on choisi pour habiller le plafond un plastique gris si banal qu'on n'en voudrait pas pour gainer un placard ? Enfin, si l'arrière offre des signes appréciables : espace, plafonnier indépendant, pochettes de rangement, cendrier et allume-cigare, maxi accoudoir, que découvre-t-on lorsqu'on abat ce dernier ? Un plastique digne d'un dessous d'évier ! Même s'il s'agit d'une duchesse d'Angoulême ou d'une passe-crassane, il ne faudrait pas prendre l'acheteur pour une poire.

La nouvelle 505 V6 matérialise parfaitement la nouvelle philosophie de son constructeur : dynamisme, sportivité, mais toujours confort et raffinement. (Archives de l'auteur)

en tant que vice-président du directoire. Sa mission, son obsession : le retour à l'équilibre financier dès 1985.
Les désaccords ne tardent pas à apparaître entre Jacques Calvet, le financier, et Jean-Paul Parayre, l'industriel, l'homme de produit, qui quitte le groupe dès 1984. Jacques Calvet se retrouve donc seul aux commandes de PSA à partir de cette date-là. Ce nouvel arrivant va profiter du succès de modèles phares conçus sous et grâce à son prédécesseur, la Peugeot 205 et la Citroën BX qui se classent à la première et à la troisième place des immatriculations françaises en 1985, année où PSA redevient bénéficiaire.
Même si, de son propre aveu, Jacques Calvet ne connaît rien aux voitures, il va savoir s'appuyer sur des hommes de produit, Jean Boillot chez Peugeot, Xavier Karcher chez Citroën. Jacques Calvet, continuant en cela le travail entamé par Jean-Paul Parayre, créateur de la banque d'organes commune, accentue le rapprochement technique entre Peugeot et Citroën. Les particularités technologiques de chacun disparaissent peu à peu : à partir du 1er juillet 1987, deux familles principales de moteurs quatre cylindres subsisteront : les nouveaux TU en dessous de 1 500 cm^3, les XU au-delà.
Jacques Calvet est sur tous les fronts. Au début des années 1980, il doit faire face à des grèves massives de l'usine Talbot à Poissy. Un millier d'ouvriers sont licenciés entre 1984 et 1985. L'usine est modernisée pour produire la Talbot Arizona, qui deviendra la Peugeot 309, sonnant la fin de la marque Talbot, d'abord en France en 1986, puis en Espagne en 1987, avec l'arrêt de la Solara et de l'Horizon. De manière étonnante, Talbot survivra encore jusqu'en 1995 en Grande-Bretagne en commercialisant un unique modèle, l'Express, un utilitaire frère jumeau des Peugeot J5 et Citroën C25 !
Jacques Calvet capitalise aussi sur le programme sportif mené par Jean Todt avec la victoire de la 205 Turbo 16 Groupe B qui remporte le championnat du monde des rallyes en 1985 et en 1986. De 1987 à 1990, les quatre victoires successives au Paris-Dakar des 205 et 405 Turbo 16, cette dernière brillant aussi à Pikes Peak en 1988 et 1989, parachèvent l'œuvre de reconstruction de PSA conduite par Jacques Calvet.
En 1990, notre homme jubile : le groupe n'a jamais produit autant de voitures et gagné autant d'argent. À cette date, PSA vend une voiture neuve sur trois en France, la 205 a dépassé le cap des trois millions d'exemplaires produits, la BX la barre des deux millions. Le succès tient aussi beaucoup au diesel, dont Jacques Calvet est un farouche promoteur.
Lancé en 1982, le moteur XUD fait figure de référence. L'usine lorraine de Trémery en fabriquera plus d'un million, y compris pour les Japonais de Honda et de Suzuki, pourtant cibles favorites de notre homme… Atteint par la limite d'âge, Jacques Calvet quittera la présidence de PSA le 30 septembre 1997 après avoir validé sur la fin deux modèles aujourd'hui incontournables : la 406 Coupé et la 206. Remplacé par l'aussi discret qu'efficace Jean-Martin Foltz, Jacques Calvet s'éteint à Dieppe le 9 avril 2020. Quoi qu'il en soit, fin 1986, notre 205 est sur orbite, tant en France que dans le reste du monde. L'aventure peut continuer pour elle.

En meilleure santé financière, Peugeot affûte son haut de gamme. La 505 Diesel Turbo reçoit un échangeur air-air. La puissance passe de 95 à 110 ch grâce, aussi, à un turbo KKK16 plus petit présentant moins d'inertie. (Archives de l'auteur)

Jean-Paul Parayre est remplacé par Jacques Calvet en 1984. Ce dernier accélérera l'harmonisation technique du groupe PSA. (Archives E-T-A-I)

205

1987-1998

LA PHASE 2 DU SACRÉ NUMÉRO

1987-1990 : L'ÂGE D'OR DE LA 205

Le nouveau moteur de la 205

Il y a bien longtemps, dans les années 1980 encore, l'année automobile commençait, non le 1er janvier, mais le 1er juillet. La période des Peugeot 205 dites "classiques", c'est-à-dire équipées du fameux moteur X de la Française de mécanique hérité de la Peugeot 104, prend fin très exactement le 30 juin 1987.

Présentée le 12 mai 1987, la série limitée 205 Open (Peugeot est partenaire du tournoi de golf de Saint-Cloud, le Peugeot Open de France), reconnaissable à son brossage sur le capot pour loger la coiffe haute du carburateur simple corps de son moteur XU51C de 1 580 cm^3 et 80 ch repris de la 205 Automatic, symbolise la fin de cette ère. Huit mille exemplaires sont produits pour la France en trois et cinq portes. Gris Futura ou gris Winchester, pare-chocs gris Anthracite, mince filet rouge sur le flanc de la carrosserie, sigle "Open" sur les ailes avant, glaces teintées, sièges en velours, petit volant style GTI, mais compte-tours remplacé par une monture analogique, la 205 Open est un must.

Le 1er juillet de la même année débute l'ère des Peugeot 205 dites de seconde génération, c'est-à-dire équipées du nouveau moteur TU, toujours produit par la Française de mécanique, en remplacement du moteur X. Les 205 dotées du moteur essence XU (1 580 cm^3 et 1 905 cm^3) et du moteur Diesel XUD (1 769 cm^3) le conservent, mais sont dites aussi de seconde génération, la planche de bord et l'habitacle ayant été profondément remaniés pour toutes.

Apparu en octobre 1986 sur la Citroën AX, le moteur TU est une évolution du moteur XU et non une évolution du moteur 3X. La différence la plus significative avec le XU vient du fait que, sur le nouveau TU, les paliers du vilebrequin sont désormais constitués d'une seule pièce coulée fixée sur le bas du bloc-cylindres/carter moteur. Ces deux pièces coulées étant usinées ensemble, elles forment une paire indissociable. Le moteur TU est incliné de 6° vers l'avant, le collecteur d'échappement étant monté à l'avant de la culasse, le collecteur d'admission à l'arrière. Conséquence de l'harmonisation technique voulue par Jacques Calvet, le bloc TU remplacera également le moteur Poissy d'origine Simca-Talbot sur la jeune Peugeot 309.

Petite révolution : sur le nouveau propulseur, la boîte de vitesses est implantée au bout du bloc et non plus en dessous. Fini le petit bruit sympathique de la triplette d'engrenage, fini la lubrification commune moteur-boîte, fin d'une époque, fin d'un certain charme aussi. Lubrifiée à vie, il faut toutefois reconnaître que la nouvelle boîte de vitesses de type MA est d'un maniement plus aisé et plus rapide que l'ancienne boîte BH : débattements beaucoup moins grands, surtout pour engager la marche arrière, enclenchement des rapports plus franc, les vitesses se passent désormais à la volée sans crainte d'abîmer le matériel.

Autre changement : le moteur TU est équipé d'une courroie de distribution quand le moteur X restait fidèle à la chaîne. Le silence y gagne ; pour le porte-monnaie de l'utilisateur, c'est une autre histoire… Cylindrées

Mai 1987 : la série limité 205 Open récupère le moteur XU5 1C 80 ch de sa sœur automatique avec le bossage sur le capot qui va avec. Deux couleurs sont disponibles : gris Futura, gris Winchester. (Archives de l'auteur)

et puissances du TU sont reprises sur celles du X : moteur TU9 (954 cm^3, 45 ch) sur 205 XE, GE et GL ; moteur TU1 (1 124 cm^3, 55 ch) sur GL, GR, XL et XR ; moteur TU3 (1 360 cm^3, 65 ch, carburateur simple corps) sur GR, SR, XR, nouveau cabriolet CJ ; moteur TU3S (1 360 cm^3, 85 ch, carburateur double corps) sur XS, XT et GT.

La 205 Automatic conserve, elle, le XU51C à carburateur simple-corps de 80 ch.

Le nouveau cabriolet CJ remplace le cabriolet CT : tout de blanc vêtu, sa finition est un savant mélange entre celle d'une XR et celle de la Junior, la série limitée de 205 que tout le monde s'arrache en cette année 1987.

Très nerveux, le TU3S se différencie du XY8 sur un point particulier : un seul carburateur double corps remplace les deux carburateurs simple corps de son prédécesseur.

Changements esthétiques pour la 205

Nouveau moteur pour les 205 essence de 954 à 1 360 cm^3, nouvel intérieur pour toutes : la planche de bord, tout en conservant ses lignes générales et son bloc instruments, voit son dessin épuré et son

Le 1er juillet 1987 (année modèle 1988) est une date charnière pour la 205 : le moteur XU continue, mais le moteur X hérité de la 104 est remplacé par le nouveau moteur TU monté depuis octobre 1986 sur la Citroën AX. (Archives de l'auteur)

Nouveau moteur, nouvelle boîte : la MA en bout de bloc remplace la BH implantée dessous. La MA est lubrifiée à vie. (Archives de l'auteur)

ergonomie améliorée avec, en particulier, le montage de commandes de ventilation et chauffage rotatives et non plus coulissantes. Le volant de toutes les versions adopte une jante épaisse en mousse souple tandis que celui de la GTI intègre une troisième branche pour imiter celui de la 405 Mi16 sortie deux mois plus tôt.

À l'extérieur, l'ensemble de la gamme adopte un petit becquet intégré à la partie supérieure du hayon tandis que l'encore unique rétroviseur gauche s'arrondit dans sa forme. Économie de carburant oblige, les 205 GR, GRD, XR et XRD adoptent de nouveaux enjoliveurs de roues plats à cinq branches plus aérodynamiques qui lui vont à ravir. Plus silencieuses, un peu plus souples, les 205 équipées du nouveau moteur TU gagnent en confort de conduite, c'est indéniable, d'autant plus que la planche de bord revisitée améliore agréablement la qualité perçue à bord.

La grande innovation de la 205 de seconde génération n'est pourtant pas technique, mais commerciale : pour la première fois, un constructeur n'utilise pas une série limitée de manière sporadique pour relancer des ventes déficientes ou écouler une version de fin de série, mais il l'intègre à la gamme normale du modèle en conservant son nom ! Et ça, c'est aussi malin que nouveau. La série limitée Junior entre donc dans la gamme 205 le 1er juillet 1987, motorisée par le TU9 de 45 ch en trois portes, mais aussi maintenant en cinq portes, et équipée, c'est mieux pour le mollet, d'un servofrein.

Pour que la fête soit complète, une nouvelle couleur s'ajoute au blanc Meije et au gris Futura : le rouge Vallelunga. Dans ces derniers cas, la sellerie, toujours bien évidemment en jean bleu pour les deux premières couleurs de carrosserie citées, devient noire : un assortiment de teintes très élégant qui souligne la distinction naturelle de la voiture et qui sera très apprécié de la clientèle. En plus, le noir est beaucoup moins salissant que le bleu, et, ça aussi, ça compte !

Ainsi présentée, la 205 Junior fait office d'agréable entrée de gamme, à la fois charmeuse et efficace au quotidien. Cerise sur le capot, la version Junior trois portes voit même son prix diminuer à 46 450 francs, soit 450 francs de moins. Toujours bon à prendre, d'autant plus que maintenant la 205 Junior est équipée des enjoliveurs de roues à croisillons en plastique de la GR Phase 1, mais teintés en blanc quand la mouture de 1986 se contentait des jantes tôle à simple cabochon central en plastique noir empruntées à la XE. Non contente d'être naturellement belle, la Junior apprend à être coquette à l'occasion de son intégration dans la grande famille 205.

La planche de bord habilement remaniée des 205 de l'année modèle 1988 est de toute beauté. Le volant adopte une jante épaisse bienvenue tandis que les commandes de chauffage et de ventilation deviennent rotatives. (Archives de l'auteur)

Autre nouveauté du millésime 1988, la série limitée 205 Junior intègre la gamme normale le 1er juillet 1987. Disponible maintenant aussi en cinq portes, elle utilise le TU9 45 ch, s'équipe d'un servofrein et ajoute le rouge vallelunga au blanc Meije et au gris Futura pour ses couleurs de carrosserie. (Archives de l'auteur)

banc d'essai

PEUGEOT 205 Junior

LE SOURIRE DE BAS DE GAMME

Les voitures à prix d'appel c'est pas la joie. Présentation monocale, équipement sommaire et mécanique le plus souvent anémique. Mais, avec la 205 Junior, Peugeot met un peu de soleil dans l'eau froide des bas de gamme.

Sièges en jean avec discret rappel le long des portes. En revanche, l'équipement général et l'instrumentation sont mis à la portion congrue.

Un discret stripping latéral et le logo sur les ailes pour la plus juvénile et la moins chère des 205 5 portes.

VITESSE MAXIMALE (Montlhéry) : 136 km/h
1 000 m DÉPART ARRÊTÉ : 39''4
CONSOMMATION ROUTIÈRE : 9 litres aux 100 km
CONSOMMATION ÉCONOMIQUE : 6 litres aux 100 km

C'est formidable d'être jeune. Les hommes politiques s'occupent de votre avenir, les banquiers vous passent la main dans le dos, les compagnies aériennes, la SNCF se battent à coups de réductions canon pour obtenir votre clientèle et voilà que les constructeurs automobiles se mettent à vous concocter des voitures sur mesure, soucieux de vous proposer un produit à la fois attrayant et abordable. Avouez que vous êtes choyés. Deux exemples au hasard : la Renault 5 Five et la Peugeot 205 Junior essayée ici. A l'inverse des séries limitées Lacoste ou Open, la production de la Junior n'est pas contingentée et on peut la considérer comme une version à part entière. Apparue en 3 portes en Mai 86, elle est également disponible en 5 portes depuis le millésime 88.

En fait, il s'agit du modèle de base que l'on a cherché à rendre attrayant au moyen d'une décoration spécifique mais sans pour autant toucher à l'équipement afin de ne pas grever son prix. Deux coloris possibles : rouge ou blanc, le gris métallisé verni de notre voiture d'essai étant fourni moyennant un supplément de 1 440 F. Quelques discrets stripping vert, bleu et rouge sur les flancs ainsi que le logo Junior sur les hayons et les ailes égayent la carrosserie et le tout est assez bienvenu. A l'intérieur et pour justifier le patronyme juvénile, c'est un tissu genre jean qui recouvre les sièges avec un très discret rappel le long des contreportes. Jusqu'ici, rien à redire. En revanche,

quand on aborde le chapitre équipement, on a quelques motifs de mécontentement à se mettre sous la dent.

Certes, on ne peut demander à une voiture vendue moins de 50 000 F d'être équipée des mêmes raffinements qu'un modèle haut de gamme de 150 000 F mais il y a un certain nombre de lacunes qui touchent directement la sécurité et qu'il est impossible d'accepter : l'absence d'un feu arrière de brouillard et d'un essuie-glace de hayon notamment. Ce dernier accessoire étant indispensable, tant la lunette arrière se salit rapidement sous la pluie. En outre, le dégivrage de la lunette arrière est facturé en option à 672 F.

Ne revenons pas sur l'agencement de l'habitacle et la présentation de la planche de bord, Marianne Antoine et Florence Rémy vous font faire le tour du propriétaire par ailleurs, mais signalons toutefois que l'absence de serrure au bouchon de réservoir de carburant est une économie de bouts de chandelles difficilement justifiable.

Pour le millésime 88, les 205 ont reçu quelques légères modifications esthétiques sans grande importance (becquet arrière intégré au hayon, nouvelle planche de bord) mais surtout mécaniques. De 954 à 1 360 cm³, les moteurs sont désormais du type TU avec boîte de vitesses en bout. Ces nouveaux groupes apparus sur les Citroën AX équipent désormais plusieurs modèles de chez PSA, à l'exception fort curieusement de la BX qui en est encore privée. La Junior est équipée du moteur de plus petite cylindrée, à savoir le 954 cm³ qui équipe les 205 XE, XL et GL. Si la puissance demeure identique (45 ch) à celle délivrée par l'an-

L'Auto-Journal essaye une 205 Junior gris Futura dans son numéro du 15 janvier 1988. Même si le rapport performances-consommation est jugé un peu juste, la petite auto séduit, en particulier Marianne Antoine et Florence Rémy, qui n'hésitent pas à écrire : "Il y a de l'or dans la Junior !" (Archives de l'auteur)

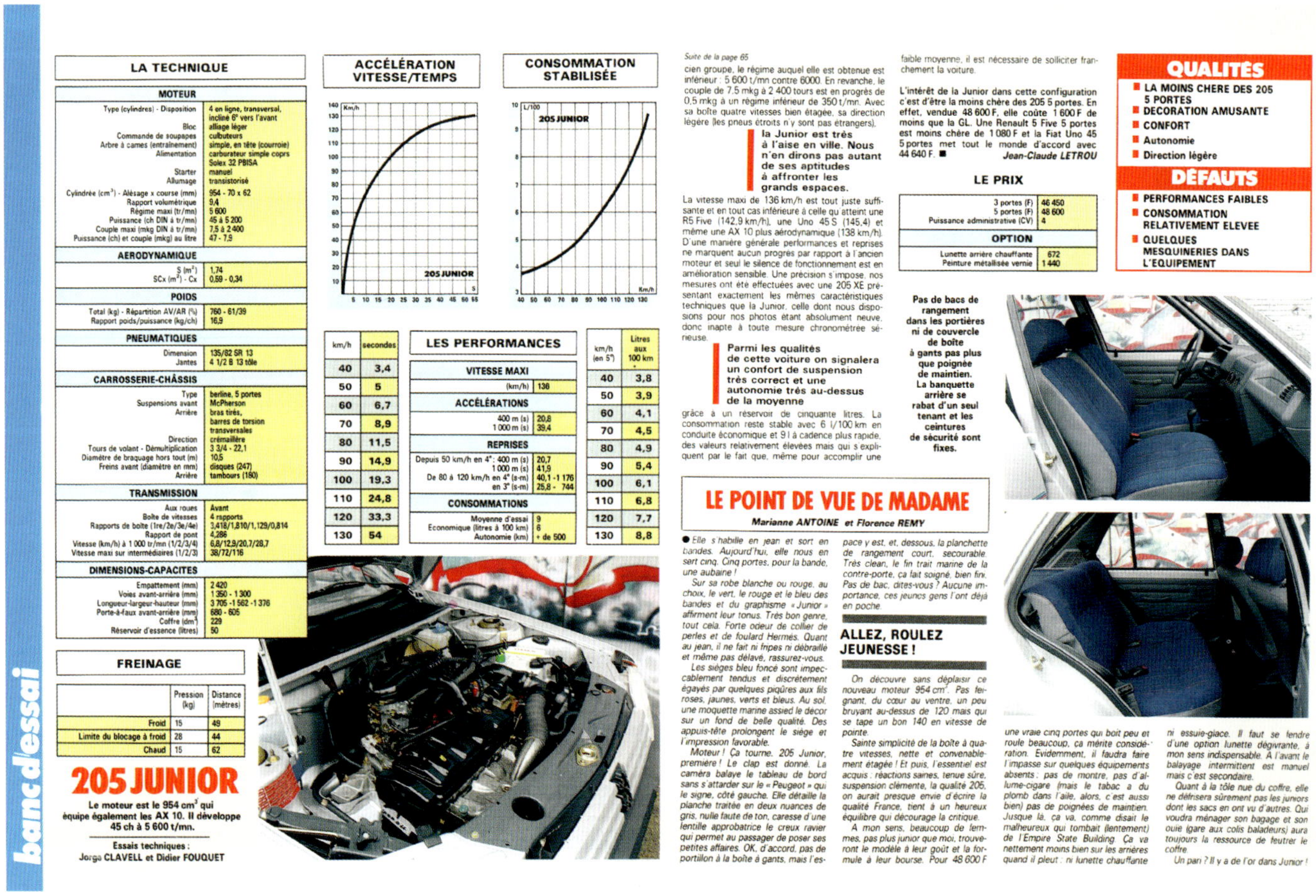

banc d'essai

LA TECHNIQUE

MOTEUR	
Type (cylindres) - Disposition	4 en ligne, transversal, incliné 6° vers l'avant
Bloc	alliage léger
Commande de soupapes	culbuteurs
Arbre à cames (entraînement)	simple, en tête (courroie)
Alimentation	carburateur simple coprs Solex 32 PBISA
Starter	manuel
Allumage	transistorisé
Cylindrée (cm³) - Alésage x course (mm)	954 - 70 x 62
Rapport volumétrique	9,4
Régime maxi (tr/mn)	5 600
Puissance (ch DIN à tr/mn)	45 à 5 200
Couple maxi (mkg DIN à tr/mn)	7,5 à 2 400
Puissance (ch) et couple (mkg) au litre	47 - 7,9
AERODYNAMIQUE	
S (m²)	1,74
SCx (m²) - Cx	0,59 - 0,34
POIDS	
Total (kg) - Répartition AV/AR (%)	760 - 61/39
Rapport poids/puissance (kg/ch)	16,9
PNEUMATIQUES	
Dimension	135/82 SR 13
Jantes	4 1/2 B 13 tôle
CARROSSERIE-CHÂSSIS	
Type	berline, 5 portes
Suspensions avant	McPherson
Arrière	bras tirés, barres de torsion transversales
Direction	crémaillère
Tours de volant - Démultiplication	3 3/4 - 22,1
Diamètre de braquage hors tout (m)	10,5
Freins avant (diamètre en mm)	disques (247)
Arrière	tambours (180)
TRANSMISSION	
Aux roues	Avant
Boîte de vitesses	4 rapports
Rapports de boîte (1re/2e/3e/4e)	3,418/1,810/1,129/0,814
Rapport de pont	4,286
Vitesse (km/h) à 1 000 tr/mn (1/2/3/4)	6,8/12,9/20,7/28,7
Vitesse maxi sur intermédiaires (1/2/3)	38/72/116
DIMENSIONS-CAPACITES	
Empattement (mm)	2 420
Voies avant-arrière (mm)	1 350 - 1 300
Longueur-largeur-hauteur (mm)	3 705 - 1 562 - 1 376
Porte-à-faux avant-arrière (mm)	680 - 605
Coffre (dm³)	229
Réservoir d'essence (litres)	50

FREINAGE

	Pression (kg)	Distance (mètres)
Froid	15	49
Limite du blocage à froid	28	44
Chaud	15	62

ACCÉLÉRATION VITESSE/TEMPS

CONSOMMATION STABILISÉE

km/h	secondes
40	3,4
50	5
60	6,7
70	8,9
80	11,5
90	14,9
100	19,3
110	24,8
120	33,3
130	54

LES PERFORMANCES

VITESSE MAXI	
(km/h)	136
ACCÉLÉRATIONS	
400 m (s)	20,8
1 000 m (s)	39,4
REPRISES	
Depuis 50 km/h en 4e : 400 m (s)	20,7
1 000 m (s)	41,9
De 80 à 120 km/h en 4e (s-m)	40,1 - 1 176
en 3e (s-m)	25,8 - 744
CONSOMMATIONS	
Moyenne d'essai	9
Economique (litres à 100 km)	6
Autonomie (km)	+ de 500

km/h (en 5e)	Litres aux 100 km
40	3,8
50	3,9
60	4,1
70	4,5
80	4,9
90	5,4
100	6,1
110	6,8
120	7,7
130	8,8

205 JUNIOR

Le moteur est le 954 cm³ qui équipe également les AX 10. Il développe 45 ch à 5 600 t/mn.

Essais techniques : Jorge CLAVELL et Didier FOUQUET

Suite de la page 65

cien groupe, le régime auquel elle est obtenue est inférieur : 5 600 t/mn contre 6000. En revanche, le couple de 7,5 mkg à 2 400 tours est en progrès de 0,5 mkg à un régime inférieur de 350 t/mn. Avec sa boîte quatre vitesses bien étagée, sa direction légère (les pneus étroits n'y sont pas étrangers),

la Junior est très à l'aise en ville. Nous n'en dirons pas autant de ses aptitudes à affronter les grands espaces.

La vitesse maxi de 136 km/h est tout juste suffisante et en tout cas inférieure à celle qu'atteint une R5 Five (142,9 km/h), une Uno 45 S (145,4) et même une AX 10 plus aérodynamique (138 km/h). D'une manière générale performances et reprises ne marquent aucun progrès par rapport à l'ancien moteur et seul le silence de fonctionnement est en amélioration sensible. Une précision s'impose, nos mesures ont été effectuées avec une 205 XE présentant exactement les mêmes caractéristiques techniques que la Junior, celle dont nous disposions pour nos photos étant absolument neuve, donc inapte à toute mesure chronométrée sérieuse.

Parmi les qualités de cette voiture on signalera un confort de suspension très correct et une autonomie très au-dessus de la moyenne

grâce à un réservoir de cinquante litres. La consommation reste stable avec 6 l/100 km en conduite économique et 9 l à cadence plus rapide, des valeurs relativement élevées mais qui s'expliquent par le fait que, même pour accomplir une faible moyenne, il est nécessaire de solliciter franchement la voiture.

L'intérêt de la Junior dans cette configuration c'est d'être la moins chère des 205 5 portes. En effet, vendue 48 600 F, elle coûte 1 600 F de moins que la GL. Une Renault 5 Five 5 portes est moins chère de 1 080 F et la Fiat Uno 45 5 portes met tout le monde d'accord avec 44 640 F. ■

Jean-Claude LETROU

LE PRIX

3 portes (F)	46 450
5 portes (F)	48 600
Puissance administrative (CV)	4
OPTION	
Lunette arrière chauffante	672
Peinture métallisée vernie	1 440

QUALITÉS

- LA MOINS CHERE DES 205 5 PORTES
- DECORATION AMUSANTE
- CONFORT
- Autonomie
- Direction légère

DÉFAUTS

- PERFORMANCES FAIBLES
- CONSOMMATION RELATIVEMENT ELEVEE
- QUELQUES MESQUINERIES DANS L'EQUIPEMENT

Pas de bacs de rangement dans les portières ni de couvercle de boîte à gants pas plus que poignée de maintien. La banquette arrière se rabat d'un seul tenant et les ceintures de sécurité sont fixes.

LE POINT DE VUE DE MADAME

Marianne ANTOINE et Florence REMY

● *Elle s'habille en jean et sort en bandes. Aujourd'hui, elle nous en sert cinq. Cinq portes, pour la bande, une aubaine !*

Sur sa robe blanche ou rouge, au choix, le vert, le rouge et le bleu des bandes et du graphisme « Junior » affirment leur tonus. Très bon genre, tout cela. Forte odeur de collier de perles et de foulard Hermès. Quant au jean, il ne fait ni fripes ni débraillé et même pas délavé, rassurez-vous.

Les sièges bleu foncé sont impeccablement tendus et discrètement égayés par quelques piqûres aux fils roses, jaunes, verts et bleus. Au sol, une moquette marine assied le décor sur un fond de belle qualité. Des appuis-tête prolongent le siège et l'impression favorable.

Moteur ! Ça tourne. 205 Junior, première ! Le clap est donné. La caméra balaye le tableau de bord sans s'attarder sur le « Peugeot » qui le signe, côté gauche. Elle détaille la planche traitée en deux nuances de gris, nulle faute de ton, caresse d'une lentille approbatrice le creux ravier qui permet au passager de poser ses petites affaires. OK, d'accord, pas de portillon à la boîte à gants, mais l'espace y est, et, dessous, la planchette de rangement court, secourable. Très clean, le fin trait marine de la contre-porte, ça fait soigné, bien fini. Pas de bac, dites-vous ? Aucune importance, ces jeunes gens l'ont déjà en poche.

ALLEZ, ROULEZ JEUNESSE !

On découvre sans déplaisir ce nouveau moteur 954 cm³. Pas feignant, du cœur au ventre, un peu bruyant au-dessus de 120 mais qui se tape un bon 140 en vitesse de pointe.

Sainte simplicité de la boîte à quatre vitesses, nette et convenablement étagée ! Et puis, l'essentiel est acquis : réactions saines, tenue sûre, suspension clémente, la qualité 205, on aurait presque envie d'écrire la qualité France, tient à un heureux équilibre qui décourage la critique.

A mon sens, beaucoup de femmes, pas plus junior que moi, trouveront le modèle à leur goût et la formule à leur bourse. Pour 48 600 F une vraie cinq portes qui boit peu et roule beaucoup, ça mérite considération. Evidemment, il faudra faire l'impasse sur quelques équipements absents : pas de montre, pas d'allume-cigare (mais le tabac a du plomb dans l'aile, alors, c'est aussi bien) pas de poignées de maintien. Jusque là, ça va, comme disait le malheureux qui tombait (lentement) de l'Empire State Building. Ça va nettement moins bien sur les arrières quand il pleut : ni lunette chauffante ni essuie-glace. Il faut se fendre d'une option lunette dégivrante, à mon sens indispensable. A l'avant le balayage intermittent est manuel mais c'est secondaire.

Quant à la tôle nue du coffre, elle ne défrisera sûrement pas les juniors dont les sacs en ont vu d'autres. Qui voudra ménager son bagage et son ouïe (gare aux colis baladeurs) aura toujours la ressource de feutrer le coffre.

Un pari ? Il y a de l'or dans Junior !

La 205 CJ remplace la 205 CT pour le millésime 1988 avec le moteur TU3A de 1 360 cm³ et 70 ch qui remplace le TU3 de 1 360 cm³ et 65 ch. Le cabriolet CTI continue sa route avec le XU5JA de 115 ch. (Archives de l'auteur)

UNE LIONNE TRÈS SPORTIVE

La 205 Rallye : une voiture de course

La deuxième innovation de la 205 de seconde génération s'appelle 205 Rallye. Alfa Romeo a le cœur sportif, Peugeot aussi : pour la première fois de son histoire, le Lion ose commercialiser une auto non seulement performante et efficace sur la route, mais aussi très simple dans sa présentation, faisant fi de sa tradition de constructeur de berlines bourgeoises.

Unique robe blanc Meije, vitres blanches elles aussi, bouclier avant repris de la GTI, mais sans feux longue portée, remplacés par deux grilles d'aération, couleurs Peugeot Talbot Sport sur la calandre et sur le mince filet qui court le long de la carrosserie, c'est pur, c'est net.

L'intérieur est un habile assortiment de bons ingrédients : le bloc-compteur à quatre cadrans, dont deux faux, est repris de la XS, de même que le volant à trois branches d'inspiration 405 Mi16 frappé en son centre de la flamme Peugeot Talbot Sport. Le reste de la planche de bord est semblable à celle de la Junior, sans montre ni aérateurs centraux. Les sièges sont ceux de la GTI avec un tissu noir spécifique tandis que la moquette et les ceintures de sécurité se parent de rouge. Simple mais plaisant à l'œil, séduisant sans être aguicheur, le résultat est totalement en accord avec l'âme de l'auto. L'âme de l'auto ? Parlons en maintenant.

Elle tient en deux lettres et deux chiffres : TU24. Dérivé du moteur TU1 dont la cylindrée a été portée à 1 294 cm³, le TU24 A/K, pour être tout à fait précis, délivre 103 ch à 6 800 tr/min grâce au montage de deux carburateurs double corps Weber DCOM40 par le préparateur Danielson. Danielson ne s'est pas arrêté là : bloc et culasse sont en aluminium, vilebrequin, chemises et pistons sont spécifiques. Un vrai moteur de course pour aller faire ses courses. Évolution du TU24 de 95 ch inauguré par la Citroën XA Sport, le TU24 A/K de la 205 Rallye fait mieux en puissance : le compartiment moteur plus grand de la Peugeot a permis d'installer une pipe d'admission plus directe. L'admission d'air moins torturée permet de gagner 8 ch.

Elles limitent un peu la motricité sur chaussée mouillée, mais elles sont indissociables de la 205 Rallye, ce sont ses roulettes 165/70 HR13 avec jantes en tôle blanche à cabochon central noir de XE. La 205 Rallye sans elles, c'est la Joconde sans son sourire : un non-sens ? Dernier point spécifique à cette nouvelle version du Sacré Numéro : sa boîte de vitesses. La MA5S (pour cinq vitesses et sport) équipe aussi les 205 XS et GT. Par rapport aux autres boîtes MA, elle est renforcée. Pour la 205 Rallye, ses démultiplications ont été adaptées. Extrêmement rapide et fiable, la MA5S seconde à merveille le TU24 A/K de 103 ch, furieux dans les tours, mais un peu mal à l'aise à bas régime avec un couple de 12,2 m.kg haut perché à 5 000 tr/min.

La 205 Rallye : une 205 GTI déguisée

Les particularismes de la 205 Rallye s'arrêtent pourtant là, pour le reste c'est une 205 GTI 115 ch. Trains avant et arrière, freinage mixte à tambours à l'arrière, pneus Michelin MXV, tout est pareil. Plus légère (790 kg) que la GTI 115 ch, la petite dernière n'est pas tendre avec sa sœur. Le comportement routier est similaire, les performances

L'année modèle 1988 apporte aussi la 205 Rallye : châssis de 205 GTI 115 ch, roues de 13 pouces, moteur TU24A/K de 103 ch à deux carburateurs double corps Weber préparé par Danielson, le résultat est savoureux. (Archives de l'auteur)

CARACTÉRISTIQUES TECHNIQUES 1991	205 Rallye
Moteur	
Puissance administrative	7
Cylindrée (en cm^3)	1 294
Nombre de cylindres	4
Distribution par arbre à cames en tête	●
Alésage/course (en mm)	75 x 73,2
Puissance maxi à tr/mn : • norme CEE (kW)	74 à 6 800
• norme DIN (ch)	103 à 6 800
Couple maxi à tr/mn : • norme CEE (mdaN)	11,8 à 5 000
• norme DIN (mkg)	12,2 à 5 000
Alimentation : carburateur	2 double corps
Taux de compression	9,6/1
Dispositif de départ à froid : manuel	●
Allumage électronique	●
Bougies hautes performances	●
Transmission	
Boîte de vitesses manuelle : 5 rapports avant synchronisés	●
Embrayage monodisque à sec avec butée de débrayage à billes	●
Direction	
Nombre de tours de volant de butée à butée	3,8
Rayon de braquage hors tout (en mètres)	5,30
Suspension	
Avant : à roues indépendantes, ressorts hélicoïdaux, barre antidévers et amortisseurs hydrauliques, télescopiques à double effet	
Arrière : à roues indépendantes, barre de torsion, barre antidévers et amortisseurs hydrauliques, télescopiques à double effet	
Freins (assistés par servofrein)	A double circuit
Avant : à disques ventilés et étriers flottants	●
Arrière : tambours à rattrapage automatique d'usure et compensateur à inertie	●
Équipement électrique	
Générateur d'électricité (alternateur triphasé)	750 W/55 A
Batterie (classe)	200
Dimensions (en mètres)	
Longueur hors tout	3,705
Largeur hors tout	1,572
Empattement	2,420
Voies : • avant	1,401
• arrière	1,325
Largeur aux coudes : • avant	1,310
• arrière	1,305
Nombre de places	5
Poids (en kilogrammes)	
En ordre de marche	790
Total autorisé en charge	1220
Charge remorquable, remorque freinée	800
Total roulant autorisé	1920
Capacités (en litres)	
Réservoir de carburant	50
Carter d'huile moteur	3,5
Volume total du coffre (méthode PSA) : • avec banquette	216
• avec banquette rabattue	1200
Performances	
Vitesse maximale en km/h (sur circuit)	190
Accélérations (en sec.) : • de 0 à 100 km/h	9,6
• 1000 m départ arrêté	31,4
Pneumatiques (carcasses radiales)	165/70 R13 H
Consommations (en litres aux 100 km mesurées par l'UTAC) :	Super
• à 90 km/h en vitesse stabilisée	5,5
• à 120 km/h en vitesse stabilisée	7,6
• en parcours de type urbain	9,6
carburant • super	X
• super sans plomb Ron 98	X

PEUGEOT

ÉQUIPEMENTS ET OPTIONS 1991	205 Rallye
Équipements du tableau de bord	
Thermomètre d'eau	●
Témoin de température d'eau	●
Témoin de niveau mini d'eau dans le circuit de refroidissement	●
Indicateur de niveau de carburant	●
Témoin de niveau mini de carburant	●
Témoin d'usure des plaquettes de freins avant*	●
Témoin de niveau mini de liquide de freins*	●
Témoin de frein à main*	●
Témoin de pression mini d'huile moteur	●
Témoin de charge de la batterie	●
Témoin de starter	●
Témoin d'alerte centralisée (eau, huile, batterie, freins)	●
Témoin des feux de croisement	●
Compte-tours électronique	●
Compteur kilométrique journalier	●
Équipements de conduite et de sécurité	
Vitres latérales arrière entrouvrables	●
Essuie-vitre 2 vitesses et lave-vitre à commande électrique	●
Essuie-vitre intermittent	●
Projecteurs principaux à iode (H4)	●
Projecteurs principaux réglables à 2 positions d'assiette	●
Feux de recul	●
Grille pare-pierres	●
Dégivrage/désembuage de lunette arrière	●
Lave-vitre/essuie-vitre de lunette arrière	○
Dégivrage/désembuage des vitres latérales avant	●
Rétroviseur intérieur jour et nuit	●
Ceintures de sécurité : • avant à enrouleur	●
• arrière statiques	●
Équipements de confort et de finition	
Équipement pour autoradio comprenant : câble coaxial, antiparasitage, alimentation récepteur, emplacements récepteur et haut-parleurs avant	●
Autoradio (3 modèles homologués au choix)	○**
Climatisation air chaud et froid avec ventilateur à rhéostat	●
Volant sport	●
Sièges avant séparés à dossier inclinable	●
• basculants pour dégager l'accès vers l'arrière	●
• type "baquet"	●
Appuis-tête sur sièges avant	●
Garnissage des sièges : drap	●
Plancher recouvert de moquette à l'avant	●
Allume-cigares	●
Cendrier avant	●
Accoudoirs de portes avant	●
Poignée de maintien avant droit	●
Vide-poches dans la portière avant gauche	●
Miroir de courtoisie sur le pare-soleil avant droit	●
Plafonnier avant	●
Lecteur de cartes à l'avant	●
Garnissage feutre vinylique dans le coffre	●
Banquette arrière rabattable	●

● Équipements de base. / ○ Option. / * Témoins couplés. ** Équipement complémentaire obligatoire avec option autoradio. Outre la garantie légale, toutes les Peugeot bénéficient d'une garantie d'un an pièces et main-d'œuvre sans limitation de kilométrage. Le constructeur se réserve le droit d'apporter des modifications à sa production, sans pour cela être tenu de mettre à jour le présent document.

3615 code PEUGEOT

En composant sur votre minitel le 3615, code PEUGEOT, vous pourrez obtenir toutes informations sur :

Le Contrat Service, l'implantation en France du réseau Peugeot Talbot, le Service Immédiat, Ecoute 24, la gamme 1991, la Boutique Peugeot Talbot.

205 RALLYE

Contact.
La Peugeot 205 Rallye prend vie.
Aussitôt, sa vraie nature s'exprime tandis que retentit son chant. Sourd, rauque, puissant, indéniable promesse de tous les plaisirs que réserve la route. Promesse fort tangible comme en témoignent ses 1294 cm³ et ses 103 ch DIN très ardents nourris par deux carburateurs double corps Weber. Avec sa boîte de vitesses à cinq rapports parfaitement étagés et son couple maxi de 12,2 mkg DIN à 5000 tr/mn, la 205 Rallye sait satisfaire les plus exigeants conducteurs. Son comportement ? A la mesure de ses performances. Dotée des suspensions avant et arrière de la 205 GTI 115 ch, la 205 Rallye affectionne les petits virages pris à vive allure, où elle fait preuve d'une stupéfiante stabilité.

Uniquement blanc Meije à l'extérieur, la 205 s'offre une planche de bord composite : partie centrale de 205 Junior, bloc-compteur à quatre cadrans dont deux factices de 205 XS de décembre 1986, nouveau volant trois branches copié sur celui de la 405 Mi16 avec la flamme Peugeot Talbot Sport en son centre. Le moteur qui délivre sa puissance maximale à 6 800 tr/min est associé à une boîte MA5S renforcée. (Archives de l'auteur)

sont identiques (190 km/h en pointe, 1 000 mètres départ arrêté en 30,4 secondes, 0 à 100 km/h en 8,7 secondes), mais pour beaucoup moins cher : 69 800 francs contre 84 200 francs. Seule l'AX Sport fait mieux à 65 800 francs.

La leçon n'est pas terminée pour la GTI 115 ch : quand cette dernière fait de vous un conducteur, la Rallye fait de vous un pilote grisé par le bruit enivrant du moteur, à peine filtré par une insonorisation volontairement voulue sommaire. Un régal. Les carburateurs aux réglages délicats, un peu caractériels à chaud en ville, qui font parfois hoqueter l'auto, parachèvent la création d'une ambiance à bord unique. Depuis la Renault 8 Gordini, personne n'avait vu ça. Le magazine *Échappement* ne s'y trompe pas en l'élisant sportive de l'année 1988.

Un regret quand même : la direction. Ce n'est pas celle de la GTI 115 ch, mais celle de la XS. Si l'absence d'assistance n'est pas gênante vu le poids plume de la Rallye, la précision y perd. Dommage. De même, la consommation, entre 8 et 9 litres aux 100 km en conduite apaisée, s'envole vite en conduite sportive : entre 12 et 14 litres. L'injection de la GTI limite sur ce point amplement les dégâts.

Produite dans un premier temps à cinq mille exemplaires pour être homologuée en rallye Groupe N pour la classe des moins de 1 300 cm^3, la 205 Rallye, vu la folie d'achats qu'elle suscite, se voit accorder une rallonge par Peugeot : au total, ce seront 30 111 exemplaires qui seront produits jusqu'en 1991. Elle finira même par recevoir un bouchon d'essence fermant à clé unif en 1990 comme ses sœurs moins puissantes, mais elle gardera sa banquette arrière rabattable monobloc de XE.

Pure et dure, extraordinairement attachante, plus encore que la 104 ZS2 de 1979, on peut considérer la 205 Rallye comme la fille naturelle de la Talbot Samba Rallye produite de 1983 à 1985 (moteur X 1 219 cm^3 de 90 ch puis 1 360 cm^3 de 80 ch) dont elle reprend l'esprit, le principe des deux carburateurs double corps, le nom, les jantes en tôle blanche à cabochon central en plastique noir, et même l'appétit féroce en carburant !

Même moribond, Talbot a su insuffler à Peugeot la fantaisie, la jeunesse d'esprit qui faisaient tant défaut au constructeur franc-comtois.

Devenu, à l'instar du label GTI, subitement très vendeur, le label Rallye n'hésite pas à s'exporter, quitte à perdre beaucoup de son âme. Les 205 Rallye vendues en Allemagne et en Suisse seront pourvues du moteur 1,9 litre XU9 J1/Z catalysé de 105 ch (identique à celui monté sur la 205 Gentry), tandis que la Grande-Bretagne aura droit à une 205 Rallye, mais dans une unique couleur jaune, et dotée du (*shocking*) TU3 de 75 ch…

Console courte de la Junior, sièges de GTI recouverts d'un tissu noir spécifique, moquette et ceintures de sécurité rouges, c'est simple, c'est beau. Affichée 14 400 francs de moins qu'une GTI de 115 ch à l'été 1987, la 205 Rallye sera vendue à 30 111 exemplaires, jusqu'en 1991. (Archives de l'auteur)

Les évolutions de la maturité

Quoi qu'il en soit, petite 205 fait son chemin et continue d'évoluer : le 1er juillet 1988 (année modèle 1989), le moteur TU3 1 360 cm^3 gagne 5 ch en passant de 65 ch à 70 ch sur les GR, SR, XR et cabriolet CJ. De TU3, il devient TU3 A.

La 205 GL, disponible en 1 124 cm^3, mais aussi en 954 cm^3, n'est pas oubliée : elle adopte la présentation de la GR Phase 1 tant pour l'extérieur (enjoliveurs de roues à croisillons en plastique gris, baguettes latérales de carrosserie en caoutchouc) que pour l'intérieur (montre à aiguilles, compteur journalier, appuie-tête aux places avant). Seul l'essuie-glace intermittent et le feu arrière de brouillard manquent encore à l'appel pour cette version, de même qu'un bouchon de réservoir fermant à clé, bien heureusement disponible en accessoire.

À l'autre bout de la gamme, les 205 SR et GT arborent de magnifiques enjoliveurs de roues plats à douze trous.

La 205 arrive à maturité : le trois millionième exemplaire sort de chaîne en juin 1989. Quelques jours plus tard, le 1er juillet 1989 (année modèle 1990), le Sacré Numéro atteint le sommet de sa carrière : si les versions XT et XTD sont supprimées, les XS, Rallye et GTI entraînent le reste de la gamme dans une folle et victorieuse sarabande.

Repère très important pour toute passionnée, pour tout passionné, c'est aussi le 1er juillet 1989 que, pour les 205 à moteur XU ou XUD, la boîte de vitesses BE1 à marche arrière en haut à gauche est remplacée par le BE3 à marche arrière en bas à droite.

L'année modèle 1990, du 1er juillet 1989 au 30 juin 1990, restera pour la 205 comme son meilleur millésime, tant sur le plan commercial que sur le plan technique.

Monté initialement dans la Citroën AX Sport, le TU24 passe de 95 ch à 103 ch sous le capot de la 205 Rallye dont le compartiment moteur plus vaste a permis l'installation d'une pipe d'admission plus directe. (Archives de l'auteur)

1990 : LA LIONNE FAIT DES PETITES

La Clio débarque en trombe

Juin 1990. La 205 ne le sait pas encore, mais des temps plus difficiles vont commencer pour elle. Renault présente celle qui doit remplacer la Supercinq : la Clio. Disponible d'entrée en trois ou cinq portes dans des puissances de 49 à 80 ch, Clio est même disponible avec une transmission automatique associée à la version 1 390 cm³. La forme de la carrosserie est souple, sans excès, à la fois moderne, fonctionnelle et séduisante, le format compact identique à une certaine 205 : 3,71 mètres. L'auto est aussi soigneusement construite avec un habitacle très bien fini et une planche de bord de toute beauté. La voiture appartient manifestement à une autre génération que la 205, plus étriquée.

Dans la mythologie grecque, Clio est le nom d'une muse dont l'étymologie signifie "qui est célèbre". Un nom prémonitoire pour la nouvelle Renault. En six mois de carrière, la nouvelle Clio fait un malheur : cent cinq mille exemplaires sont vendus. Dans la foulée, elle est élue voiture européenne de l'année 1991 avec un commentaire flatteur du jury : "La nouvelle petite voiture a un style remarquable, un bon niveau de qualité, un espace généreux, et une richesse d'équipements jamais offerts auparavant sur un modèle de cette taille." Le freinage ABS, l'air conditionné, l'alarme anti-intrusion, la direction assistée ou encore les rétroviseurs électriques dégivrants sont effectivement au programme selon les versions.

Présentée en juin 1990, voiture européenne de l'année 1991, la nouvelle Renault Clio appartient à une nouvelle génération d'automobiles. Un an après sa commercialisation, elle ravit à la 205 le titre de première voiture vendue en France. (Archives E-T-A-I)

La sanction ne se fait pas attendre pour la 205 : première voiture vendue en France en 1990 (229 044 immatriculations) devant la Renault 21, deuxième, et surtout la Supercinq, troisième avec seulement 146 443 ventes, elle laisse dès 1991 la première place du podium à la Clio.

Alors que la Citroën 2 CV terminait sa carrière en 1990, alors que la 205 connaissait l'apogée de la sienne cette même année, une nouvelle génération d'automobiles arrivait, symbolisée par la Clio, la génération "Plus". Plus de confort, plus d'espace, plus de sécurité, passive, active, plus de tout. Pour l'automobile, les années 1990 qui s'ouvrent vont être celles de la génération Plus. À ce jeu-là, la nouvelle Clio sera la grande gagnante : sa première génération sera produite à plus de quatre millions d'exemplaires.

La Renault sera la voiture la plus vendue en France de 1991 à 1997. Les années 1990 vont être les années Clio. En 2018, presque trente ans plus tard, elle se pose comme la voiture la plus vendue de l'histoire de l'automobile avec treize millions d'exemplaires commercialisés à travers quatre générations.

Quoi qu'il en soit, en ce mois de juin 1990, la Clio pose un double problème à Peugeot : en plus de ses nouveaux moteurs à essence Energy inaugurés par la Renault 19 en 1988, qui arrivent en renfort des antiques Cléon-fonte, la voiture au losange propose une version diesel 1 870 cm³ de 65 ch qui atteint 150 km/h en pointe dans un silence de fonctionnement remarquable. Pour Peugeot, spécialiste historique du moteur à gazole, le danger est, là aussi, évident, d'autant plus que, quand Renault décide de monter en gamme avec sa Clio pour remplacer la Supercinq, Jacques Calvet soutient le remplacement de la 205 à la fois pour un modèle vraiment plus petit, la 106 en 1991, et un moyen, la 306 en 1993.

Stratégies différentes, résultats différents…

L'arrivée de la 106 et de la 306

Conçue pour remplacer petit à petit sa grande sœur la Peugeot 205 comme voiture d'entrée de gamme, la Peugeot 106 est présentée le 12 septembre 1991, uniquement en trois portes. Stratégie inverse de celle du Sacré Numéro en son temps. La version cinq portes n'arrivera qu'en 1992. Dérivée de la Citroën AX, mais plus lourde, plus rigide et mieux construite, elle en reprend les moteurs type TU, ce qui est un très bon point.

Le problème est ailleurs : la 106 ne mesure que 3,58 mètres de long. L'habitabilité a beau avoir été optimisée au maximum, il est évident que l'on est moins à l'aise que dans une 205, avec un passage d'aile qui empiète dans l'habitacle à gauche de la pédale d'embrayage et un petit coffre. La 106 reste une petite auto quand la 205 est une petite grande voiture. La fabrication de la 106 s'arrêtera en juillet 2003 après 2 798 200 exemplaires produits, bien loin du record du Sacré Numéro. Tout avait été vu trop juste dans la 106, dans celle qui prétendait représenter une alternative crédible aux 205 et Clio, en particulier ses moteurs Diesel TUD3 (1 360 cm³, 50 ch) récupérés de la Citroën AX, trop petits, aussi poussifs que peu fiables et qui n'ont

Dérivée de la Citroën AX et présentée en septembre 1991, la nouvelle Peugeot 106 constitue la première pièce de la stratégie de Jacques Calvet visant à remplacer progressivement la 205 par un modèle plus petit et ensuite par un modèle plus grand. (Archives de l'auteur)

En février 1993, la Peugeot 306 va venir aider la 106 pour assurer la succession du Sacré Numéro. (Archives de l'auteur)

jamais convaincu le grand public. Ces défauts seront malgré tout gommés avec la version TUD 5 de 1 527 cm³ et 58 ch. La “surprise de taille”, slogan du spot publicitaire qui a accompagné le lancement de la 106 en 1991, avait vraiment un problème de taille justement, et ce dans tous les domaines.

La très réussie 306 (4,03 mètres de long), qui apparaît le 18 février 1993 en cinq portes (trois portes et diesel à l'automne de la même année) pour remplacer l'excellente 309, boxe dans la catégorie supérieure. Pour la 205, le constat est simple : elle va devoir se débrouiller toute seule en faisant feu de tout bois. Elle va très bien y arriver.

1991-1992 : LE SACRÉ NUMÉRO SE DIVERSIFIE POUR RESTER DANS LA COURSE

Le Lion réagit

Dès le 1er juillet 1990 (année modèle 1991), Madame 205 se refait une beauté et s'achète une conduite : les clignotants deviennent blancs à l'avant, les feux arrière fumés rouge et noir. Ces derniers n'intègrent plus les feux de recul. Un unique feu de recul est désormais enchâssé dans le bouclier arrière à droite de la plaque d'immatriculation. Le rétroviseur extérieur gauche se voit complété par un droit, le bouchon de réservoir ferme à clé, les ceintures de sécurité arrière adoptent le principe de l'enrouleur.

Après le hors-d'œuvre, le plat de résistance : déjà pionner en la matière avec la 604 Diesel Turbo, première automobile à gazole vendue en Europe équipée d'un turbocompresseur en février 1979, Peugeot récidive. La 205 D Turbo déboule en 1991 dans les roues de la Clio Diesel. La grande 604 Diesel Turbo revendiquait 80 ch et 155 km/h en pointe, la petite 205 D Turbo déclare 78 ch, 175 km/h et le 0 à 100 km/h abattu en 12,2 secondes. Le moins que l'on puisse dire, c'est que ça va fort.

Équipée du moteur XUD7T de 1 769 cm³ de la 405 Diesel Turbo amputé de son échangeur de température, faute de place sous le capot, la 205 D Turbo perd 12 ch par rapport à sa grande sœur (90 ch), mais elle court aussi vite qu'elle, bien aidée par son poids plume de 900 kg. Mieux, si la puissance explose, le couple aussi : de 11,2 m.kg pour la 205 Diesel 60 ch à 16 m.kg à un régime sensiblement identique pour la 78 ch.

Face à une telle force mécanique, Peugeot a dû réagir : la 205 D Turbo reprend purement et simplement le train avant solidement triangulé de la GTI 115 ch et, si le freinage reste mixte (disques pleins à l'avant, tambours à l'arrière), il peut être épaulé d'un système ABR (anti-blocage de roues) dès 1991.

Apparu sur la 605 en 1989, le système ABR, développé pour Peugeot par l'équipementier américain Bendix, n'égale pas l'ABS (antiblocage système) de l'allemand Bosch, mais il apporte tout de même un surcroît de sécurité.

Les derniers complexes du gazole disparaissent avec elle : la 205 D Turbo adopte sans état d'âme les sièges semi-baquets, l'intégralité de la planche de bord, volant trois branches compris, et les roues (165/70 TR13) de la XS tandis que le pare-chocs avant avec feux additionnels longue portée intégrés est subtilisé à la grande sœur GTI. Sans gêne, la D Turbo, d'autant plus qu'elle recouvre ses sièges semi-baquets de velours pour bien faire remarquer que, dans sa catégorie, elle est unique !

Toujours aussi souple, suffisamment performante, et surtout extrêmement sobre, en particulier en ville, la 205 Diesel atmosphérique poursuit bien évidemment sereinement sa carrière en laissant de bon cœur le titre de GTI Diesel des années 1990 à sa turbulente sœur suralimentée. L'été passe toujours trop vite.

Une 205 GTI Griffe

Bien heureusement, le Lion est un peu magicien. Le roi de la jungle automobile va nous réconforter au Salon de l'auto de Paris d'octobre 1990 en nous offrant la seule, belle et unique série limitée de la 205 GTI en France, la 205 GTI Griffe.

La 205 se pose en première Peugeot à inaugurer la finition Griffe. Pourquoi Griffe ? Parce que Pininfarina, encore lui, avait présenté au Salon de Genève de 1985 un prototype nommé Griffe sur base de Peugeot 205 pour fêter ses trente ans de collaboration, (souvenez-vous, la 403 de 1955), avec le Lion.

Tirée à trois mille exemplaires, dont mille pour la France, la 205 GTI Griffe se pose comme une 205 GTI 1,9 litre 130 ch avec une peinture métallisée qui lui est propre, vert Fluorite, des jantes de couleur gris Anthracite, des lisières de pare-chocs et de baguettes latérales de carrosserie gris foncé. Pourquoi ces couleurs ? Parce que, dès 1989,

Après le remplacement sa boîte BE1 par une BE3 à la marche arrière en bas à droite pour tous ses moteurs XU essence et diesel à partir du 1er juillet 1989 (millésime 1990), la 205 repart à l'assaut le 1er juillet 1990 pour l'année modèle 1991 : clignotants blancs à l'avant, feux arrière fumés, rétroviseurs extérieurs droits, bouchon de réservoir qui ferme à clé. (Archives de l'auteur)

205 D. TURBO

Dire que la 205 D. Turbo sait montrer son talent... est bien peu dire. Car elle manifeste tous les talents à la fois ! Séduisante, elle l'est sans nul doute : elle a su se parer de tous les attraits des voitures bien nées. Sa jupe avant, peinte à l'unisson des couleurs de la caisse, intègre des projecteurs longue portée qui traduisent son goût pour les longues équipées nocturnes. Ses bandes latérales grises ou rouges soulignent ses flancs... et son caractère. Surtout, le monogramme D. Turbo fièrement apposé sur son volet arrière est la claire affirmation de sa qualité majeure : la 205 D. Turbo a deux facettes... Côté Diesel, elle montre un appétit plus

Le moteur XUD7T 1 769 cm^3 de la 205 D Turbo se fera remarquer, outre ses performances et sa frugalité, par sa fiabilité. Le bloc-compteur est tout simplement celui de la Rallye ou de la XS avec deux compteurs factices tandis que la jupe avant avec feux additionnels longue portée est celle de la GTI. (Archives de l'auteur)

Le millésime 1991 apporte une perle : la 205 D Turbo. Moteur de 405 Diesel Turbo sans échangeur de température de 78 ch, mais 925 kg et 175 km/h en pointe. Avec ses roues empruntées à la 205 XS, la D Turbo court vite. (Archives de l'auteur)

Sièges semi-baquets, volant trois branches, au début des années 1990, le diesel s'envole avec la 205 D Turbo. (Archives de l'auteur)

Le Salon de l'auto de Paris d'octobre 1990 apporte une seconde perle pour l'année modèle 1991 : la 205 GTI Griffe.
Ce sera l'unique série limitée de la 205 GTI pour la France réalisée par Peugeot. (Archives de l'auteur)

Coutures vertes pour les sièges et pour le volant en cuir, mais le logo GTI reste en rouge :
la 205 GTI Griffe ajoute de la délicatesse à la sportivité. (Archives de l'auteur)

Après avoir installé un carburateur double corps sur le TU3A devenu TU3F2 le 1er juillet 1991 (millésime 1992), Peugeot présente en septembre sa nouvelle série limitée Color Line. Petits moteurs essence (55 ch) ou diesel (60 ch) avec sa boîte quatre vitesses de série, mais roues de XS, logo Color Line à damier sur l'aile et sièges de XR tissés de fils verts et rouges. La planche de bord est aussi celle de la XR. (Archives de l'auteur)

Jean Todt utilisait une 205 GTI 130 ch exclusive à sa personne, peinte selon sa volonté en vert Fluorite avec des jantes Anthracite ! Rouler en 205 GTI Griffe, c'est donc rouler dans la même 205 que Jean Todt. Forcément, ça fait rêver…

Comme pour toute bonne série limitée destinée à être rapidement écoulée, aucune option n'est disponible, à l'exception de l'autoradio qui peut être commandé en accessoire. Pas grave : l'habitacle est magnifique et totalement spécifique à la Griffe. Sièges en cuir teinte Ouragan avec surpiqûres vertes, marquage des rapports sur le pommeau du levier de vitesse de même couleur et non plus rouge, l'ambiance se fait plus délicate sans rien perdre de son côté sportif. La preuve : les fils de couture du joli volant en cuir à trois branches d'inspiration 405 Mi16 adoptent eux aussi le vert, mais le logo GTI inscrit sur son centre reste en rouge. Comme le chantait Lio en parlant des brunes, c'est du sang chaud qui coule dans leurs veines. C'est aussi du sang chaud de GTI qui coule dans les veines de la Griffe : par ce détail de couleur qui n'en est pas un, elle se fait fort de le rappeler. Pilote, mais, donc, aussi femme ou homme de goût, la ou le propriétaire de la Griffe pourra également compter sur des miroirs de courtoisie occultables et éclairés dans les deux pare-soleil, sur une extinction temporisée du plafonnier et sur une alimentation permanente des lève-vitres électriques pour vendre son quotidien exceptionnel.

Seule petite déception : si le freinage ABR est monté en série, le système développé par Bendix pour Peugeot ne comporte que deux capteurs. La sécurité y gagne, mais l'efficacité est quand même très éloignée de celle du freinage ABS de Bosch à quatre capteurs. Comme toujours, le temps presse. L'hiver fini, le printemps dans le rétroviseur, l'été revient, et avec lui les bonnes nouvelles. Dès le 1er juillet 1991 (année modèle 1992), la 205 reprend l'offensive : le moteur TU3A de 1 360 cm^3 et 70 ch s'équipe d'un carburateur double corps. La puissance bondit à 75 ch, le nom se change en TU3F2, les 205 XR, GR, SR et le cabriolet CJ profitent de ses services. En septembre de la même année, une nouvelle série limitée, la Color Line, va nous refaire, cinq ans plus tard, le coup de la Junior de 1986.

Disponible comme son aïeule d'abord uniquement en trois portes avant de l'être en cinq par la suite, la 205 Color Line est avant tout un savant cocktail comme seul sait le préparer le Lion : jantes en acier huit trous de XS pour faire sport, moquette rouge de GTI, petit logo “Color Line” vert à damier (ça fait course) sur l'aile avant, joncs chromés de pare-chocs et sièges de XR finement tissés, exclusivement pour la nouvelle série spéciale, de délicats fils bleus et rouges, rappel de tissus de mêmes motifs, mais verticaux cette fois-ci, sur les contre-portes. Le résultat global obtenu est à la fois simple (l'auto conserve l'absence de console centrale de la Junior et le combiné d'instruments est celui de la XR avec montre à quartz) et très dynamisant. Avec sa joyeuse sellerie colorée appelée “Pizzicato” et ses appuie-tête avant réglables en hauteur, la 205 Color Line fait penser à la publicité de sa maman 104 au début des années 1980 : Peugeot 104, vivez à 104 pour cent ! La joie faite auto, cette 205 Color Line. Peugeot 205 ? Vivez à 205 pour cent !

Petites précisions savoureuses maintenant : la moquette est rouge, mais elle peut être verte en fonction des quatre teintes extérieures proposées (blanc Meije, rouge Vallelunga, gris Magnum métallisé, noir), la boîte à cinq rapports reste une option pour les deux uniques moteurs qui équipent la 205 Color Line : le TU1 essence de 1 124 cm^3 et 55 ch, le XUD7 diesel de 1 769 cm^3 et 60 ch. Au début des années 1990, les boîtes quatre vitesses font encore de la résistance, la preuve.

LA GRIFFE SORTIE ANNONCE LA GENTRY

Gentry *versus* Baccara : la bataille du luxe

La saison avance, la série limitée 205 GTI Griffe, de par son début de raffinement, l'avait finalement un peu annoncée, l'orée de l'hiver 1991 voit arriver, le 14 novembre très exactement, la nouvelle 205 Gentry qui, il faut le souligner, n'est pas une série limitée de plus, mais bien une nouvelle version de la 205 concoctée pour contrer la presque luxueuse Clio Baccara, fille de la Renault Supercinq, du même nom qui a inventé, rendons à César ce qui appartient à César, le concept de petite berline de luxe depuis 1988.

Cette fois-ci, Peugeot est acculé. La Supercinq Baccara n'avait pas fait réagir le Lion, la Clio Baccara l'y oblige. Soucieux de préserver les positions et l'image de sa 205, maintenant, faut-il le rappeler, déjà âgée de presque neuf ans, le constructeur franc-comtois lance dans les roues de la Clio Baccara sa 205 Gentry qui en reprend la même philosophie : du luxe dans une petite caisse avec un gros moteur non pas sportif, comme celui de la GTI ou de la Clio seize soupapes, mais souple et tonique. Peugeot reste tout de même un peu prisonnier de sa philosophie GTI et a tellement peur d'abîmer l'image de son Sacré Numéro que la 205 Gentry sort et restera commercialisée en trois portes, laissant de fait un boulevard à la jeune et conquérante Clio Baccara qui ne se refuse rien, les cinq portes en particulier.

La 205 GTI comme base de la 205 Gentry

La 205 Gentry est élaborée sur la base de la 205 GTI 1,9 litre 130 ch. Elle s'en différencie pourtant nettement sur le plan technique, sur cinq points en particulier. Conséquence des premières normes européennes contre la pollution, le moteur XU9JA 130 ch est catalysé. Avec un taux de compression ramené à un petit 8,4 en plus, la puissance reflue à 105 ch : le moteur de la 205 Gentry prend le nouveau nom de XU9J1/Z, la lettre Z signalant la présence d'un catalyseur. Plus de 2 m.kg de couple maximal sont perdus dans la foulée (14,4 m.kg

BACCARA, LE LUXE VU PAR RENAULT

Volonté de donner une nouvelle image plus qualitative à la Supercinq, qui a déjà quatre ans, l'invention du concept Baccara pour son modèle d'entrée de gamme est un coup de génie de la part de Renault, n'ayons pas peur des mots. Cuir beige pour les sièges et le volant, moquette épaisse dans le coffre, housse sous la plage arrière pour ranger sa veste sans la froisser, direction assistée, vitres teintées électriques, fermeture centralisée à distance, jantes alliage, le tout associé à une belle teinte de carrosserie brune et au moteur de 1 721 cm^3 et 90 ch de la Supercinq GTX, ce n'est plus une Renault Supercinq Baccara, mais presque une Jaguar Supercinq !

La Renault 25 V6 Baccara catalysée de 153 ch sort en même temps qu'elle : le succès est immédiat pour les deux autos. En mars 1990, pour contrer la Peugeot 605 SV24 et la Citroën XM V624, Renault lance la 25 V6 Turbo Baccara de 205 ch. Là aussi, la clientèle est au rendez-vous, ce qui permet au constructeur de tenir ses positions en attendant l'arrivée de la Safrane en 1992. Le concept-car Renault Initiale présenté en 1995 pour contrer la pression exercée par la maison Baccarat et qui représentait un certain art de vivre à la française grâce au recours à des matériaux nobles tels que le cuir et les placages de bois a ainsi trouvé son application directe. La régie devra malheureusement abandonner le nom de Baccara en 1997, pour celui, moins fort, d'Initiale, l'utilisation d'un nom aussi prestigieux n'ayant pas été du goût de la cristallerie Baccarat, synonyme elle aussi de luxe à la française, et qui, même avec une lettre "t" supplémentaire par rapport à l'appellation choisie par Renault, a refusé de cautionner plus longtemps les ambitions du Losange. Simple copié-collé de la finition Baccara au début, la finition Initiale a ensuite beaucoup évolué pour offrir toujours plus de luxe et de classe. La Régie aura tout de même le temps de commercialiser une jolie descendante de la Supercinq et de la Renault 25 Baccara avec les non moins magnifiques Clio et Safrane Baccara.

En attendant, associée à la GTX, plutôt cossue, disponible en automatique et en cinq portes, la Supercinq Baccara, seulement déclinée en trois portes, fait un malheur dans les beaux quartiers de la capitale et dans des grandes villes de Province.

La Clio Baccara récupère le flambeau en 1991, équipée du même moteur de 1 721 cm^3 et 92 ch à 5 750 tr/min. Disponible en trois portes, elle l'est aussi maintenant dans cette finition en cinq portes. Illustration du sérieux des années 1990 naissantes, le cuir des sièges et des panneaux de porte abandonne le crème pour le gris, mais des inserts en ronce de noyer font leur apparition, y compris sur le cache de l'autoradio de la planche de bord. Carburateur double corps en renfort, la vitesse maximale atteint 190 km/h. Le bon Cx de 3,21 a parlé. Disques ventilés à l'avant, disques à l'arrière avec l'option ABS, pneus de 165/60 HR14, direction assistée en série, climatisation, encore plus luxueuse que la Supercinq Baccara, la Clio Baccara est d'une homogénéité redoutable.

Renault Supercinq Baccara. En 1988, le Losange casse les codes et invente une nouvelle race d'automobiles, celle des petites luxueuses. (Archives E-T-A-I)

La Clio Baccara reprend le flambeau en février 1991. La recette est gagnante, les ventes s'envolent. Peugeot ne peut rester sans réagir avec sa 205. (Archives E-T-A-I)

Renault 25 V6 Baccara. Sortie en même temps que la Supercinq Baccara, c'est aussi un succès. (Archives E-T-A-I)

contre 16,8 m.kg pour la GTI), mais la souplesse d'utilisation penche du côté de la Gentry avec une valeur atteinte à 3 000 tr/min contre 4 750 tr/min pour la GTI. Bref, de ce côté-là, le contrat est rempli pour la Gentry : son moteur est une réussite et surclasse aisément le 1 721 cm^3 à carburateur, même double corps, de la Clio.

Seconde différence : la longueur des rapports de boîte. Les deux premiers rapports sont raccourcis pour compenser la baisse de puissance du moteur et jaillir comme une balle au feu vert de l'avenue du Roule à Neuilly-sur-Seine, la quatrième est très légèrement allongée. Une boîte automatique ZF à quatre rapports est bien entendu disponible en option, comme l'exige la philosophie typée confort du modèle.

Troisième différence : les roues. Les pneus de 15 pouces de la GTI sont abandonnés au profit de jolies jantes en aluminium huit branches de 14 pouces empruntées aux 405 SR/ST. La grande qui prête ses affaires à la petite, le jeu du Meccano fonctionne à plein chez Peugeot, comme chez les autres constructeurs du reste !

Quatrième différence : les réglages de suspensions. Amortissements plus souple, débattements des roues augmentés, la 205 Gentry va réussir le tour de force de se montrer aussi stable et incisive que la GTI tout en étant plus confortable et moins vive dans ses réactions quand la limite est franchie. Une totale réussite à mettre à son crédit.

Dernier point : les freins. Les disques arrière de la 205 GTI 130 ch ne sont pas repris. La Gentry se contente d'un montage mixte disques

PEUGEOT 205 GENTRY

LA STAR DE LA GAMME

■ Huit années que cette surdouée de l'automobile a fait son apparition et elle continue de jouer les têtes d'affiche. Pas question de la voir disparaître au profit de la petite 105 (ou 106 ou 109) qui sera dévoilée après les vacances. Non, la 205 a encore de belles années devant elle et, chez Peugeot, on la voit très bien continuer de faire la une jusqu'aux années 95. En attendant, la 42ᵉ version de la fameuse 205 fait son entrée dans le monde et même le grand monde. Il s'agit de la Gentry, une version traitée luxueusement et qui va rivaliser directement avec la Clio Baccara de Renault.

Dévoilée au dernier Salon de Genève, la Gentry est déjà commercialisée en Allemagne et en Suisse.

Deux teintes de carrosserie sont disponibles : beige Mayfair et vert Sorrento avec jupes avant et arrière couleur caisse, et extensions d'ailes assorties à la couleur de la caisse. Phares additionnels, jantes alu à huit bâtons, disparition de la plaque entre feux, et signature Gentry sur le hayon, voilà l'extérieur.

A l'intérieur, insert en ronce de noyer, cuir pour les sièges en harmonie avec les couleurs de la carrosserie et surtapis gansés, voilà pour l'art de vivre.

Mécaniquement, on a joué la carte de la souplesse et de l'agrément de conduite. Ainsi, le moteur est un 1 900 cm^3 développant 105 ch qui peut être associé à une boîte automatique à quatre rapports ce qui est

Gentry, c'est la 205, en tenue chic. La gamme 405 accueille les STI et STD et la 605 la SVI.

tout à fait en accord avec le caractère de la voiture. D'ailleurs Peugeot pense que plus de 20 % des acheteurs opteront pour cette transmission.

L'équipement de série comprend notamment la direction assistée, la fermeture centralisée des portes, des vitres électriques, la temporisation de l'éclairage intérieur et des miroirs de courtoisie éclairés. En outre, elle pourra recevoir en option la climatisation et un antiblocage de freins.

Commercialisée à la rentrée, la 205 Gentry, qui n'est proposée qu'en version 3 portes sera vendue entre 105 000 et 110 000 F. A propos, une Clio Baccara vaut 108 000 F en automatique et 110 800 F en version à boîte manuelle.

REVUE DE DÉTAILS

■ Star du millésime, la 205 Gentry ne partage pas la vedette, cependant il existe quelques autres nouveautés au catalogue Peugeot dont voici les plus importantes. Elles concernent tout d'abord la gamme 405 qui s'enrichit de deux nouvelles versions : STI et STD Turbo dont la principale caractéristique provient du niveau de finition haut de gamme, comportant sellerie cuir et garnissage bois, sièges avant à réglage électrique, etc.

Dans la gamme 605 on relève l'apparition d'une version SVI qui combine les avantages d'un niveau d'équipement élevé avec une motorisation 2 l développant 130 ch.

Avec la Gentry, la 205 monte en gamme : le moteur 130 ch de la GTI catalysée voit son taux de compression diminué au profit de la souplesse tout en gardant une puissance suffisante de 105 ch. Une réussite. (Archives de l'auteur)

Le 14 novembre 1991, Peugeot lance son interprétation, pour l'année modèle 1992, du concept Baccara : ce sera la 205 Gentry. (Archives de l'auteur)

Effet réussi pour le Lion : fin 1991, tout le monde, ou presque, connaît le slogan de la publicité. (Archives de l'auteur)

ventilés-tambours, bien suffisant il est vrai, vu la vocation plus grand tourisme que réellement sportive de la nouvelle venue. Le freinage ABS peut être commandé en option.

Le bilan de toutes ces transformations est époustouflant. La 205 Gentry, quarante-deuxième version du Sacré Numéro depuis sa naissance, est tout simplement la version la plus homogène de la famille volant en mains. Sur le plan de l'efficacité routière, la Clio Baccara est loin derrière. La Peugeot est une voiture à conduire.

Sortie de l'atelier de l'ingénieur, la 205 Gentry entre dans celui du couturier pour se faire belle. Deux couleurs de robe sont retenues : le vert Sorrento associé à des sièges en cuir gris Ouragan (ce sont ceux de la 205 Griffe), le beige Mayfair avec un intérieur en cuir beige clair (beige Impala). Les sièges de la Gentry sont donc repris de la GTI 130 ch, mais avec deux revêtements particuliers qui soulignent le caractère raffiné de l'auto. Dans tous les cas, la moquette est de couleur noire tandis que les joncs latéraux de carrosserie et de pare-chocs sont chromés et non plus rouges.

Petite déception qui en dit long maintenant : les boiseries sont présentes sur les portes, mais absentes sur la planche de bord. Explication : les frêles plastiques, vestiges des années 1980, sont incapables de les intégrer et de supporter leur poids. Ce n'est pas le cas de la Clio Baccara. Avec ses revêtements en mousse et ses ajustements parfaits, la Renault appartient à une autre génération d'automobiles. La 205 Gentry se rattrape un peu avec un équipement à la hauteur (vitres électriques, fermeture centralisée des portes et du coffre, rétroviseurs dégivrants, volant trois branches en cuir), mais climatisation et toit ouvrant restent en option. La messe est dite.

Sièges de 205 GTI 130 ch, mais recouverts de cuir gris Ouragan pour une robe verte Sorrento ou de cuir beige clair Impala pour une robe beige Mayfair. Si le premier cité concerne la GTI Griffe, le second est spécifique à la Gentry. Pour le reste, bois sur les portes et pommeau de levier de vitesse particulier mis à part, c'est une GTI normale. (Archives de l'auteur)

Aussi bruyante à l'intérieur qu'une GTI, indisponible en cinq portes, dopée pour la qualité de sa finition, la 205 Gentry, au demeurant une auto formidable, sera impuissante face à une Clio Baccara, certes moins enthousiasmante sur le plan strictement mécanique, mais terriblement aboutie, terriblement homogène au quotidien. La 205 Gentry est une voiture à conduire. La Clio Baccara sera une voiture à vivre qui se vendra très bien.

Demi-succès ou demi-échec, selon son point de vue, la 205 Gentry matérialise malheureusement une évidence : le Sacré Numéro vieillit, bien certes, mais il vieillit. La finition Gentry, présente donc sur cette 205, n'aura pas de descendance chez Peugeot.

Chez Renault, c'est à partir de 1997 que les Clio, Laguna et Safrane Baccara changent de nom pour se transformer en Clio, Laguna et Safrane Initiale à la présentation et à l'équipement identiques.

Les jantes ne sont plus celles de 15 pouces de la GTI 130 ch, mais celles de 14 pouces des 405 SR et ST. Il y a de plus mauvais emprunts ! La Gentry se dote aussi bien sûr d'un rétroviseur extérieur droit et de clignotants blancs, comme toutes les 205 depuis le millésime 1991. (Archives de l'auteur)

La 205 Gentry adopte naturellement les feux arrière du restant de la gamme qui n'intègrent plus les feux de recul. Un seul feu de recul est désormais logé dans le bouclier arrière à droite de la plaque d'immatriculation. (Archives de l'auteur)

LES DERNIERS SOUBRESAUTS DE LA JEUNESSE

Des séries limitées pour rester dans la course

Représentative des efforts de Peugeot pour maintenir la 205 dans la course, la série limitée Indiana produite de juillet à décembre 1991 en trois ou cinq portes dans une unique couleur, le beige Tropic, et avec un unique moteur, le TU3F2-75 ch, mérite un petit commentaire. Avec ses grandes sacoches installées au dos des sièges avant et dans les portières en remplacement des bacs de portes, ses sièges baquets beige clair, son volant trois branches, frappé en son centre du logo "Indiana", ses jantes en tôle et son bloc compteur XS, la petite nouvelle joue la carte sport-aventure quand les Gentry et GTI jouent la carte sport-chic et la rallye, sport tout court.

En ces années charnières dans la carrière du Sacré Numéro, le constructeur fait feu de tout bois en multipliant les séries spéciales de sa star : 205 Océane toute blanche à l'extérieur, toute bleue à l'intérieur ; 205 Style, bleu Miami ou gris Futura avec un filet jaune dehors, sièges en jean avec passepoil jaune aussi ; 205 Zénith, aux couleurs estivales avec un gros soleil apposé sur le hayon et sur les portières avant ; 205 Look (fabricant de matériel de ski) en gris Futura ou gris Graphite avec filet de carrosserie trois banches (deux rouges, une noire) et logo "Look" sur les deux ailes avant ; 205 Green qui succède à la 205 Open de 1987 à l'intention des golfeuses et golfeurs en robe immaculée (blanc Meije), moquette verte et sellerie associée avec un équipement revu à la hausse (lève-vitres électriques, verrouillage centralisé), n'en jetez plus, la hotte du Lion est pleine, pleine de 205 colorées, pleine de 205 toutes plus fraîches, toutes plus pimpantes,

Le millésime 1992 pour la 205, c'est aussi la série limitée Indiana. Produite pendant seulement six mois, de juillet à décembre 1991, avec le nouveau moteur TU3F2 essence de 75 ch, elle va marquer les esprits. (Archives de l'auteur)

Face à une Clio très réussie et à une 106 qui s'annonce dangereuse pour elle, la 205 se démultiplie à l'infini : avec son petit TU9 de 45 ch et sa boîte quatre vitesses, la série limitée 205 Océane est belle comme la mer avec de grands enjoliveurs de roues blancs à douze trous très chics. (Archives de l'auteur)

délicates et raffinées les unes que les autres à l'image de cette 205 Green de 1991 qui arbore sur ses galbes couleur neige un filet de trois bandes verte, jaune, fuchsia ainsi que d'immenses et mythiques enjoliveurs de roues plats douze trous, blancs eux aussi.

Fin 1992, même si Dame 205 ne peut cacher quelques rides mineures aux coins de ses phares, qui n'altèrent en rien sa grâce et son intemporalité, la géante du Lion est à l'apogée de sa carrière. Avec des puissances qui s'échelonnent de 45 ch à 130 ch, une Rallye, deux GTI (1,6 litre et 1,9 litre), deux cabriolets, deux versions à gazole (atmosphérique et suralimentée), et même une Junior Diesel équipée du moteur XUD7 de 60 ch accouplé à une boîte cinq rapports, la gamme est particulièrement complète. Presque dix ans après son lancement début 1983, la performance est, et reste, *a fortiori* aujourd'hui, remarquable.

Mise aux normes

Toujours très en forme sur le plan commercial, la 205 va commencer, en ce mois de janvier 1993, à s'adapter aux nouvelles normes antipollution éditées par l'Union européenne pour pouvoir continuer à poursuivre sa trajectoire gagnante. La loi stipule que tous les moteurs à essence devront être équipés d'un pot catalytique et de l'injection électronique qui va avec ? Le Sacré Numéro le fait. Le moteur TU9 (954 cm^3, 45 ch) devient TU9M/Z (50 ch), la lettre M indiquant la présence de l'injection électronique, monopoint dans ce cas, la lettre Z signifiant la présence du catalyseur. Le propulseur TU1 (1 124 cm^3, 55 ch) se métamorphose dans la même logique en TU1 M/Z (60 ch), le TU3F2 (1 360 cm^3, 75 ch) perd son carburateur double corps et se mue en TU3 M/Z de même puissance. Ces trois moteurs sont équipés d'une injection électronique monopoint toute simple Bosch Mono-Jetronic.

Série spéciale 205 Zenith, année modèle 1992 : toujours le TU9 45 ch, mais aussi le diesel 60 ch. Avec un soleil sur les portes avant et à l'arrière plus un toit ouvrant, l'auto est pimpante. Détail important : le mythique bandeau en plastique de hayon a disparu, la peinture couvre désormais l'élément ouvrant jusqu'au pare-chocs. (Archives de l'auteur)

La 205 Look de 1992 du nom du célèbre fournisseur de matériel de ski, outre le diesel de 60 ch, fait appel au plus gros 1 124 cm^3 55 ch essence. Il faut bien ça pour gravir les cols de montagne. Contrairement à la 205 Zenith, la 205 Look conserve son précieux enjoliveur en plastique de hayon. (Archives de l'auteur)

Les versions plus puissantes sont contraintes de suivre le mouvement : les 205 XS et GT troquent le TU3S (1 360 cm³, 85 ch) pour le XU5M3/Z (1 580 cm³, 89 ch), le dernier nommé prenant la place du XU51C (1 580 cm³, 80 ch) sous le capot de la 205 Automatic. Le XU9JA/Z (1 905 cm³, 122 ch) se positionne entre les roues avant de la 205 GTI en lieu et place du XU9JA (1 905 cm³, 130 ch) : le catalyseur a rendu obligatoire l'adoption d'une injection plus moderne, la Motronic 1.3 qui remplace la Bosch LE2-Jetronic en assurant en plus la gestion de l'allumage.
Les pertes sur le plan des performances seront malgré tout limitées pour la GTI au bénéfice d'une meilleure acceptabilité environnementale dans un contexte général qui commence à se dégrader sérieusement à l'encontre des voitures puissantes, petites de surcroît. La mise en place du permis de conduire à points (le 1er juillet 1992 en France) avec la logique sécuritaire qui l'accompagne va produire ses effets : d'adulée quelques années plus tôt, la catégorie labellisée GTI va devenir suspecte, diabolique presque. Travailler les esprits, traquer les contrevenants sur la route, la chasse à la vilaine bête peut commencer. Désormais anachronique au vu des nouvelles normes antipollution, la malheureuse 205 Rallye disparaît à tout jamais, paix à son âme de bonne petite auto. La GTI 115 ch et le cabriolet CTI restent quand même à l'affiche, même si le moteur 1 580 cm³ de 115 ch est remplacé par le beaucoup moins démonstratif 1 905 cm³ catalysé de 105 ch de la Gentry.
On vous l'a dit, en 1993, une page est en train de se tourner pour l'automobile en général. La 205, toute 205 soit-elle, n'y échappe pas. Adaptation de la mécanique, petite révolution, le mot n'est pas trop fort pour le style : en perdant sa mythique râpe, son mythique enjoliveur en plastique de hayon, la 205 Junior 50 ch de 1993 annonce la physionomie de la poupe du Sacré Numéro pour les années à venir. L'inscription "205 Junior" est dorénavant collée directement sur la partie basse du hayon, tandis que de grands enjoliveurs plats aérodynamiques habillent les roues.
Dernière précision : en pleine explosion de la demande pour les moteurs à gazole, et alors que Peugeot triomphe avec ce genre de motorisation, deux nouvelles 205 Diesel Turbo font leur apparition pour épauler leur sœur à finition de XS : les 205 XRDT trois portes et GRDT cinq portes proposent le même moteur sur base de finition XR plus simple, et ce pour un prix plus accessible.
Adaptation aux normes, adaptation au marché, recherche de douceur et d'harmonie, la petite Peugeot évolue. On pousse les pions en 1993, on chamboule tout l'année suivante : en 1994, c'est la révolution !

Tissu écossais pour les sièges et les contre-portes, moquette et ceintures de sécurité à enrouleur à l'arrière vertes, l'ambiance générale est à la fois chaleureuse et dynamique. Une vraie réussite. (Archives de l'auteur)

Elle a succédé à la 205 Open de 1987 dès l'année modèle 1991. Son nom ? Série spéciale 205 Green. Un unique moteur TU3A 1 360 cm³ 70 ch, une seule robe blanche Meije, un peu de vert, de jaune, une touche de rouge, une planche de bord de XR avec un volant trois branches, des grands enjoliveurs de roues douze trous immaculés, un bandeau en plastique de hayon cette fois peint en blanc, ne cherchez pas, le Lion est un génial cuisinier qui sait marier à merveille les ingrédients dont il dispose. (Archives de l'auteur)

Les sièges en jean ont encore été améliorés avec une étiquette de cuir portant l'inscription "205 Junior" cousue sur le dossier. Le jean recouvre également les contre-portes tandis qu'une languette rouge marquée "205" est accrochée aux appuie-tête. Le bloc-compteur adopte maintenant une montre à aiguilles et un compteur journalier. Le moteur Diesel 60 est disponible avec la finition Junior. La boîte reste à quatre vitesses pour la version essence. Pour les deux motorisations, les pneus sont de 155/70 R13 S. Les minces 135 R13 de la première Junior ont vécu. (Archives de l'auteur)

Modèle à succès de la gamme 205, la Junior du millésime 1993 suit à son tour le mouvement lancé par la Zenith de 1992 en jetant son enjoliveur en plastique de hayon aux orties. Son moteur TU9 de 954 cm^3 et 45 ch adopte l'injection électronique monopoint associé à un pot catalytique. Il prend le nom de TU9M/Z, M pour injection, Z pour catalyseur, et voit sa puissance grimper à 50 ch. Les enjoliveurs de roues ne sont plus à croisillons, mais plats à sept fentes. (Archives de l'auteur)

L'année modèle 1994 est l'année de la nouvelle et unique finition pour la 205 : la Sacré Numéro. La Sacré Numéro, ce sont deux moteurs à essence, 60 ch et 75 ch, deux moteurs à gazole, 60 ch atmosphérique, 78 ch diesel turbo. La voiture est tellement connue à cette date qu'une toute petite photo d'elle suffit pour la couverture du dépliant. Un seul regret, mais de taille, la version automatique n'est pas disponible. (Archives de l'auteur)

Une 205 avec tout !

La 205 n'est plus proposée que dans une seule nouvelle finition, la Sacré Numéro, qui valide la suppression de la râpe et l'adoption des grands enjoliveurs de roues plats inaugurés par la Junior de 50 ch. Elle rajoute une jupe avant et arrière couleur carrosserie, des bandes latérales décoratives avec inscription “Sacré Numéro” sur les portes avant, un logo du même nom collé, donc, sur le hayon, de magnifiques enjoliveurs de roues intégraux plats à douze trous récupérés des versions SR, CJ ou Automatic.

Un retour aux sources pour une renaissance : proposée progressivement en sept couleurs, blanc Banquise, gris Quartz métallisé, bleu Genesis métallisé, vert Mayerling métallisé, bleu Miami métallisé, gris Château métallisé, rouge Vallelunga, la nouvelle physionomie de la 205, non contente de plaire, va devenir un grand classique du paysage automobile de la France du milieu des années 1990. Une fois encore, une fois de plus, le Sacré Numéro va marquer son époque !

Séduction extérieure, mais aussi séduction intérieure avec, il faut le dire, un gros effort de Peugeot pour magnifier sa 205. Ce volant à trois branches emprunté aux versions XS et Rallye, associé à une superbe sellerie velours papeete bleu aux motifs spécifiques sur l'assise, font oublier le combiné d'instruments rectangulaire repris de la 205 GR. Malin, le Lion. Et généreux aussi.

Tout y est, vitres teintées et électriques à l'avant, condamnation centralisée à distance, éclairage de coffre, essuie-glace arrière, rétroviseurs extérieurs réglables de l'intérieur, direction assistée sur les diesels, encore une révolution, et sur l'Automatic, tout est là, rien ne manque, à l'exception bien sûr du compte-tours impossible à installer au vu de l'étroitesse de l'emplacement disponible. N'en jetez plus, la pauvre 205 XE de 1986, même pas dotée d'un compteur journalier, est rouge de honte. Ne lui dites alors pas que la Sacré Numéro peut être équipée en option d'un toit ouvrant, d'une banquette arrière fonctionnelle par moitié, d'une peinture métallisée et, à partir de juin 1995, de l'air conditionné, là, la pauvrette part se cacher au fond du garage…

Avec la version Sacré Numéro, la 205 change vraiment d'époque : la clientèle veut dorénavant “tout”, la 205 répond présent. Trois moteurs à essence sont disponibles, 1 124 cm^3 60 ch, 1 360 cm^3 75 ch, 1 580 cm^3 89 ch pour l'Automatic, ainsi que deux propulseurs à gazole, 1 769 cm^3 60 ch ou 78 ch en version suralimentée. Pour toutes les 205 Sacré Numéro, les boîtes de vitesses sont à cinq rapports. Confortable et élégante, tant à l'extérieur qu'à l'intérieur, toujours aussi fiable et dynamique, la 205 Sacré Numéro constitue finalement l'évolution naturelle d'une petite auto née distinguée, aussi à l'aise pour aller ramasser les champignons que pour poser devant le Carlton.

UNE BELLE FIN DE CARRIÈRE SOUS LE SIGNE DE L'ÉLÉGANCE

Un nouveau Sacré Numéro

Après les lumières, les ténèbres : le 31 janvier 1994, la production des 205 GTI et Gentry est stoppée. Avec la disparition du cabriolet CJ depuis 1993, la 205 découverte associée au seul moteur 1 360 cm^3 de 75 ch s'appelle maintenant simplement Cabriolet, avec la mise à mort de la 205 Rallye cette même année, ça commence à faire quand même beaucoup pour le cœur des personnes passionnées. Le Lion les a entendues. Le Lion va réagir. Retour, à défaut de sport, au dynamisme et à un peu de fantaisie sans se départir de la nouvelle

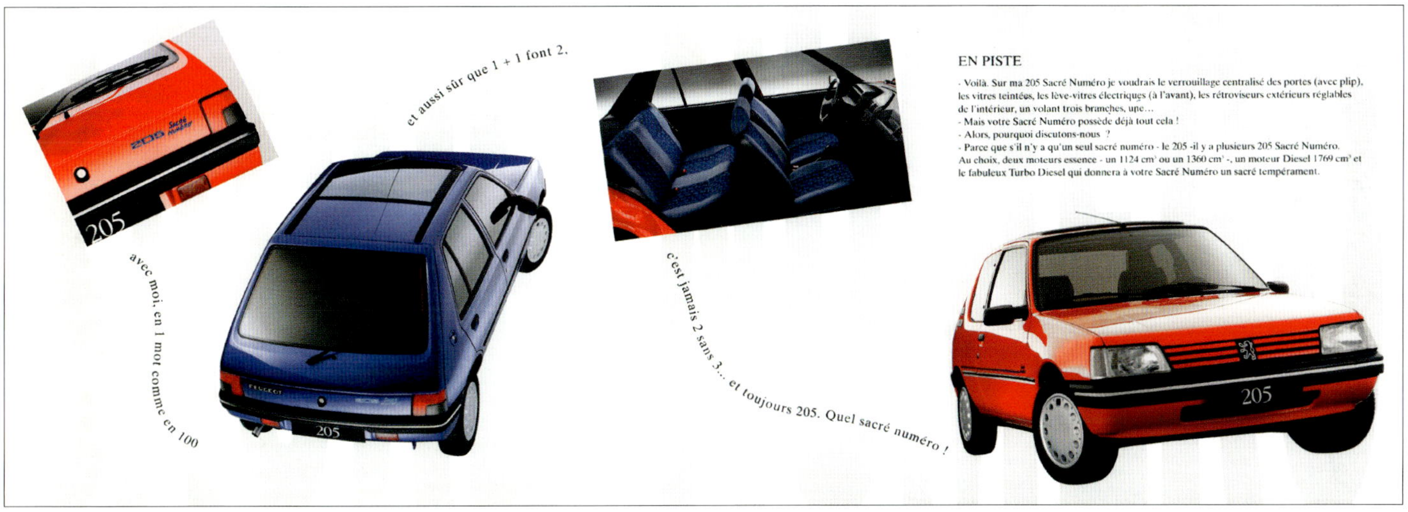

Influencée par la Junior de 1993, la Sacré Numéro de 1994 disponible en trois portes et en cinq portes n'a plus d'enjoliveur en plastique de hayon et adopte, elle aussi, des enjoliveurs de roues plats, mais à douze trous. La jupe avant et arrière est peinte couleur carrosserie. Une jolie bande décorative souligne son flanc. Dans l'habitacle, la planche de bord de la XR est associée au volant trois branches de la XS tandis que les sièges sont recouverts d'un très beau velours Papeete bleu aux motifs incroyables. (Archives de l'auteur)

205 Cabriolet, telle est la nouvelle appellation du Sacré Numéro, qui a enlevé le haut pour 1994. Le moteur TU3F2 de 75 ch est seul disponible. La 205 CJ s'en est allée dès 1993. La 205 Cabriolet ne dépassera pas le mois de juillet 1995. (Archives de l'auteur)

La 205 Junior elle aussi envolée au pays des autos éternelles, la 205 Sacré Numéro Série 2 a la lourde charge de maintenir la flamme de la passion. La gamme de motorisations proposée est heureusement complète : 60 ch et 75 ch à essence, diesel 60 ch et 78 ch suralimenté, 1 580 cm^3 90 ch essence pour la version automatique très appréciée de la clientèle et qui fait son grand retour ! (Archives de l'auteur)

Face à une joyeuse 106 Kid, la 205 Sacré Numéro Série 2 se surpasse : les sièges en velours Papeete de la Sacré Numéro Série 1 sont équipés de renforts latéraux, tandis que la boîte à gants devient verrouillable. (Archives de l'auteur)

élégance très appréciée de la clientèle, dès juillet 1995, avec la 205 Sacré Numéro Série 2, s'il vous plaît !

La 205 Rallye disparue lui a légué sa jupe avant sport, des répétiteurs de clignotants latéraux carrés font leur apparition sur les ailes avant, les sièges en velours Papeete repris de la 205 Sacré Numéro Initiale gagnent des renforts latéraux type GTI ou, là encore, Rallye. Le message est clair : une 205 reste une 205. L'adrénaline de la compétition coule toujours dans ses durites, aujourd'hui comme hier.

La version Automatic profite bien évidemment de la nouvelle présentation. Toujours facétieux, le Lion souffle pourtant un peu le chaud (une boîte à gants verrouillable et des bacs de portes avant font leur apparition), et le froid, (la bande latérale décorative est supprimée, et surtout, dès juillet 1995, la fabrication de la 205 Cabriolet est arrêtée). Plus de GTI, plus de Rallye, plus de Junior, plus de cabriolet, la fantaisie des années 1980 semble définitivement s'éloigner, et ce même si la 106 Kid, intégrée à la gamme depuis sa présentation en septembre 1993, tente de maintenir avec talent la flamme de l'insouciance et la joie de vivre.

Génération 205

Avec la vieillesse, le temps s'accélère : la 205 Sacré Numéro Série 2 ne vivra qu'une année et trois petits mois. La nouvelle 205 "Génération 205" la remplace en octobre 1996. Disponible en trois ou cinq portes dans des couleurs identiques à celles de la 205 Sacré Numéro, la nouvelle venue se pare du fameux logo ovale "Génération 205" apposé sur le hayon, garde ses répétiteurs de clignotants latéraux carrés sur les ailes avant, mais perd sa jupe avant sport, ses renforts latéraux de sièges type GTI et son volant sport trois branches type Rallye/XS pour

Les 205 GTI, Gentry, Rallye disparues depuis 1994, Peugeot propose une éphémère 205 Sacré Numéro Série 2 en juillet 1995, millésime 1996, avec une jupe avant sport de Rallye, des sièges type GTI et des répétiteurs de clignotants carrés sur les ailes avant. (Archives de l'auteur)

Toutes les caractéristiques des 205 Sacré Numéro Série 2 produites pendant seulement quinze mois, de juillet 1995 à octobre 1996, mais sur deux millésimes, 1996 et 1997. L'équipement est vraiment très complet. Détail révélateur de la volonté de rationalisation de la gamme, toutes les versions sont montées en pneumatiques 165/70 R13T. (Archives de l'auteur)

Caractéristiques techniques

205 Sacré Numéro 3 et 5 portes

Moteur		Essence	Essence	Essence-Auto	Diesel	Turbo Diesel
Puissance administrative		5	6	7	5	5
Cylindrée (en cm³)		1124	1360	1580	1769	1769
Nombre de cylindres		4	4	4	4	4
Puissance maxi à tr/mn :	• norme CEE (kW)	44,1 à 6200	55 à 5800	65 à 6400	43,5 à 4600	57,5 à 4300
	• norme DIN (ch)	60 à 6200	75 à 5800	90 à 6400	60 à 4600	80 à 4300
Couple maxi à tr/mn :	• norme CEE (mdaN)	8,75 à 3800	11,1 à 3400	12,8 à 3000	11 à 2000	15,7 à 2100
	• norme DIN (mkg)	9,1 à 3800	11,5 à 3400	13,5 à 3000	11,4 à 2000	16,3 à 2100
Alimentation :	• injection monopoint	●	●	●		
	• injection diesel				●	
	• injection diesel/suralimentation par turbocompresseur					●
Catalyseur trifonctionnel et sonde lambda		●	●	●		
Allumage électronique		●	●	●		
Dispositif de préchauffage					●	●
Transmission						
Boîte de vitesses manuelle à 5 rapports		●	●		●	●
Boîte de vitesses automatique à 4 rapports				●		
Direction						
Direction assistée				●	●	●
Rayon de braquage hors tout (en mètres)		5,25	5,25	5,25	5,25	5,25
Suspension						
Avant : Pseudo Mac Pherson, ressorts hélicoïdaux, barre antidévers et amortisseurs hydrauliques, télescopiques à double effet						
Arrière : à roues indépendantes, barre de torsion, barre antidévers (sauf 1124 cm³) et amortisseurs hydrauliques, télescopiques à double effet						
Freins						
Avant :	• à disques à étrier flottant	●	●	●	●	
	• à disques ventilés à étrier flottant					●
Arrière :	• à tambours	●	●	●	●	●
Dimensions (en mètres)						
Longueur hors tout		3,705	3,705	3,705	3,705	3,705
Largeur hors tout		1,572	1,572	1,572	1,572	1,572
Empattement		2,420	2,420	2,420	2,420	2,420
Voies :	• avant	1,364	1,364	1,364	1,364	1,364
	• arrière	1,318	1,318	1,318	1,318	1,318
Hauteur hors tout		1,374	1,375	1,350	1,375	1,375
Nombre de places		5	5	5	5	5
Poids (en kilogrammes)						
En ordre de marche		790	830	880	880	925
Total autorisé en charge		1220	1255	1300	1300	1325
Charge remorquable, remorque freinée		700	800	800	800	800
Total roulant autorisé		1920	2055	2100	2100	2125
Capacité (en litres)						
Réservoir de carburant		50	50	50	50	50
Volume total du coffre	• avec banquette arrière	216	216	216	216	216
(dm³ VDA)	• banquette arrière rabattue	652	652	652	652	652
Performances						
Vitesse maximale en km/h (sur circuit)		164	170	167	156	175
Accélérations (en sec.)	• de 0 à 100 km/h	13,9	11,6	14,0	15,1	12,2
	• 1000 m départ arrêté	35,5	33,3	35,3	36,5	34,2
Pneumatiques		165/70 R 13T	165/70 R 13T	165/70 R 13T	165/70 R 13T	165/70 R 13T
Consommations (en litres aux 100 km mesurées par l'UTAC)						
	• à 90 km/h en vitesse stabilisée	5,2	5,2	5,9	3,9	4,6
	• à 120 km/h en vitesse stabilisée	6,9	6,9	8,0	5,2	6,9
	• en parcours de type urbain	7,5	7,9	9,6	5,4	6,6
Carburant						
	• super sans plomb Ron 95/Ron 98	●	●	●		
	• gazole				●	●

● Équipements de base / Outre la garantie légale toutes les Peugeot bénéficient d'une garantie d'un an pièces et main-d'œuvre sans limitation de kilométrage. Les caractéristiques techniques et équipements des modèles présentés ne sont valables qu'à la date d'impression du catalogue et sont susceptibles d'évoluer à tout moment.

Equipements et options

205 Sacré Numéro 3 et 5 portes

	Essence	Automatique	Diesel
Équipement de confort et esthétique			
Peinture métallisée	○	○	○
Vitres teintées	●	●	●
Vitres latérales arrière entrouvrables (3 portes)	●	●	●
Rétroviseurs extérieurs réglables de l'intérieur	●	●	●
Verrouillage électrique centralisé à distance des portes et du coffre	●	●	●
Lève-vitres avant à commande électrique	●	●	●
Prééquipement autoradio et faisceau de raccordement pour HP AV	●	●	●
Air conditionné	○	○	○ (1)
Sièges avant enveloppants	●	●	●
Garnissage des sièges en velours	●	●	●
Appuis-tête avant réglables en hauteur	●	●	●
Toit ouvrant à commande manuelle	○	○	○
Équipement pratique			
Ceintures de sécurité avant et arrière à enrouleur + une 3ᵉ ceinture centrale AR ventrale	●	●	●
Alarme sonore des feux restés allumés	●	●	●
Compte-tours électronique		●	
Montre électrique à quartz	●		●
Montre électronique à affichage numérique		●	
Essuie-vitre avant intermittent et lave-vitre à commande électrique	●	●	●
Essuie-vitre/Lave-vitre arrière	●	●	●
Dégivrage/désembuage de la lunette arrière	●	●	●
Direction assistée		●	●
Banquette arrière rabattable en 2 parties	○	●	○
Console centrale longue avec emplacement range-cassettes	●	●	●
Boîte à gants fermant à clé	●	●	●
Eclairage dans le coffre	●	●	●

● Équipements en série / ○ option.

(1) sauf turbo diesel

PEUGEOT 306

S16

Apparue en février 1993, la 306 est un grand succès. Sa Phase 2 apparaît à l'été 1997. La fabuleuse S16 de 167 ch à six vitesses commercialisée dès le mois d'octobre 1996 représente vraiment l'avenir de la marque. (Archives de l'auteur)

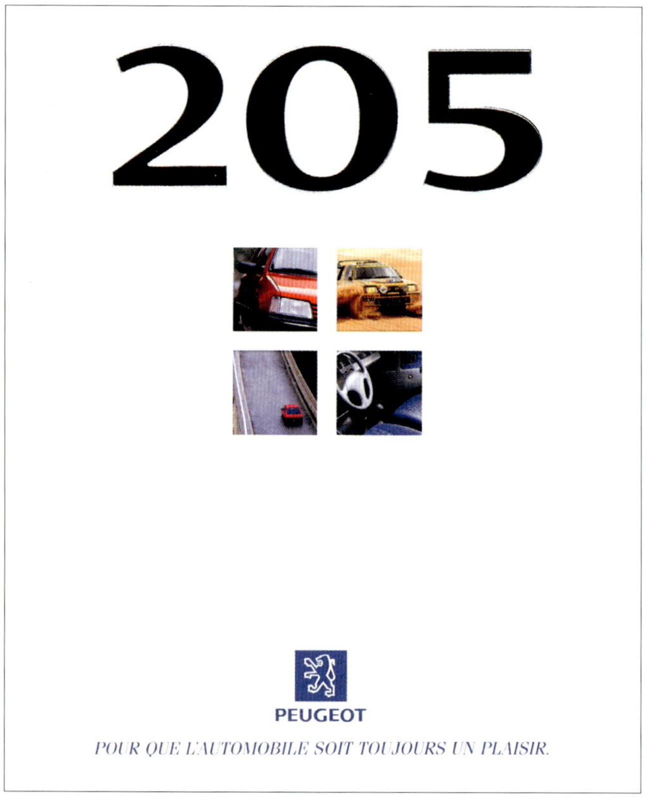

Couverture catalogue 205 "Génération 205". Notez le slogan : "Pour que l'automobile soit toujours un plaisir", qui a remplacé : "Un constructeur sort ses griffes". Une page se tourne. La dernière finition du Sacré Numéro sera produite sur trois millésimes : 1997, 1998, 1999. La production de la 205 est arrêtée le 31 décembre 1998 en France et en Espagne. (Archives de l'auteur)

Une même sellerie en velours Papeete bleue pour la 205 Sacré Numéro Série 2 et un même choix de sept couleurs magnifiques pour sa carrosserie. Volonté de se différencier d'une 106 plus facétieuse, la bande latérale décorative de la Sacré Numéro Série 1 n'est pas reconduite sur la Série 2. (Archives de l'auteur) un modèle lui aussi à trois branches mais faussement bombé, (il ne contiendra jamais d'airbag), beaucoup plus sage d'aspect, et issu des 106 et 306 censées remplacer, l'une par le bas, l'autre par le haut, notre pauvre 205 maintenant quelque peu malmenée.

Pire, la 205 "Génération 205", qui n'a bien sûr pas récupéré sa décoration latérale de carrosserie, se voit délestée de deux moteurs : le 1 124 cm^3 essence de 60 ch et le puissant 1 769 cm^3 diesel suralimenté de 78 ch. La version automatique est éjectée de la gamme dans la foulée. Ne restent donc au catalogue que deux moteurs : le 1 360 cm^3 essence 75 ch et le 1 769 cm^3 à gazole de 60 ch. La taille des pneus est identique pour les deux modèles : 165/70/13.

La 205 ne doit maintenant pas faire d'ombre aux versions d'entrée de gamme de la 106, fraîchement restylée (avril 1996) et doit abandonner le sport aux plus jeunes, 106 S16 et nouvelle 306 S16 2 litres seize soupapes 167 ch à boîte six vitesses en tête.

La roue tourne, l'appellation GTI, de plus en plus décriée par les tenants de la sécurité routière, est provisoirement mise de côté par Peugeot. La 205 se fait discrète, bourgeoise, bien pensante, et cela lui va aussi très bien, toute belle qu'elle est avec ses très distingués enjoliveurs de roues plats à douze trous. La 106 S16 qui succède à partir d'avril 1996 à la XSI (1 360 cm^3 100 ch puis 95 ch à partir de 1994, en raison des normes antipollution) avec un nouveau moteur 1 587 cm^3 seize soupapes de 120 ch reprend le flambeau du sport, mais de manière plus discrète. La 106 Rallye qui a échangé son 1,3 litre des débuts pour un 1,6 litre de 103 ch a le mérite d'exister jusqu'en 1998, mais, contexte oblige là aussi, elle est peu mise en avant par le réseau. La 106 Rallye Phase 1 se vendra à onze mille exemplaires, la 106 Rallye Phase 2 à seulement quatre mille trois cents exemplaires. La censure des années 2000 se profile déjà.

La 306 S16 apparaît tôt dès la sortie du modèle en 1993 avec un moteur de 155 ch (150 ch à partir de 1994, avec les contraintes antipollution) et une boîte à cinq rapports. La 306 S16 167 ch six vitesses qui lui succède en octobre 1996, quelques mois avant le restylage de l'ensemble de la gamme de juin 1997, joue, elle aussi, la partition du sport discret et du confort.

La preuve : la 306 S16 167 ch sera proposée en deux finitions à partir de 1998 : Confort (moins équipée, plus légère), Premium (mieux équipée avec notamment une climatisation automatique). Devinez laquelle des deux sera la plus vendue ?

Automobile des années 1980, la 205 avec sa version Génération 205 s'adapte plutôt bien à son époque, même si l'airbag conducteur, disponible sur la récente 406 (octobre 1995), sur les 106 et 306, ne le sera jamais sur la jeune vieille Lionne de, quand même, presque quatorze ans d'âge !

Botte secrète de la 205 "Génération 205" ? Son prix. Inférieur de près de 10 000 francs à la version équivalente, tant en essence qu'en diesel,

Ultime finition pour la Lionne : la nouvelle 205 "Génération 205" remplace la Sacré Numéro Série 2 en octobre 1996 tout en conservant ses répétiteurs de clignotants carrés sur les ailes avant, mais en perdant sa jupe avant sport. Ainsi vêtue, une constatation s'impose : l'élégance naturelle de la 205 est vraiment intemporelle. (Archives de l'auteur)

de la 205 Sacré Numéro, et inchangé entre juillet 1997 et juillet 1998, il permet à une auto toujours extrêmement appréciée de la clientèle de terminer sa carrière en haut de l'affiche.

Le 1er février 1997, la version à gazole sera catalysée sans changement de puissance, puis plus rien, avant un petit changement de puissance fiscale (de 6 CV à 5 CV pour la 1 360 cm^3 essence, de 5 CV à 4 CV pour la 1 769 cm^3 diesel) qui intervient le 1er juillet 1998 pour le dernier millésime.

Ce dernier millésime, année modèle 1999 donc, n'ira malheureusement pas à son terme pour notre 205 : commercialisée le 10 octobre 1998, la nouvelle et très attendue Peugeot 206 met fin à son règne. Le 31 décembre 1998, la production de la 205 est arrêtée en France et en Espagne. Les livraisons des dernières commandes prises en décembre 1998 se feront en janvier 1999. La 205 a ouvert la voie. La jeune 206 fera encore mieux que sa maman en devenant la Peugeot et la voiture française la plus vendue de tous les temps, loin devant la Renault 4 et la 2 CV.

Telle une sorcière bien aimée, la 205 n'est pourtant déjà plus là.
Elle est partie dans le ciel, dans le paradis des bonnes autos.
En cette nuit de Nouvel An, il y a une étoile de plus qui brille.
En y regardant de plus près, on peut lire dans sa lumière : 205.

Génération 205, un confort solide et un bien-être éprouvé.

Fonctionnalité avant tout, le succès de 205 est aussi celui d'un intérieur hors-modes, aussi convivial que pratique. Contours solides du tableau de bord, vide-poches côté passager, boîte à gants, nouveau volant mousse trois branches, sièges garnis velours Papeete, elle est prête à défier de nouveaux chemins de découverte. Trois ou cinq portes, elle reste impatiente et enjouée et s'il faut faire une halte, Génération 205 compte les heures qui la séparent de chaque nouveau départ.

La volonté de Peugeot de revenir à une beauté classique pour sa 205 se traduit aussi dans son intérieur : retour aux sièges en velours Papeete de la Sacré Numéro Série 1 sans renforts latéraux et abandon du volant sport trois branches, lui aussi inspiré dans sa forme de celui des 106 et 306 censées la remplacer à assez court terme, mais dépourvu d'airbag conducteur. (Archives de l'auteur)

Plus que deux motorisations disponibles pour la 205 "Génération 205" : TU3F2 essence 75 ch, XUD7 diesel atmosphérique 60 ch. Dommage, la version automatique, de retour sur la 205 Sacré Numéro Série 2, n'a pas survécu jusqu'au bout. Les couleurs de carrosserie sont reconduites à l'identique, de même que le velours Papeete des sièges. (Archives de l'auteur)

COLORIS ET GARNISSAGE

Un garnissage velours Papeete pour traverser les saisons dans un confort digne d'une berline.
Un choix de coloris à la fois actuel et classique : du Blanc Banquise pour les étés torrides au Gris Château pour les soirées costumées en passant par le Bleu Miami pour aller surfer, 205 se révèle sous toutes les couleurs qui font d'elle la voiture de toute une génération.

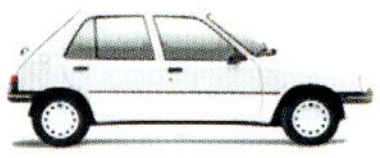

BLANC BANQUISE

ROUGE VALLELUNGA

GRIS QUARTZ

GRIS CHATEAU

BLEU GENESIS

VERT MAYERLING

BLEU MIAMI

En raison des procédés techniques de reproduction, les teintes présentées dans ce catalogue, peuvent être différentes des coloris réels.

CARACTÉRISTIQUE TECHNIQUES

	GENERATION 205 3 ET 5 PORTES	
MOTORISATIONS	**ESSENCE**	**DIESEL**
Puissance administrative	6	5
Cylindrée (en cm^3)	1360	1769
Puissance maxi à tr/mn • norme CEE / DIN (kW/ch)	55/75 à 5800	43.5/60 à 4600
Couple maxi à tr/mn • norme CEE / DIN (mdaN/mkg)	11,1/11,5 à 2650	11/11,4 à 2250
Alimentation	injection monopoint	injection Diesel
FREINS		
Avant	à disques à étrier flottant	à disques à étrier flottant
Arrière	à tambours	à tambours
PNEUMATIQUES	**165/70 R 13T**	**165/70 R 13T**
SUSPENSIONS		
• avant : Pseudo Mac Pherson, ressorts hélicoïdaux, barre antidévers et amortisseurs hydroliques, télescopiques à double effet		
• arrière : à roues indépendantes, barre de torsion, barre antidévers et amortisseurs hydroliques, télescopiques à double effet		
PERFORMANCES		
Vitesse maximale en km/h (sur circuit)	170	156
Accélération (en sec.) de 0 à 100 km/h	11,6	15,1
POIDS		
En ordre de marche avec les pleins (en kilogrammes)	830	880
CAPACITÉS (en litres)		
Réservoir de carburant	50	50
Volume total du coffre (dm^3 VDA) • avec banquette arrière	216	216
Volume total du coffre (dm^3 VDA) • banquette arrière rabattue	652	652
CONSOMMATIONS (en litres au 100 km mesurées par l'UTAC)		
• en parcours de type urbain	7.9	5,4
• à 120 km/h à vitesse stabilisée	6,9	5,2
• à 90 km/h à vitesse stabilisée	5,2	3,9
DIMENSIONS (en mètres)		
Longueur hors tout	3,705	3,705
Largeur hors tout (sans rétroviseurs)	1,572	1,572
Empattement	2,42	2,42

LES EQUIPEMENTS

- Direction assistée (version Diesel uniquement)
- Lève-vitres avant à commande électrique
- Vitres teintées
- Condamnation centralisée à distance
- Prééquipement autoradio et faisceau de raccordement des portes
- Montre à quartz
- Console centrale avec emplacement range cassettes
- Boîte à gants fermant à clef
- Volant trois branches
- Ceintures de sécurité AV et AR à enrouleur + 3e ceinture centrale AR ventrale
- Appuis-tête avant réglable en hauteur
- Garnissage des sièges tissu Papeete
- Eclairage dans le coffre
- Essuie-vitre avant intermittent et lave-vitre à commande électrique
- Essuie-vitre/Lave-vitre arrière
- Dégivrage/désembuage de la lunette arrière
- Vitres latérales arrières entrouvables (3 portes)
- Rétroviseurs extérieurs réglables de l'intérieur

Restylée en avril 1996, la 106 monte en puissance. La 205, toute déjà mythique soit-elle, ne doit pas lui faire d'ombre. Avec son moteur TU 1 587 cm^3 seize soupapes de 120 ch, la 106 S16 se pose comme la version de pointe de cette nouvelle génération. (Archives de l'auteur)

Un regard, félin, un nom : 206. Le 10 octobre 1998, la nouvelle Peugeot arrive en France. Pour la 205, c'est moins de trois mois de vie devant elle. Peu importe : elle a sauvé son constructeur et préparé l'avenir. (Archives de l'auteur)

Dans sa belle couleur Tangerine de lancement, une 206 XS de 1 587 cm^3, huit soupapes et 90 ch, à la canule d'échappement chromée, fonce vers son destin de superstar. À ce jour, aucune Peugeot, aucune autre voiture française n'a dépassé la 206 en ce qui concerne les ventes. Telle mère, telle fille, semble dire maman 205. (Archives de l'auteur)

205
ROLAND GARROS
205

SÉRIE SPÉCIALE ROLAND-GARROS (1989-1993)

LA 205 INVENTE ET TRANSMET À SA DESCENDANCE

LE SACRÉ NUMÉRO INAUGURE LA SÉRIE SPÉCIALE ROLAND-GARROS

La 205 Roland-Garros

Peugeot est partenaire des Internationaux de France de tennis de Roland-Garros depuis 1984. Décidément toujours aussi novatrice tant dans le domaine technique que dans le domaine commercial, la 205 va magnifier cette association à partir du millésime 1989 (1er juillet 1988) en se présentant sous la forme d'une nouvelle série limitée sur base XS/GT nommée "Roland-Garros", qui va durablement marquer les esprits et servir l'image de son constructeur. La nouvelle série limitée Roland-Garros de la 205 s'inscrit donc dans cette épopée légendaire du xxe siècle.

Moteur unique, le TU3S 85 ch à carburateur double corps, une seule couleur, le bientôt fameux vert foncé métallisé, le tout exclusivement en carrosserie trois portes le long de laquelle s'étire un double filet latéral blanc, les logos "Roland Garros Paris" étant présents sur le milieu des ailes avant et sur l'enjoliveur en plastique, la râpe, du hayon, la petite Peugeot a une vraie personnalité.

Si la jupe avant avec phares longue portée intégrés est reprise des XS et GT, les jantes en alliages douze trous sont celles montées en option sur les dernières citées pour faire plus soigné. Le toit ouvrant coulissant en verre fumé, les glaces tintées, l'essuie-glace arrière, le jonc chromé inséré dans les pare-chocs composent une robe d'une grande élégance.

À l'intérieur, c'est la GTI passée en mode couture parisienne : les appuie-tête et les sièges à renforts latéraux adoptent le cuir blanc, tissu Set avec surpiqûres ocres pour le séant des occupants, les panneaux de portes sont assortis ainsi que le volant sport trois branches dont le même cuir blanc habille le cerceau, tandis que l'inscription "Roland Garros" est inscrite au centre de couleur noire du volant dans un cartouche rectangulaire.

Les ceintures de sécurité de teinte terre battue, les surtapis anthracite gansés de blanc finissent de composer un environnement duquel se dégage une ambiance à la fois dynamique et raffinée qui aurait très certainement plu à M. Roland Garros. Repris des 205 XS et GT, le combiné d'instruments qui abrite un compte-tours l'aurait également ravi, c'est presque certain.

Image et Promotion

Roland Garros 89, plus Peugeot que jamais !

Comme nous l'annoncions dans notre numéro précédent, le contrat de partenariat signé entre Automobiles Peugeot et la Fédération Française de Tennis fait de notre société le partenaire automobile exclusif de la Fédération aussi bien à Roland Garros qu'à l'Open de Paris-Bercy.

Les Internationaux de Tennis Roland Garros, l'une des quatre épreuves que compte le grand chelem, sont considérés comme le temple de la terre battue et soulignent la capacité de la Fédération Française de Tennis à faire partie des meilleurs, de l'élite...

Aspiration que partage Automobiles Peugeot qui, outre sa capacité à être un constructeur généraliste developpe une image de référence en produisant et en commercialisant des modèles très typés.

Cette année, le système de navettes Peugeot était reconduit, et c'est aux 205 et 405 Roland Garros qu'est revenu le soin d'effectuer les liaisons entre le magasin d'exposition d'Automobiles Peugeot situé au 136 Champs-Elysées et le stade Roland Garros.

Les invités détenteurs de la carte VIP Peugeot pouvaient profiter de ces facilités pour se rendre sans encombre sur les lieux mêmes des Internationaux de France de Tennis. 15 voitures étaient à leur disposition, toutes conduites par de charmantes hôtesses, ce dont personne ne se plaindra...

Comme il est désormais de tradition, certaines directions d'Automobiles Peugeot ont profité de l'envergure de cet évènement sportif de haut niveau, et de l'engouement qu'il suscite auprès du public pour développer leur action de relations publiques. Leurs invités étaient reçus dans l'enceinte du village Roland Garros, où le meilleur accueil leur était réservé.

Bien entendu, les intéressés pouvaient assouvir leur passion du tennis, et avaient la possibilité d'assister aux matches dans les loges Peugeot sur le court central et le n° 1. Plus que jamais cette année, il s'agissait d'une belle opération d'image. Le caractère prestigieux de Roland Garros correspond parfaitement au ton global qu'Automobiles Peugeot a la volonté de donner à ses opérations de relations publiques. Le rapprochement et les accords signés avec la Fédération Française de Tennis constituent une embellie et laissent donc entrevoir un développement important concernant ce style de manifestation dans les années à venir.

Partenaire célèbre du tournoi de tennis parisien depuis 1984, Peugeot présente la série spéciale 205 Roland Garros le 1er juillet 1988 pour l'année modèle 1989. Trois couleurs sont mises en avant : vert, blanc, ocre. (Archives de l'auteur)

QUI EST DONC ROLAND GARROS ?

Né le 6 octobre 1988 à Saint-Denis de La Réunion, fils de Georges Garros, avocat d'affaires à Saïgon, Roland Garros est un pionnier de l'aviation qui réussit la première traversée aérienne de la Méditerranée le 23 septembre 1913 sur son monoplan Morane-Saulnier à 101 km/h de vitesse moyenne. Par la suite, pendant la Grande Guerre, il met au point en 1915 le premier dispositif de tir à la mitrailleuse à travers l'hélice en blindant chaque pale avec une pièce métallique triangulaire qui dévie les balles. Roland Garros expérimente avec succès ce système sur son Morane-Saulnier type L avant d'être abattu le 5 octobre 1918, cinq semaines avant l'armistice, par un avion allemand Fokker B7 dans les Ardennes.

Élève de l'école de HEC Paris avant d'être aviateur, Roland Garros a fait connaissance avec Émile Lesieur, élève de cette même école et international de rugby, qui le parraine pour adhérer au Stade français où il s'inscrit dans la section rugby. Roland Garros et Émile Lesieur deviennent dès lors des amis très proches.

Mais quel est son rapport avec le tennis ? En 1927, neuf ans après la mort de l'aviateur, Émile Lesieur est devenu président du Stade français. À cette époque, un stade de tennis parisien doit être construit pour accueillir les épreuves de la coupe Davis ramenée en France par les Quatre Mousquetaires, quatre joueurs (René Lacoste, Jean Borotra, Henri Cochet, Jacques Brugnon) qui entreront dans la légende du sport. Émile Lesieur intervient alors vigoureusement pour exiger que l'on donne le nom de Roland Garros à ce stade de tennis.

Succédant au championnat de France de tennis créé en 1891, les Internationaux de France, tournoi de tennis sur terre battue inauguré en 1925, se tiennent chaque année depuis 1928 à Paris dans le nouveau stade Roland-Garros. Appelé tout simplement tournoi de Roland-Garros, ou Roland-Garros tout court, c'est l'un des quatre tournois du Grand Chelem, deuxième en mai dans le calendrier après l'Open d'Australie de janvier, et avant les tournois de Wimbledon et de l'US Open qui se déroulent respectivement en juin et en août de chaque année.

Dernière précision, et non des moindres : son diplôme de HEC en poche et avant de découvrir l'aviation, Roland Garros se fait embaucher par la firme automobile Grégoire et devient agent de la marque à l'enseigne "Roland Garros automobiles, voiturettes de sport" au 6, avenue de la Grande-Armée à Paris. Passionné par tout ce qui roule avant de l'être par tout ce qui vole, très proche d'Ettore Bugatti, il sera fidèle aux automobiles de la marque, en particulier la Type 18 de 1910.

Grand Tourisme à la fois efficace sur la route et pleine de chame, (trois mille cinq cent cinquante exemplaires dont deux mille pour la France seront produits pour l'année modèle 1989), la 205 Roland-Garros est un petit concentré automobile de notre âme nationale à elle seule. Une légende est en marche.

Version cabriolet pour la 205 Roland-Garros

Dès le mois de mars 1990, le cabriolet 205 Roland-Garros rejoint sa petite sœur à trois portes. Avec sa capote blanche à commande électrique et son couvre-capote assorti blanc, il se montre d'entrée digne d'elle. Pour les deux modèles, le double filet latéral de couleur blanche laisse la place à un simple filet qui court le long de la carrosserie.

Pour les deux modèles également, le volant se fait plus consensuel : le cuir blanc disparaît au profit d'un joli cuir noir, le logo Roland-Garros adopte une forme ronde délaissant le cartouche rectangulaire du millésime précédent. Simple, propre, net, efficace. Six mille exemplaires de 205 Roland-Garros sont produits pour l'Europe, dont mille cabriolets, pour le millésime 1990.

Le millésime suivant n'apporte aucun changement pour la plus parisienne des 205 qui se contente de s'aligner sur les modifications générales de l'ensemble de la gamme : clignotants avant blancs et non plus orange, feux arrière fumés qui rejettent le feu de recul à droite dans le pare-chocs, rétroviseur extérieur droit, ceintures arrière à enrouleurs.

Les ventes, et donc les chiffres de la production, atteignent des sommets : quatre mille exemplaires sont produits pour la France, qui se répartissent en deux mille cinq cents versions trois portes et mille cinq cents cabriolets. Galvanisé par ce succès, Peugeot avance ses pions. Une berline Roland-Garros cinq portes complète l'offre pour l'année modèle 1992.

La beauté classique, l'équilibre des lignes de l'auto en sortent encore renforcées, tout comme l'aspect pratique. Très attendue par la clientèle, la 205 Roland-Garros cinq portes fera le bonheur des petites familles suffisamment promptes à signer le bon de commande.

Millésime 1993 : la jeune 106 se fait de plus en plus pressante. La 205 Roland-Garros doit réduire la voilure pour laisser place à une future 106 Roland-Garros qui arrivera dès le mois d'avril 1993.

La gamme 205 Roland-Garros est donc réduite au seul cabriolet jusqu'à l'arrêt de la série limitée en mars 1993.
Le moteur TU3S de 85 ch est débarqué au profit du XU5M3/Z de 1 580 cm^3 et 89 ch déjà installé sous le capot des XS et GT de ce millésime et, signe d'une retraite qui se profile, c'est la 106 Roland-Garros qui lui prête ses jantes en alliage huit branches ainsi que le nouveau tissu à dominante verte de l'assise de ses sièges. Les renforts restent quand même en cuir blanc. L'honneur est sauf.
Petit regret, selon qu'on y soit attaché ou pas, l'enjoliveur de hayon, conformément à l'évolution du reste de la gamme, disparaît. Le liséré blanc en profite pour faire le tour de la poupe tandis que des clignotants latéraux rectangulaires de couleur orange poussent sur les ailes avant.
Élément visuel incontournable qui permet d'identifier un cabriolet 205 Roland-Garros de l'année modèle 1993 sans risque d'erreur : le nouveau moteur XU5M3/Z, plus encombrant, implique un bossage sur le capot pour loger entre les roues avant de notre Sacré Numéro, ce qui donne à cette dernière un petit air costaud qui, finalement, lui va très bien.
Mars 1993 : l'aventure se termine pour la 205 Roland-Garros. Son corps disparaît. Son âme va lui survivre. Pour la série spéciale Roland-Garros, l'histoire continue. Pour Peugeot, pour le Lion, aussi.

La Peugeot 205 Roland-Garros millésime 1989 uniquement proposée en trois portes : laquée de vert foncé métallisé, parée de jantes alliage douze trous, d'un toit ouvrant et d'un double filet blanc sur ses flancs, elle fait penser à une GTI qui serait passée par l'avenue Montaigne pour aller dîner en ville. (Archives de l'auteur)

Un intérieur de GTI pour notre Roland-Garros, avec du cuir blanc, de l'ocre même pour les ceintures de sécurité, un peu de vert. (Archives de l'auteur)

Sièges de GTI, mais planche de bord de XS. Le volant sport trois branches bien connu est ici habillé de cuir blanc avec l'inscription "Roland Garros" apposée en son centre dans un cartouche rectangulaire. La boîte à cinq rapports MA5S commande un unique moteur, le TU3S de 85 ch, le toit ouvrant s'offre un verre fumé coulissant. (Archives de l'auteur)

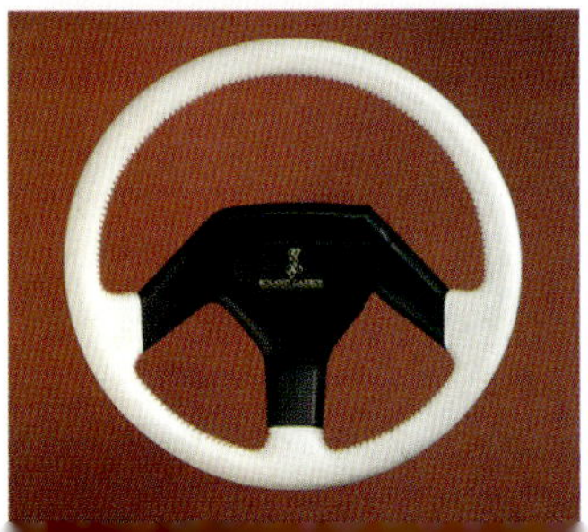

Un jeu clair et précis. Subtil et recherché. À l'égal des meilleurs joueurs du circuit international, la 205 Roland-Garros dévoile une gamme infinie de talents soigneusement dosés...
Le résultat est peut-être cette lumière intérieure unique qui vous surprend avant de vous charmer lorsque, pour la première fois, vous pénétrez dans l'habitacle.
Ou bien cette harmonie des tons et des matières qui, pour vous, évoque des tenues blanches évoluant sur la terre battue.
S'asseoir dans la 205 Roland-Garros est un plaisir des sens. Immédiatement votre corps trouve son exacte place dans le siège "baquet" à dossier inclinable.
Détendez-vous. Reposez votre nuque, pour un instant de plénitude, sur l'appuie-tête de cuir blanc immaculé. Un blanc, limpide et reposant, que vous caressez des yeux lorsque votre regard glisse le long des panneaux de portes et des sièges. Passez votre main sur les bandeaux de cuir qui ceignent leur assise et découvrez leur tissu exclusif "set"...

La 205 Roland-Garros millésime 1990 perd son double filet latéral blanc pour un unique et simple filet de même couleur encore plus délicat. Les pneus sont inchangés (165/70 SR13). Le modèle photographié, ici une version 1992, comporte en plus les clignotants avant blancs et le rétroviseur extérieur droit. (Archives de l'auteur)

Déclinée en version cinq portes seulement à partir de l'année modèle 1992, la 205 Roland-Garros perd son volant blanc dès le 1er juillet 1989 avec un logo désormais tout rond enchâssé en son milieu. L'enjoliveur de hayon, en plastique, est, lui, toujours bien présent. (Archives de l'auteur)

Le millésime 1990, c'est aussi l'arrivée du cabriolet 205 Roland-Garros dès le mois de mars. La capote blanche, ici en action sur ce modèle 1992, est à commande électrique, un équipement encore assez rare à cette époque à ce niveau de gamme. (Archives de l'auteur)

La 205 Roland-Garros s'aligne sur les modifications esthétiques du reste de la gamme pour l'année modèle 1991, avec, entre autres, l'adoption de feux arrière fumés. Le couvre-capote blanc du cabriolet s'accorde finalement bien avec une planche de bord sombre. (Archives de l'auteur)

Une 106 Roland-Garros est annoncée. La série spéciale 205 Roland-Garros est en conséquence sérieusement élaguée dès le 1er juillet 1992 pour le millésime 1993 avec le seul cabriolet disponible. Petite humiliation supplémentaire, le cabriolet est affublé des mêmes jantes que la 106 à venir. (Archives de l'auteur)

Le revêtement tout vert pour les sièges du cabriolet 205 Roland-Garros de 1993 provient, lui aussi, de la future 106 Roland-Garros. Ça commence à faire beaucoup pour le Sacré Numéro. La planche de bord est inchangée. (Archives de l'auteur)

Même avec des roues de 106, le cabriolet 205 Roland-Garros de 1993 conserve sa prestance. Notez les répétiteurs latéraux de clignotants sur les ailes ainsi que la fameuse râpe en plastique qui a maintenant disparu.
Le moteur TU3S de 85 ch a cédé la place au XU5M3/Z de 1 580 cm³ et 89 ch des 205 XS et GT. (Archives de l'auteur)

LES PREMIÈRES HÉRITIÈRES

La 106 Roland-Garros

Avril 1993 : disponible en trois ou cinq portes, la 106 Roland-Garros remplace la 205 Roland-Garros qui avait ouvert la voie en mai 1989. Avant elle, seule la 405 en mai 1991, et uniquement sur base de break SRI (1 905 cm³ à injection électronique Bosch L3.1 de 123 ch), avait endossé les habits Roland-Garros avec toit ouvrant électrique et sièges en drap Set et cuir blanc avec surpiqûres de couleur rouge brique. Produite en toute petite série, quatre cents exemplaires, la 405 Break Roland-Garros a eu au moins le mérite d'exister. En 1991, pour Peugeot, ce n'est pas rien.

Moteur TU3 1 360 cm³ de 75 ch, couleur uniquement vert Roland-Garros exclusive, jantes alliage huit branches avec pneus 165/65 R13T, la petite 106 reprend à la lettre le *dress code* initié par la 205 et déjà recopié par le break 405 : filet blanc sur les portes et le hayon, toit

Mars 1993 : la production de la série spéciale 205 Roland-Garros prend fin. Avril 1993 : la nouvelle 106 Roland-Garros prend la relève. (Archives de l'auteur)

Prêtés à la 205 Roland-Garros Cabriolet de 1993, les sièges en cuir blanc et tissu vert acelet de la 106 Roland-Garros composent avec le tableau de bord noir un ensemble à la fois chic et sobre. (Archives de l'auteur)

Disponible d'entrée en trois et en cinq portes, la 106 Roland-Garros reprend à l'identique le concept inauguré par la 205 du même nom. Un seul moteur est disponible, le TU3 de 1 360 cm^3 et 75 ch. (Archives de l'auteur)

ouvrant coulissant, volant sport trois branches avec motif central "Roland Garros", sièges spécifiques en cuir blanc et tissu vert Acelet, vitres teintées, phares antibrouillard et surtapis gansés de blanc. Un an plus tard, c'est l'escalade au rayon équipements : les rétroviseurs électriques chauffants arrivent en série, la climatisation est en option. Grosse déception quand même : la version cinq portes disparaît. Dommage pour l'aspect pratique. Le printemps 1995 ne réhabilitera pas la 106 Roland-Garros à cinq ouvrants, mais titularisera un nouveau tissu vert pour les sièges et les contre-portes à motifs croisés Survol et des coquilles de rétroviseurs couleur carrosserie. Trois options intéressantes apparaissent en 1995 : l'antiblocage de freins ABR, l'airbag conducteur, l'antidémarrage codé. Ça sent déjà bon les années 2000.

La 106 Roland-Garros terminera sa vie en beauté en profitant du restylage de l'ensemble de la gamme en avril 1996, en proposant de série les trois options précédemment citées, en réhabilitant la version cinq portes pour le moteur TU3 75 ch, en dégainant une inédite carrosserie trois portes propulsée par le XU 1 587 cm^3 de 90 ch attelé à une seule et unique boîte automatique. Sans complexes depuis sa naissance en 1991, la 106. Et elle le prouve ! Proposée une dernière fois au catalogue Peugeot en avril 1997, la 106 Roland-Garros aura repris le flambeau avec talent.

La 306 Roland-Garros

Apparue en avril 1994 pour seconder la 106 et tenter de remplacer la 205, troisième de cordée de la nouvelle lignée verte, la 306 Roland-Garros a, il faut l'avouer, aligné les moyens pour permettre au Lion d'accroître sa nouvelle, et encore fragile, image de constructeur “dans le coup”. Commercialisée en berline trois et cinq portes jusqu'en 2000, en break et en cabriolet jusqu'en 2002, toujours fidèle au *dress code* mis au point pour la 205 en 1989, la 306 va pourtant un peu innover : le vert Roland-Garros (code MORP) utilisé jusqu'en mai 1995 sera remplacé par le vert Grand Chelem (code MOQL) de juin 1995 à 2002. Si le tissu Acelet est repris de la 106 des années 1993 et 1994, la 306 prend le large pour le reste avec un toit ouvrant coulissant électrique, une climatisation, des appuie-tête arrière et une direction assistée qui font la différence. Le moteur 1,6 litre de 90 ch reste pourtant sage. Même équipée des jantes en alliage de 14 pouces de style 205 1,9 litre GTI avec des pneus de 185/65 R14, la 306 Roland-Garros reste fidèle à la philosophie lancée par ses devancières : le Grand Tourisme.

La 806 et 406 Roland-Garros

Quatrième de cordée, le monospace 806 Roland-Garros se jette dans la mêlée en avril 1999 pour magnifier son restylage d'octobre 1998. Couleur unique, le nouveau vert Tie Break métallisé fait sa première sortie dans le grand monde avec la 806, accompagné d'une sellerie cuir bicolore savane et vert. La climatisation est bien sûr de série et, même si les motorisations (2 litres essence 123 ch ou 2,1 litres Diesel Turbo 110 ch) sont connues, le concept de monospace chic séduit. L'antiblocage de roues ABS, l'airbag conducteur, l'airbag passager, les astucieux sièges avant pivotants, les deux portes latérales arrière coulissantes composent un ensemble d'une grande homogénéité. Quelques semaines après la 806, la 406 vient, elle aussi, goûter à la série spéciale Roland-Garros, mais bizarrement sur la pointe des pieds, à raison de seulement deux cents exemplaires, et uniquement sur la base du break SV Phase 2 à motorisation 2 litres HDI à gazole de 110 ch. En mai 1999, la 406 Break Roland-Garros respecte

Présentée juste un an après la 106 Roland-Garros en avril 1994, la 306 Roland-Garros continue l'aventure en trois et en cinq portes et un unique moteur de 1 580 cm^3 et 90 ch. Le vert Grand Chelem, légèrement plus foncé, succède au vert Roland-Garros à partir du millésime 1996. Toit ouvrant électrique, climatisation et direction assistée sont maintenant de série. (Archives de l'auteur)

La 205 Roland-Garros Cabriolet renaît également sous la forme d'une 306 Cabriolet Roland-Garros très pure de ligne. L'absence d'arceau de sécurité y concourt beaucoup. (Archives de l'auteur)

La 106 Roland-Garros cinq portes disparaît pour l'année modèle 1994. Dommage. La version trois portes est heureusement toujours aussi belle. Les pneus sont un peu plus sportifs que ceux de la 205 : 16/65 R13T. (Archives de l'auteur)

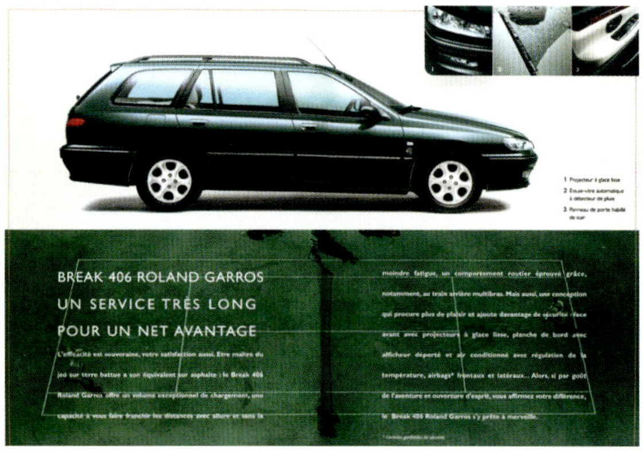

Un mois après la 806, une toute petite série de deux cents breaks 406 SVDT à gazole de 110 ch est présentée en finition Roland-Garros. La berline n'est pas concernée. Peut-être est-ce un clin d'œil au premier break 405 SRI Roland-Garros de mai 1991 assemblé à seulement quatre cents exemplaires ? (Archives de l'auteur)

Tout le monde l'attendait depuis l'automne 1998, la voici enfin : la 206 Roland-Garros débarque en juillet 2003 (millésime 2004) en cinq portes et en coupé cabriolet. Le vert Tie Break est bien sûr repris, mais une deuxième couleur est aussi disponible, le gris cendré métallisé. (Archives de l'auteur)

Outre son équipement vraiment très complet à ce niveau de gamme, la climatisation automatique est, entre autres, de série. La 206 Roland-Garros propose des sièges intégralement en cuir. Le moteur à gazole 2 litres HDI 90 ch est de la fête en plus des puissants 1,6 litre essence 110 ch et même 2 litres 138 ch pour la 206 CC Roland-Garros. (Archives de l'auteur)

Petite berline, cabriolet, break, monospace, au début des années 2000, chacune, chacun peut trouver la Roland-Garros qui lui convient chez Peugeot. (Archives de l'auteur)

Cinq années après la 306 Roland-Garros en avril 1999, Peugeot récidive avec le monospace 806 qui inaugure un nouveau vert Tie Break métallisé du plus bel effet. Pour la première fois, la série spéciale est associée en plus de l'essence à une motorisation à gazole, le 2,1 litres diesel turbo de 110 ch. (Archives de l'auteur)

parfaitement le style Roland-Garros originel, tant pour l'extérieur que pour l'intérieur. Les jantes en alliage à cinq branches épaisses apportent une salutaire touche haut de gamme à l'auto.

Nouvelle identité avec la 206 Roland-Garros

Une qui ne respecte rien, c'est bien la 206, commercialisée le 10 septembre 1998 pour succéder à la 205. Lancée en série spéciale Roland-Garros en juillet 2003 en berline cinq portes et en coupé cabriolet, la fameuse CC, la petite profite du changement de siècle pour casser les codes : le classique vert Tie Break métallisé se voit adjoindre une deuxième couleur, le gris cendré métallisé. C'est la révolution !
Pas de panique : climatisation automatique, direction assistée, ABS quatre capteurs, toit en verre panoramique avec volet à commande électrique sur la berline (rétroviseurs électriques dégivrants et rabattables, capteur de pluie et allumage automatique des feux), ça reste la vie de château. Signe du temps qui passe : l'antidérapage ESP peut s'obtenir contre supplément. L'extérieur innove, l'intérieur rassure : les sièges type sport bicolores en cuir vert et beige avec monogramme brodé respectent la tradition esthétique de cette série spéciale.

La nouvelle identité Peugeot, le chic et le sport à la fois, martelée par le constructeur depuis presque vingt ans en 2003, trouve une fois de plus, avec la 206 Roland-Garros, un moyen d'expression idéal : le pédalier en aluminium côtoie de jolis surtapis avant, le cerclage chromé des instruments de bord fait équipe avec un volant gainé de cuir à trois branches.
Côté moteurs, pas de demi-mesures non plus. Les berlines ont le choix entre le 1 587 cm³ essence seize soupapes de 110 ch en boîte mécanique ou automatique et le 2 litres à gazole HDI 90 ch uniquement en boîte automatique. La CC ajoute à cette offre le 1 997 cm³ essence seize soupapes de 138 ch déjà monté sur la 206 S16. Roland-Garros ou S16, berline ou coupé cabriolet, en 2003, pour la 206, ça va fort !
Dernière précision : si la berline reste fidèle aux jantes de 14 pouces Bohème, la CC ose le 16 pouces 205/45WR16 de type Ouragan quand la sportive S16 se limite aux 185/55VR15. Avec la 206 Roland-Garros, Peugeot se débarrasse enfin de ses derniers complexes.

LA SÉRIE 7 ET LA SÉRIE 8 ROLAND-GARROS

La 307 et 207 Roland-Garros

Septième représentante de l'espèce, la 307 emboîte naturellement le pas à la 206 en mai 2004, mais, comme avant elle la 406, exclusivement en version break enfin SW (*sport wagon*), le vocabulaire commercial, comme la langue en général, évoluant constamment. La finition haut de gamme Griffe sert de base de travail. On lui rajoute un GPS couleur, une sellerie cuir Palimbro et vert Sapin avec panneaux de portes assortis, ce même cuir palimbro sur la planche de bord et, très intéressant, un système antidérapage ESP de série.
Quatrième sur la liste après le vert Roland-Garros, le vert Grand Chelem et le vert Tie Break, un nouveau vert Oakland métallisé s'invite sur la robe de la 307 SW Roland-Garros en compagnie du maintenant bien connu (depuis 2003) gris cendré métallisé.
Côté moteur enfin, comme pour la 206, c'est du costaud : 1 997 cm³ essence seize soupapes 138 ch ou 1 997 cm³ diesel HDI 90 ch avec rampe commune et turbo à géométrie variable. L'association de la boîte automatique avec le moteur à gazole, aussi puissant soit-il, n'est malheureusement pas encore d'actualité chez Peugeot en 2004. Les choses évolueront de ce côté-là aussi.
Mai 2008 : la berline 207 apparue en mai 2006 enfile à son tour la tenue Roland-Garros, uniquement cette fois-ci en version CC, et en faisant ce que la 206 n'avait pas osé cinq ans plus tôt : jeter le vert aux oubliettes ! Plus de vert, donc, mais deux couleurs plus en phase avec la recherche de discrétion qui gagne l'époque, le gris Ermitage métallisé et le noir Obsidien métallisé. L'intérieur est mis au diapason : fini les couleurs un peu voyantes, place au cuir Biton gris Lama et noir Mistral pour les sièges et les garnitures de portes.
Les jantes en alliage léger Pitlane 17 pouces confirment la nouvelle tendance tout à la fois chic mais plus discrète, et toujours aussi

sportive. Les moteurs à essence VTI 1,6 litre seize soupapes 120 ch, THP 1,6 litre seize soupapes turbo 150 ch et diesel 1,6 litre HDI FAP huit soupapes 112 ch animent la belle.
En 2012, évolution majeure pour la 207 CC Roland-Garros : le noir Obsidien perdure, le gris Ermitage s'en va, remplacé par le blanc Banquise. La finition intérieure suit le mouvement en devenant bicolore noire et diamantée, les jantes en alliage léger Melbourne 17 pouces se substituent au modèle Pitlane de même diamètre. L'offre moteur est reconduite à l'identique avec juste une petite majoration de puissance pour le THP essence qui passe de 150 à 156 ch.

La 308 et 208 Roland-Garros

La 308 CC Roland-Garros qui arrive en avril de cette même année 2012 reprend les deux mêmes couleurs (noir et blanc) que la 207 CC Roland-Garros, mais avec des références bien à elle : noir Perla Nera (M09V) et non noir Obsidien, blanc Perle nacré (M6N9) et non blanc Banquise. Les jantes en alliage Licancabur noir Dark Storm à cinq branches épaisses grandissent jusqu'à 18 pouces tandis que des phares directionnels au xénon font leur apparition. La sellerie cuir Guérande est grise, le moteur essence THP voit sa puissance portée à 200 ch, le 2 litres HDI FAP 163 ch remplace la 1,6 litre HDI FAP de 112 ch avec boîte de vitesses mécanique à six rapports pour tout le monde et, tout arrive, la possibilité de choisir la HDI FAP 163 ch avec une boîte automatique à, elle aussi, six rapports.
La 308 CC Roland-Garros est doublée à la même date de sa jumelle monospace 3008 Roland-Garros à la vocation plus familiale, qui ne s'en différencie que par ses motorisations : les 1,6 litre HDI 112 ch et 2 litres HDI 150 ch complètent le 2 litres HDI 163 ch. Un inédit affichage tête haute est également présent sur ce modèle, la 308 se contentant d'une instrumentation classique.

Tenue Roland-Garros pour la 307 en mai 2004, mais uniquement en version break. Elle inaugure un nouveau vert, Oakland métallisé, et le puissant 2 litres HDI 136 ch est disponible en plus du 2 litres essence de 138 ch. (Archives E-T-A-I)

La 308 se met dans les pas de la 207 : sa déclinaison Roland-Garros n'est disponible qu'en coupé cabriolet en avril 2012.
Elle se singularise tout de même par deux couleurs seules inscrites à son catalogue : noir Perla Nera, blanc Perle nacré.
Le 1,6 litre 112 ch est complété par un 2 litres HDI 163 ch qui peut maintenant aussi être associé à une boîte automatique.
À retenir : la 3008 bénéficiera aussi en avril 2012 d'une version Roland-Garros à la présentation identique. (Archives E-T-A-I)

Commercialisée en France le 29 mars 2012 après une présentation au Salon de l'auto de Genève, quelques jours plus tôt, la 208 sera la dixième Peugeot à proposer la série spéciale Roland-Garros. Une performance de fidélité du Lion à sa clientèle qui apprécie toujours autant cette déclinaison subtile et délicate. En mars 2014, la série spéciale 208 Roland-Garros arrive à point nommé pour fêter les trente ans de partenariat entre Peugeot et les Internationaux de France de tennis.
Élaborée sur la base de la finition Féline, la nouvelle arrivante reprend les couleurs de carrosserie des 308 et 3008 Roland-Garros, noir Perla Nera, blanc Perle nacré, chausse des jantes types Hélium de 16 pouces à cinq branches larges évidées longitudinalement en leurs centres en lieu et place des 17 pouces de la Féline, preuve de sa définition plus typée confort. La couleur des jantes, gris Héphaïs au lieu de noir Dark Strom, participe aussi à ce positionnement voulu moins sportif. Le toit ouvrant vitré panoramique avec liseré orange et les coques de rétroviseurs teinte terre battue reprennent les codes habituels Roland-Garros. Dans l'habitacle, les sièges sport (il faut conserver le caractère dynamique de la 208), chauffants, sont garnis de cuir Sterling Silver et Lama perforé, tandis que les ceintures de sécurité sont toujours de la très belle couleur orange Tangerine.
Côté moteur, la philosophie de la série spéciale est, là encore, bien respectée. Le 1,6 litre VTI seize soupapes essence de 120 ch EP6 C accouplé à une boîte mécanique ou automatique assure l'entrain nécessaire, de même que les mythiques 1,6 litre HDI 92 ch ou 115 ch DV6 D et DV6 C, le dernier cité étant attelé à une boîte à six rapports. Marqueur de l'époque, la transmission automatique n'est pas disponible avec les propulseurs à gazole. Les motorisations les plus puissantes (1,6 litre THP essence 156 ch, 1,6 litre THP essence 200 ch) et les roues de 17 pouces sont laissées aux 208 en finition Féline et GTI.

Comme toujours chez Peugeot, le souci du détail est poussé très loin avec la 208 Roland-Garros et les jantes de 16 pouces gris Héphaïs se parent d'un très fin liseré orange Tangerine qui entoure le cabochon central. Développée pour la 208 Phase 1, la série spéciale ne sera pas reconduite pour la 208 Phase 2, dotée, pour les versions à essence, du tout nouveau et excellent moteur Pure Tech de type EB élu moteur de l'année dans sa catégorie en 2015, 2016, 2017, 2018 ! Dommage. C'est bien le seul regret que l'on puisse formuler à l'encontre de l'aussi dynamique qu'élégante Peugeot 208 Roland-Garros.

La dernière-née : la 108 Roland-Garros

Apparue en juin 2014, la petite 108 adopte à son tour la série spéciale Roland-Garros en juin 2015, un an après sa commercialisation et pour célébrer les quatre-vingt-dix ans du célèbre tournoi des Internationaux de France de tennis.

Onzième représentante de la lignée, la petite puce du Lion innove pour célébrer cet anniversaire en beauté : uniquement disponible en version à pavillon découvrable coulissant de toile noire, la Peugeot 108 Top Roland-Garros, c'est son nom complet, reprend la finition de la 108 Allure Top comme base de développement. Moteur unique, le très performant Peugeot EB2 1,2 litre Pure Tech 82 ch, mais deux nouvelles couleurs de carrosserie, blanc Lipizan et noir Caldera. Aspect extérieur semblable à celui de la 208 Roland-Garros, avec les fameuses coques de rétroviseurs de couleur orange Tangerine, entre autres, mais jantes en alliage Thorren 15 pouces diamantées trois branches avec liseré orange au milieu, très élaborées dans le dessin et spécifiques à la 108 Roland-Garros. La plus modeste de la famille par la taille, 3,46 mètres, possède une personnalité bien à elle.

L'habitacle est à la fois simple et travaillé avec une thématique sur deux couleurs, le noir et le blanc, et un décor porcelaine qui comprend une façade et un bandeau immaculés. Un simple filet orange déposé sur le bandeau et sur le haut des portes souligne seul discrètement l'ensemble en magnifiant une ambiance follement pure. Petite mesquinerie du Lion quand même, si la teinte blanc Lipizan, couleur opaque, est de série, le noir Caldera, couleur métallisée, est une option. Dur, dur, le fauve de Sochaux, qui se rachète un peu en proposant un équipement très complet : direction assistée, caméra de recul, allumage automatique des phares, air conditionné automatique, airbags frontaux, latéraux, rideaux de série. Les sièges noir et blanc relevés de surpiqûres de couleur orange, les surtapis avec broderie Roland-Garros achèvent de composer un tableau très plaisant.

Avec la 108, une évidence saute aux yeux : quelle que soit la taille de l'auto sur laquelle la recette Roland-Garros agit, cette dernière en ressort encore plus Peugeot que ses sœurs non abreuvées à cette potion. De notre chère 205, notre sorcière bien-aimée, qui a fixé en 1989 les grandes lignes de la recette, à notre 108 de 2015, la série spéciale Roland-Garros c'est un quart de siècle d'élégance qui a fonctionné comme un révélateur de l'esprit profond, intemporel de Peugeot, et qui est résumé par ces deux mots : bon goût et qualité. Seule la 205, en cette fin des années 1980, pouvait inventer le concept Roland-Garros avant de le transmettre à sa descendance.

Mai 2019 : la e-208, la Lionne de nouvelle génération qui ouvre une ère automobile inédite pour Peugeot, est présentée en avant-première aux Internationaux de France de tennis de Roland-Garros. Pour les deux partenaires, l'aventure continue.

Dixième Peugeot à porter la signature Roland-Garros, la 208 débarque en mars 2014, avec cette fois-ci une berline cinq portes qui monopolise l'offre, noir Perla Nera ou blanc Perle nacrée, jantes grises au lieu de noires de seulement 16 pouces, motorisations sages de 120 ch essence, 92 ch ou 115 ch HDI. La 208 Roland-Garros joue une partition discrète et chic. (Archives E-T-A-I)

Juin 2015 : la petite 108 Roland-Garros reprend le flambeau pour marquer les 90 ans du célèbre tournoi de tennis. Le joli et nouveau blanc Lipizan est de série, comme l'est aussi le nouveau noir Caldera, tandis que le métallisé est une option. Le seul moteur proposé, l'EB2 1,2 litre Pure Tech 82 ch, est heureusement une merveille. (Archives E-T-A-I)

450 KMA.75

DE LA TYPE 13 AU SACRÉ NUMÉRO

CENT ANS D'UTILITAIRES PEUGEOT

Peugeot sent la France.
Toute la France.
Mais plus encore celle de l'Est.
Celle de Sochaux, celle de Mulhouse.
Généreuse, simple et travailleuse, sincère.
Qui de la vallée du Sundgau à Montbéliard se lève tôt le matin pour partir à l'usine.
Qui fait son jardin l'après-midi.
Avec des bonnes joues et des mains qui ne mentent pas.
C'est ça Peugeot.

AVANT LA 205

De la Type 13 à la 203

Encore équipée d'un moteur à essence Daimler à deux cylindres en V de 1 645 cm³ et 3 ch, la Peugeot Type 13 conçue par Armand Peugeot donne dès 1894 le coup d'envoi d'une longue série de véhicules utilitaires signés du Lion. Étonnant.

Carrossée en omnibus de livraison avec une charge utile de, déjà, 500 kg, la Type 13 est assemblée à Valentigney dans le département du Doubs. Transmission par chaîne, boîte à trois vitesses, le véhicule est cohérent. Seule ombre encore au tableau, le moteur. Trois ans plus tard, le phaéton à quatre places Peugeot Type 15 ouvrira une nouvelle ère. La Type 15 sera propulsée par le premier moteur Peugeot de deux cylindres en ligne horizontaux, et non plus droits comme sur le Daimler, placé en position transversale arrière de 2 423 cm³ pour 8 ch, attelé à une boîte à quatre rapports et capable de maintenir l'auto à un bon 30 km/h. Conçu par le génial Gratien Michaux embauché dès 1890 comme ingénieur en chef des études par la maison Peugeot, ce moteur offre l'indépendance technique au constructeur de l'Est.

Première Peugeot équipée d'une dynamo directement commandée par le moteur, d'une batterie de 6 volts, d'un démarreur et de phares électriques, la Type 163 Torpédo de 1921 se voit complétée un an plus tard par plusieurs versions utilitaires, de la charrette normande aux fourgonnettes. Costaud, le moteur de 1 435 cm³ permet d'accrocher 65 km/h. Peugeot rend l'auto à la fois utile, efficace, performante et plaisante au quotidien. D'objet encore de luxe, elle devient peu à peu partenaire fidèle et incontournable d'une part toujours plus importante de la population.

La Peugeot 201 de 1929 reprend le flambeau de la version utilitaire dans sa seconde série de 1931 avec la 201T au pont plus court et surtout avec la 201DL à la charge utile de 400 kg.

La véritable légende des Peugeot utilitaires va toutefois naître véritablement à partir de 1938 avec la déclinaison laborieuse d'une auto magnifique : la 202. Gros phares ronds cachés derrière la grille de radiateur tels des yeux rapprochés, ligne aérodynamique "fuseau Sochaux", moteur fiable et volontaire de 1 133 cm³ et 30 ch, la 202 va être proposée en version VH, une camionnette à la partie postérieure aussi logeable que très carrée, visible en version pick-up dans le film *La Grande Vadrouille* ; en version commerciale à l'arrière assez rond mais plus volumineux que celui de la berline dans le long métrage *Monsieur Batignole*.

Forte de la renommée acquise par la 202, la nouvelle 203 présentée au Salon de l'auto de Paris d'octobre 1948 profitera de l'après-guerre

La 201 Fourgon Livraison propose déjà 400 kg de charge utile en 1931, une belle valeur pour l'époque. Avec un moteur de 29 ch et un réservoir d'essence de 29 litres, 40 litres pour les autres versions de 201, les ambitions routières de la belle paraissent limitées. Il y a presque cent ans, cela suffisait pourtant amplement pour porter tranquillement de la marchandise de village en village. (Archives de l'auteur)

Dès 1938, la 202 inaugure une gamme complète de versions vouées au labeur : commerciale, fourgon tôlé, camionnette bâchée. Les charges utiles de, respectivement, 500, 700 et 800 kg sont presque contemporaines. (Archives de l'auteur)

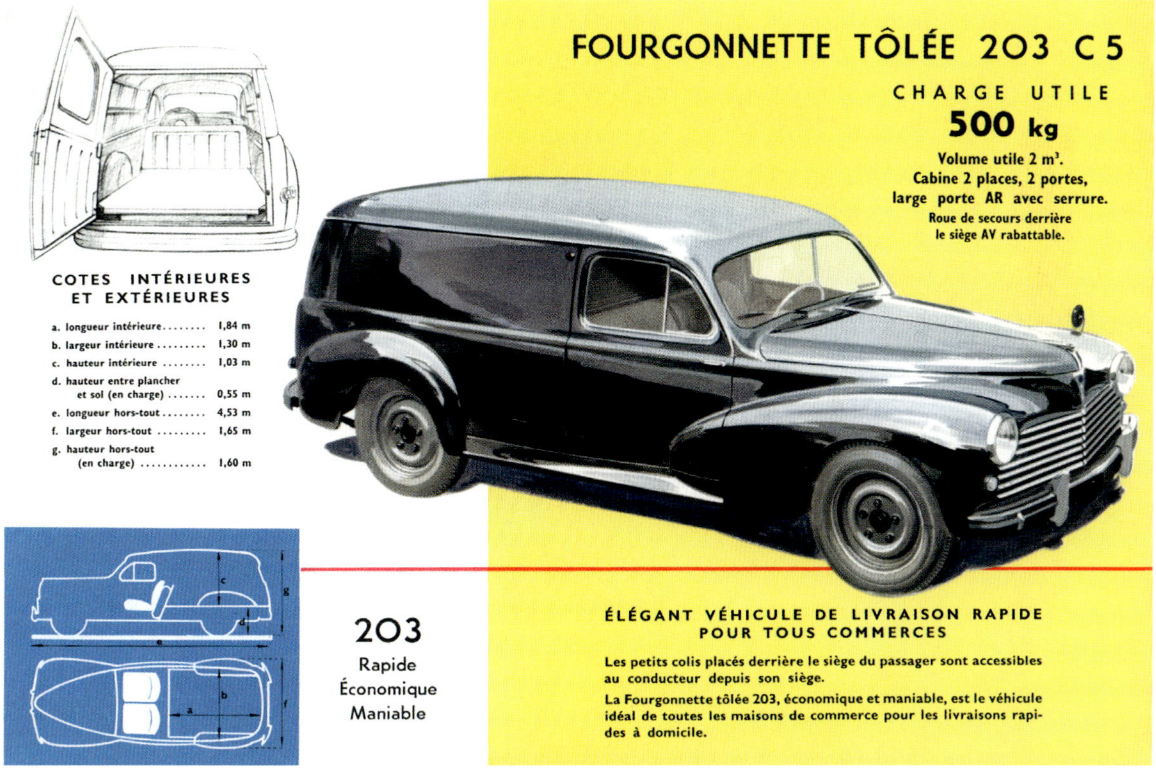

Les années 1950 vont être celles de la 203. Empattement rallongé de 20 cm par rapport à la berline et ressorts à lames à l'arrière, la fourgonnette emporte 500 kg, d'où son nom de 203 C5. (Archives de l'auteur)

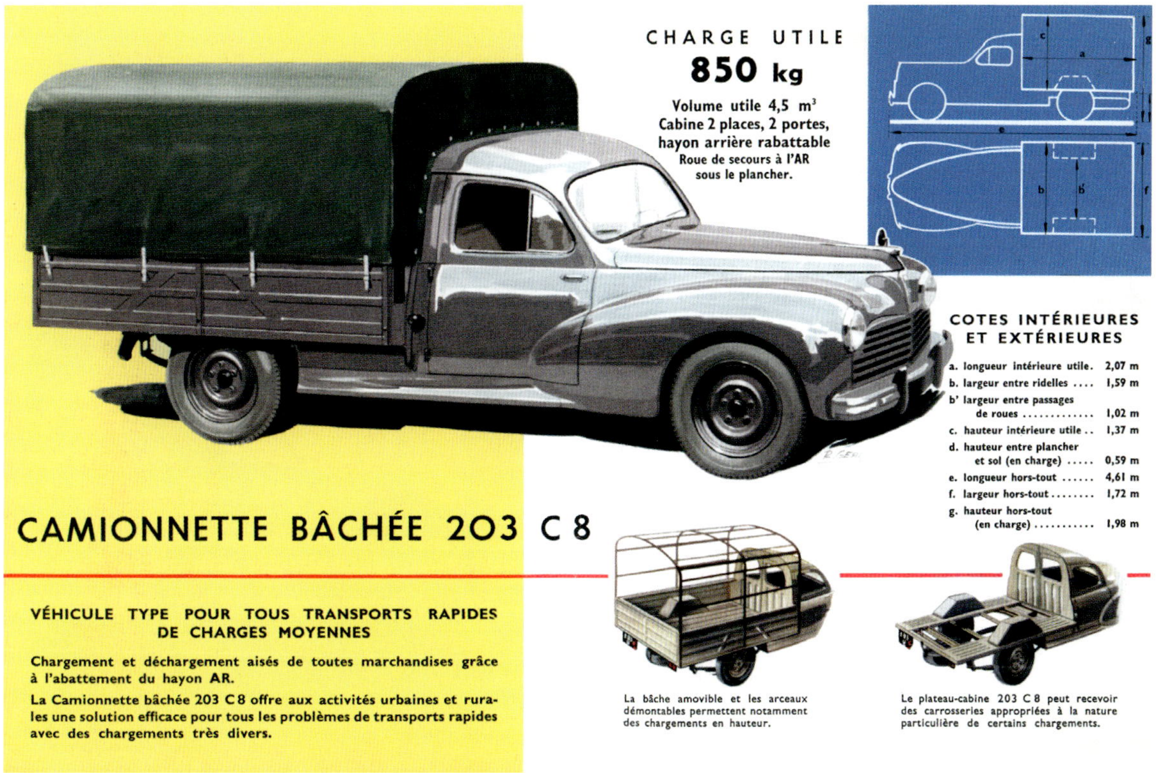

La camionnette bâchée 203 reprend les caractéristiques générales de la C5, mais peut charger 850 kg de marchandises. Elle prend logiquement le nom de 203 C8. Le moteur de 120 cm³ est identique à celui de la berline avec une puissance de 42 ch qui augmentera à 45 ch pour l'année modèle 1952 grâce à l'adoption de nouveaux pistons. (Archives de l'auteur)

La mythique 404 va se muer en version camionnette bâchée à partir de 1967 avec un atout déterminant : son nouveau moteur Diesel Indenor XD88 de 61 ch. Grâce à l'excellence de ce moteur à gazole, largement plus puissant que le XD85 de 48 ch, Peugeot a gagné la bataille des utilitaires de charge moyenne au début des années 1970. (Archives de l'auteur)

Petite révolution chez Peugeot en 1959 : le moteur Indenor Diesel TMD85 fait irruption sous le capot de la 403. Les versions utilitaires vont aussi en profiter. (Archives de l'auteur)

Omniprésente dans le monde du travail du milieu des années 1960, la 403 Diesel Camionnette bâchée B8 présente une charge utile équivalente à celle de la 203 C8 : 850 kg. (Archives de l'auteur)

et de l'avènement des Trente Glorieuses pour exprimer tout son talent dans ses multiples variantes utilitaires dérivées de la version familiale. L'empattement qui passe de 2,58 mètres pour les berlines à 2,78 mètres, les ressorts hélicoïdaux de la suspension arrière remplacés par des ressorts semi-elliptiques longitudinaux pour libérer le plancher constituent une base de travail idéale pour développer toute une gamme de commerciales, camionnettes, fourgonnettes, fourgons tôlés, ambulances, plateaux cabines qui, par leur fiabilité légendaire, vont aider à la reconstruction de la France, et de Peugeot ! Indestructible, le moteur 1 290 cm³ de 42 ch va faire entendre son rassurant ronronnement dans toutes les campagnes, dans tous les faubourgs. Attachantes, les 203 seront très vite dans tous les cœurs.
Les 403 prennent le relais avec pour nouvel atout à partir de 1959 le moteur Diesel Indenor TMD 85 de 1 816 cm³ et 48 ch. La 403 Pick-up va devenir l'égérie des artisans, bientôt suivie de la 404 Break commerciale à partir de 1962 et de la version plateau-cabine en 1967. Le moteur TMD 85 sert de base pour l'étude des nouveaux moteurs Diesel XD 85 de 1 948 cm³ et 48 ch puis XD 88 de 1 948 cm³ et 61 ch très performants qui vont équiper la 404. Au milieu des années 1960, l'utilitaire Peugeot est devenu la référence en France avec, pour la 404 Pick-up, l'accès au rang de mythe de son vivant, ni plus ni moins.

De la 204 à la 505

La nouvelle 204 commercialisée uniquement en berline quatre portes en avril 1965 va seulement y ajouter la modernité de sa traction avant. Le break 204 présenté moins de trois mois plus tard pour l'année modèle 1966 va vite être décliné en version commerciale tôlée trois portes pour l'année modèle 1967 avec une nouvelle famille de moteurs Diesel : d'abord en XLD 1 255 cm³ et 40 ch puis en XL4D 1 357 cm³ et 45 ch en 1973, le Lion qui se targuait d'avoir le plus petit moteur à gazole du monde monté sur une voiture de série ayant été un peu loin dans la réduction de la cylindrée pour le premier cité. Le succès est énorme. Au début des années 1970, la France qui travaille de ses mains travaille en 204 Break Diesel. Autres temps, autres mœurs, le moteur XL4D de 45 ch ne sera proposé sur la berline qu'à partir de septembre 1974 pour le millésime 1975.
Le break 304 qui sort en 1971 aura sa version tôlée pour l'année modèle 1977. Dans l'intervalle, la grande berline 504 commercialisée en septembre 1968 se dote, elle aussi, d'un break commercial à essieu arrière rigide pour le millésime 1971.
Peugeot ne s'arrête jamais et le prouve : le break 305 issu de la berline de 1977 apparaît en 1980 avec un train arrière très intéressant constitué d'amortisseurs horizontaux et de ressorts couchés

La 404 n'est pas la seule Lionne présente sur le marché des véhicules de labeur à la fin des années 1960 : la 204 propose une version commerciale de son break dès le millésime 1967 pour les transports plus légers. (Archives de l'auteur)

Seuil de chargement très bas, charge utile correcte de 450 kg, la 204 innove par son nouveau moteur Diesel XLD 1 255 cm³ de 40 ch qui évoluera à 1 357 cm³ et 45 ch, nom de code XL4D, en avril 1973. (Archives de l'auteur)

Fille de la 204, la 304 proposera la version fourgonnette de son break pour le millésime 1977. (Archives de l'auteur)

Même moteur XL4D que la 204 Diesel de 1973, mais possibilité de charger un peu plus, 485 kg, la 304, comme la 204, propose aussi l'excellent moteur essence de la berline. L'intérieur est repris dans son intégralité. (Archives de l'auteur)

La 304 Commerciale aura une vie beaucoup plus courte que la 204 du même nom : la 305 Fourgonnette prend la relève dès 1980 avec un nouveau moteur à gazole XID de 1 548 cm³ et 49 ch. Petite déception, la charge utile régresse légèrement : 460 kg. Celle de la version essence de 65 ch ne dépasse pas 470 kg. (Archives de l'auteur)

Charge utile moyenne pour la 305 Fourgonnette, mais la belle a une botte secrète : son train arrière à amortisseurs et ressorts horizontaux ménage un coffre à l'espace débarrassé de toute proéminence de la suspension. (Archives de l'auteur)

Grosse évolution pour la 305 utilitaire à partir de l'automne 1982 : à l'instar du reste de la gamme, elle profite du propulseur diesel XUDA de 1 905 cm³ et 65 ch plus à même de transporter efficacement des marchandises que le chétif XID de 49 ch. Planche de bord et face avant sont également changées. À cette époque précise, Peugeot sort ses griffes ! (Archives de l'auteur)

Le break 505 aura ses dérivés commerciaux dès 1982 avec même une version 4x4 à essence ou à gazole du préparateur Dangel. (Archives de l'auteur)

pour obtenir un plancher de coffre parfaitement plat. Repris par la Citroën C15 et par la Citroën BX, les sphères hydrauliques remplaçant simplement le combiné ressorts-amortisseurs pour cette dernière, ce train arrière novateur n'est toutefois absolument pas à confondre avec celui des 205 et 309 repris du prototype Vera de 1981 qui, s'il présente aussi des amortisseurs horizontaux, se distingue par l'absence de ressorts hélicoïdaux, remplacés par des barres de torsion.
Comme pour la 304, le break 305 aura sa version trois portes tôlée sans sièges arrière, qui apparaît tant en essence qu'en diesel dès le milieu de l'année 1980 en remplacement de la 304 camionnette. Le moteur Diesel se muscle un peu pour l'occasion en adoptant le groupeXID de 1 548 cm³ et 49 ch déjà monté et testé sur la 304 utilitaire de juillet 1979 à mai 1980. Il faudra cependant attendre la phase 2 de la 305 à partir d'octobre 1982 pour profiter sur la commerciale du tout nouveau et très performant propulseur XUD9A de 1 905 cm³ et 65 ch monté en parallèle sur la Talbot Horizon. Ainsi motorisée, la 305 Break dans sa version utilitaire sera produite jusqu'en 1990. Très appréciée en son temps des administrations, (souvenez-vous, la bleue d'EDF-GDF, la jaune de La Poste, la rouge des pompiers), des artisans et des commerçants, l'auto fait indubitablement partie du paysage familier de la France des années 1980.
Fille de la 504, la belle 505 arrive en mai 1979. Le break sera produit à partir de 1982. Comme pour la 504, la 505 se fera ambulancière, amie des services publics et même des forestiers dans sa version Dangel 4x4 surélevée. Comme la 305, la 505 en tenue de travail va vite devenir le véhicule incontournable de la France d'alors. Au même moment, en novembre 1982 pour être précis, une certaine nouvelle Lionne commence à tomber des chaînes de Mulhouse.

Si petite soit-elle, la 104 ne rechigne pas à la tâche : sa version ZA dispose de 325 kg de charge utile, et ce depuis 1977. Sa véritable faiblesse ? L'absence d'un moteur Diesel. (Archives de l'auteur)

LA 205 ARRIVE

Un utilitaire pour contrer la concurrence

Les versions de travail font partie de l'ADN Peugeot au même titre que le toit ouvrant, le cabriolet, le coupé cabriolet, le break, le sport ou la diesel. La jeune 205 ne peut y échapper, d'autant plus que même la 104 propose des versions sans banquette arrière dans ses versions à carrosserie coupé de la série Z avec la ZA depuis 1977. Maligne et élégante, la 104 ZA souffre malheureusement de deux gros défauts : un faible volume de chargement et une unique motorisation essence de 1 124 cm^3 et 50 ch qui met cruellement en évidence l'absence de propulseurs à gazole, incontournables pour un véhicule utilitaire, surtout en ce début des années 1980.

À la même époque, dans le même groupe, mais tout de même chez Citroën, un projet d'utilitaire sur base de Visa avec un train arrière à amortisseurs couchés repris du break 305 de 1980 est en train de prendre forme. Le projet, dont le nom commercial sera C15, est prévu pour recevoir tous les moteurs disponibles de PSA, le Poissy, le X, le TV en essence, mais surtout, et c'est déterminant, le nouveau diesel XUD7 de 1 769 cm^3 et 60 ch de la 205 à gazole avec le train avant de cette dernière pour pouvoir le loger entre ses roues, à l'instar des Visa 17D et 17RD à partir de mars 1984.

Chez Renault aussi, un projet d'utilitaire est en cours sur base de Supercinq, dont il partage partiellement le soubassement, avec, là également, une volonté d'offre d'une motorisation à gazole. Le projet aboutira à la commercialisation de l'Express à partir de novembre 1985, avec, en plus des versions à essence, des versions diesels : 1,6 litre F8M dérivée du bloc F2N 1 721 cm^3 essence vue sous le capot des Supercinq, 9 et 11, et 1,9 litre F8Q inaugurée par la Renault 19 en 1989.

La concurrence se fait également pressante de l'autre côté des Alpes, chez Fiat en particulier, qui n'a pas son pareil pour proposer des offres pratiques et géniales, à l'image de la Panda, la mythique boîte à malices, comme disait la publicité de l'époque, en 1980. Lancée en 1977 sur la base de la Fiat 127 en fourgonnette ou en pick-up, la Fiorino est restylée en 1983 avec l'adoption de la face avant de la Fiat 147, version sud-américaine de la Fiat 127 italienne, élue voiture de l'année 1972 et automobile la plus vendue en Europe pendant quatre ans. L'adoption en 1980 du nouveau moteur Diesel de 1 301 cm^3 et 44 ch par la Fiorino en plus du 1 049 cm^3 essence de 49 ch renforce son attrait. Le prix de vente, comme d'habitude chez Fiat, très compétitif, joint à un volume de chargement considérable, finit d'en faire une offre qui sera extrêmement appréciée de nombre de professionnels.

Octobre 1984 : disponibles en même temps que les autres 205 à trois portes, les 205 XA et XAD sont les versions commerciales à deux places, plateau arrière et TVA récupérable, des 205 XL et XLD. Petit volume de chargement, charge utile limitée à 400 kg identique aux versions de tourisme, malgré une suspension arrière un peu renforcée, la concurrente la plus sérieuse des 205 se nomme Fiat Fiorino, et elle est beaucoup plus logeable.

La nouvelle Citroën C15 apparue sur le marché à la même date boxe dans une autre catégorie et va se montrer d'entrée menaçante pour la Peugeot : avec 600 kg de charge utile et 2,6 m^3 de volume disponible pour les marchandises, la marque aux chevrons sauvages place la barre très haut.

Bien heureusement pour les 205 XA et XAD, la concurrence nationale est atone en cette fin 1984 : les Renault 4 F4 et F6 sont en fin de vie, de même que la Citroën Acadiane qui, malgré tout, propose 475 kg de charge utile, un prix de 10 000 francs inférieur à celui du C15 et une fiabilité légendaire. Forte de ses qualités, l'Acadiane survivra à la Dyane disparue depuis juin 1983 et sera fabriquée jusqu'à l'été 1987.

La future Citroën C15 est en gestation au début des années 1980. Base de Visa, moteur à gazole et train avant de la 205, train arrière de break 305, le cocktail va s'avérer étonnant à sa présentation en octobre 1984. (Archives E-T-A-I)

Bloc Diesel de 1,3 litre et 44 ch apparu en 1980 sur la première mouture. Prix contenu et grand volume de chargement en font un succès. Des années 1980 à nos jours, la Fiat Fiorino connut un immense succès à l'égal de la Citroën C15 et du Renault Express. (Archives E-T-A-I)

Citroën Acadiane : au milieu des années 1980, elle propose presque 500 kg de charge utile, ce qui en fait un modèle très apprécié. (Archives E-T-A-I)

Citroën n'est pas seul à réfléchir à un futur utilitaire, Renault fait de même sur une base de Supercinq, pour remplacer la mythique Renault 4 Fourgonnette. Le résultat s'appellera Express et sera dévoilé fin 1985 avec des moteurs Diesel 1,6 litre et plus tard 1,9 litre avec la Phase 2. (Archives E-T-A-I)

La 205 utilitaire

Sûre de sa polyvalence, de son confort et de sa tenue de route, la 205 trace pourtant son chemin : une XRA élaborée sur base de XR apparaît pour le millésime 1986. Petite pirouette industrielle et commerciale maintenant, si les 205 XA et XRA font logiquement appel aux moteurs XW7 de 1 124 cm^3 et 50 ch et XY7 de 1 360 cm^3 et 60 ch jusqu'en 1987 pour les mouvoir, elles récupèrent pour écouler les stocks les vieux moteurs Talbot E1A de 1 118 cm^3 et 55 ch et G1A de 1 294 cm^3 et 65 ch montés aussi sur les 309 GL, GL Profil et GR Phase 1 pour l'année 1988. Un bossage sur le capot des 205 est même nécessaire pour recevoir ledit moteur, capot bombé identique à celui des 205 Automatic et Open, il faut le préciser, pour cause d'admission sur l'avant du bloc.

L'année 1988 terminée, les 205 XA et XRA se mettent au diapason du reste de la gamme pour 1989 : elles adoptent les nouveaux TU1 de 1 124 cm^3 et 55 ch et TU3A de 1 360 cm^3 et 70 ch avec des puissances fiscales respectives de 6 CV et 8 CV au lieu de 4 CV et 6 CV, leurs rapports de boîte de vitesses étant plus courts que ceux des versions de tourisme.

Reine de la gamme des 205 utilitaires, la 205 XAD fait valoir son fabuleux bloc Diesel XUD7 de 1 769 cm^3 et 60 ch, avec, pour elle aussi, une puissance fiscale majorée à 7 CV contre 5 CV pour la XLD, et ce pour les mêmes raisons que ses sœurs à essence. Deuxième et ultime pirouette industrielle, quelques séries de 205 XAD tomberont de chaînes avec, entre leurs roues avant, un moteur XUD9 de 1905 cm^3 à la puissance ramenée de 71 ch à 65 ch pour obtenir plus de couple à bas régime. Les propriétaires de ces modèles exotiques sont priés de se faire connaître !

En cette fin 1984, les mignonnes 205 de la série XA ne sont pourtant pas les seules à lutter pour défendre les couleurs du Lion sur le marché des petits utilitaires. Une autre 205, un peu plus logeable, la 205 Multi, arrive en même temps qu'elles, à l'automne 1984, pour les aider.

Les Peugeot 205 XA et XAD de l'année modèle 1992 adoptent la même présentation extérieure et intérieure que leurs sœurs. (Archives de l'auteur)

Peugeot 205 XRA millésime 1992. L'élégante de la gamme utilitaire, c'est elle : unique moteur à essence de 1 124 cm^3 et 55 ch, sièges signés équipés d'appuie-tête, montre, totaliseur kilométrique journalier, et surtout exclusivité de la boîte de vitesses à cinq rapports. (Archives de l'auteur)

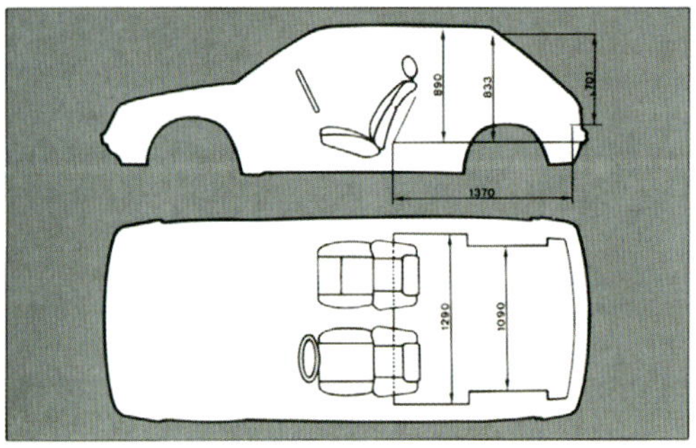

1 - Un poste de conduite fonctionnel qui allie élégance, et instrumentation de bord très complète : elle ne compte pas moins de 13 témoins lumineux de contrôle sur la version XA et 14 sur la version XAD

2 - Sièges galbés à dossier inclinable, recouverts de drap. Garnissage vinyl et appuis-tête en option.

3 - 1016 dm³ de volume utile, entièrement dégagé par le hayon arrière, très facile d'accès pour charger et décharger. Les côtés rigides comportent des crochets d'arrimage.

4 - Vide-poches de la planche de bord. La 205 XA ou XAD n'est pas avare des espaces de rangement.

CARACTÉRISTIQUES TECHNIQUES 1985	205 XA	205 XAD
MOTEUR		
Puissance administrative	6	7
Cylindrée (en cm³)	1 124	1 769
Norobre de cylindres	4	4
Distribution par arbre à cames en tête	●	●
Alésage/course (en mm)	72 x 69	80 x 88
Puissance maxi à tr/mn • Norme ISO (kW)	36 à 4 800	43,5 à 4 600
• Norme DIN (ch)	50 à 4 800	60 à 4 600
Couple maxi à tr/mn • Norme ISO (mdaN)	8,4 à 2 800	10,6 à 2 000
• Norme DIN (mkg)	8,7 à 2 800	11 à 2 000
Alimentation • carburateur	1 simple corps	
• injection		●
Taux de compression	9,7/1	23/1
Dispositif de départ à froid manuel	●	
Dispositif de préchauffage		●
Allumage électronique	●	
Bougies hautes performances	●	
Prise diagnostic	●	●
TRANSMISSION		
Boîte de vitesses manuelle · 4 rapports avant synchronisés	●	●
Embrayage monodisque à sec avec butée de débrayage à billes	●	●
DIRECTION		
Nombre de tours de volant de butée à butée	3,8	3,8
Rayon de braquage hors tout (en mètres)	5,25	5,25
SUSPENSION		
Avant : A roues indépendantes, ressorts hélicoïdaux, barre antidevers et amortisseurs hydrauliques, télescopiques à double effet		
Arrière : A roues indépendantes, barres de torsion, barre antidevers* et amortisseurs hydrauliques, télescopiques, à double effet		
FREINS		
Avant • à disque	●	●
Arrière • à tambour	●	●
Servofrein	●	●
ÉQUIPEMENT ÉLECTRIQUE		
Générateur d'électricité (alternateur triphasé)	750 W / 55 A	750 W / 55 A
Batterie	12 V / 25 Ah	12 V / 42 Ah
DIMENSIONS (en mètres)		
Longueur hors tout	3,705	3,705
Largeur hors tout	1,562	1,562
Empattement	2,420	2,420
Voies • avant	1,350	1,350
• arrière	1,300	1,300
Largeur intérieure aux coudes	1,310	1,310
Largeur intérieure utile (mini/maxi)	1,090/1,290	1,090/1,290
Longueur utile du plancher	1,370	1,370
NOMBRE DE PLACES	2	2
POIDS (en kilogrammes)		
En ordre de marche	780	870
Charge utile	415	400
Total autorisé en charge	1 195	1 270
Charge remorquable, remorque freinée	800	900
Total roulant autorisé	1 895	2 070
CAPACITÉS (en litres)		
Réservoir de carburant	50	50
Carter d'huile moteur	4,5	5,5
Volume total de chargement (méthode PSA)	1 016	1 016
PERFORMANCES		
Vitesse maximale en km/h (sur circuit)	142	155
Accélérations (en secondes) • de 0 à 100 km/h	17,0	15,1
• 400 m départ arrêté	20,0	19,5
• 1000 m départ arrêté	38,2	36,8
PNEUMATIQUES (carcasses radiales)	145/70 SR 13	155/70 SR 13
CONSOMMATIONS (en litres aux 100 km)	Essence Super	Gazole
• à 90 km/h en vitesse stabilisée	4,3	3,9
• à 120 km/h en vitesse stabilisée	5,8	5,2
• en parcours de type urbain	5,8	5,4

● Équipement de base / * sur XAD

ÉQUIPEMENTS ET OPTIONS	205 XA	205 XAD
ÉQUIPEMENTS DU TABLEAU DE BORD		
Témoin de température d'eau	●	●
Témoin de niveau mini d'eau dans le circuit de refroidissement	●	●
Indicateur de niveau de carburant	●	●
Témoin de niveau mini de carburant	●	●
Témoin d'usure des plaquettes de freins avant*	●	●
Témoin de niveau mini de liquide de freins*	●	●
Témoin de frein à main*	●	●
Témoin de pression d'huile moteur	●	●
Témoin de niveau mini d'huile moteur	●	●
Témoin de charge de la batterie	●	●
Témoin de starter	●	
Témoin de préchauffage		●
Témoin de présence d'eau dans le gazole		●
Témoin d'alerte centralisé (eau, huile)	●	●
Témoin des feux de croisement	●	●
ÉQUIPEMENTS DE CONDUITE ET DE SÉCURITÉ		
Pare-brise feuilleté	●	●
Toutes vitres teintées	X	X
Essuie-vitre 2 vitesses et lave-vitre à commande électrique	●	●
Projecteurs principaux réglables à 2 positions d'assiette	●	●
Feux de recul	●	●
Dégivrage/désembuage de la lunette arrière	●	●
Lave-vitre/essuie-vitre de lunette arrière	XX	XX
Rétroviseur extérieur côté passager	●	●
Dégivrage/désembuage des vitres latérales avant	●	●
Rétroviseur intérieur jour et nuit	●	●
Ceintures de sécurité à enrouleur	●	●
Tôle de séparation	X	X
ÉQUIPEMENTS DE CONFORT ET DE FINITION		
Peinture noire vernie	X	X
Peinture métallisée vernie	X	X
Équipement pour autoradio comprenant : câble coaxial, antiparasitage, emplacements récepteur (norme ISO) et haut-parleurs avant alimentation récepteur	●	●
Climatisation air chaud et froid avec ventilateur à rhéostat	●	●
Sièges séparés à dossier inclinable	●	●
Siège passager basculant pour dégager l'accès vers l'arrière**	●	●
Appuis-tête sur sièges avant	XX	XX
Garnissage des sièges : • drap	●	●
• vinyl	XX	XX
Plancher recouvert de moquette à l'avant	●	●
Allume-cigares	●	●
Cendrier	●	●
Accoudoirs de portes	●	●
Vide-poches dans la porte avant gauche	●	●
Vide-poches sous la planche de bord : • à gauche	●	●
• à droite	●	●
Boîte à monnaie	●	●
Miroir de courtoisie sur le pare-soleil avant droit	●	●
Plafonnier avant	●	●
Éclairage dans le coffre	●	●
Feutre vinylique sur le plancher de coffre	●	●
Garnissages latéraux de coffre rigides	●	●
Anneaux d'arrimage des charges*	●	●

● Équipements de base / **X** Option usine / **XX** Option concessionnaire / * Témoins couplés.
**Non basculant avec l'option tôle de séparation.

Outre la garantie légale, toutes les Peugeot bénéficient d'une garantie d'un an pièces et main-d'œuvre sans limitation de kilométrage. De plus la 205, dans le cadre d'une maintenance allégée, ne nécessite qu'un entretien tous les 20 000 kilomètres ou tous les deux ans avec opérations de station service (remplacement de l'huile moteur et graissage) tous les 10 000 kilomètres ou une 1 fois par an.

Plateau arrière pour les 205 XA et XAD qui conservent l'élégance propre au Sacré Numéro avec toujours une très belle planche de bord et des sièges recouverts de drap. (Archives de l'auteur)

205 XRA

MOTEUR ESSENCE 1360 CM³/P.A.8

Alliance réussie de l'esthétique et de l'aérodynamique, synthèse de technologies avancées, la 205 s'est imposée comme un concept automobile nouveau qui apporte tout à la fois des qualités routières irréprochables, une grande sécurité, un gain de poids, de place, de carburant et un haut rendement mécanique. De quoi associer les plaisirs les plus actuels de la conduite aux nécessités professionnelles. Que vous ayez à filer sur l'autoroute à bonne allure, à défier les pièges des petites départementales ou à circuler dans une ville encombrée, la 205 XRA fera merveille avec son moteur 1360 cm³ - de 0 à 100 km/h en 12,2 secondes - couplé à une boîte 5 vitesses souple et précise. Extérieurement, de fines baguettes de protection latérale et des enjoliveurs de roues grande surface soulignent l'esthétique du profil. A l'intérieur, le confort a été particulièrement soigné : les sièges habillés de drap sont équipés d'appuis-tête réglables en hauteur et une poignée de maintien a été prévue pour le pas-

sager. Au tableau de bord apparaissent montre à quartz et compteur kilométrique journalier.

Lave-vitre/essuie-vitre de lunette arrière pour bien voir, feu arrière de brouillard pour être vu rendent encore plus faciles les longues étapes.

Enfin, pour une ambiance à bord encore plus raffinée, un prééquipement radio très complet avec antenne et faisceau de raccordement récepteur et haut-parleurs n'attend plus que l'autoradio de votre choix.

En option : lève-vitres électrique associé au verrouillage centralisé des portes et du coffre.

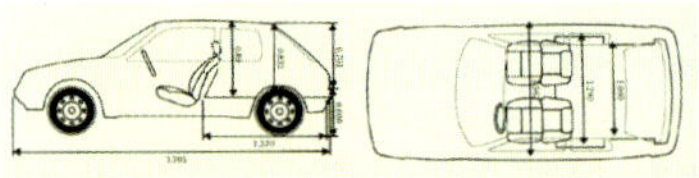

Cette mignonne 205 XRA de 1988 se distingue par son bossage sur le capot qui trahit la présence entre ses roues avant d'un moteur Talbot G1A de 1 294 cm³ et 65 ch. Dès l'année suivante, le TU3A de 1 360 cm³ et 70 ch prendra sa place. Notez les clignotants avant qui sont encore de couleur orange. (Archives de l'auteur)

LA 205 MULTI ET LA 205 F

La 205 Multi : 10 ans de vivotage

La 205 Multi, c'est un volume utile qui passe de 1 m^3 sur la 205 XA à 1,6 m^3 grâce à une partie arrière cubique habillée de polyester et à un hayon vertical. La greffe est réalisée par les très connus carrossiers français Gruau et Durisotti.

Malheureusement, si l'initiative est une réussite sur le plan esthétique, elle l'est beaucoup moins sur le plan pratique : le toit plat limite la hauteur arrière à 105 cm (83 cm pour une 205 normale), la longueur intérieure stagne (137 cm), de même que la charge utile, 400 petits kilos. Seule la plus grande largeur intérieure (115 cm contre 109 cm) permet d'augmenter légèrement le volume utile. Insuffisant. La jonction avec la partie en polyester imparfaite, les raccords au niveau du toit grossiers achèvent la pauvrette : c'est l'échec.

À peine huit mille cinq cents exemplaires sont vendus de 1984 à 1992, deux mille cinq cents assemblés par Gruau, six mille par Durisotti, ce dernier travaillant de longue date avec Peugeot pour la transformation des utilitaires J5 ou C25, en particulier pour les J5 bien connus de la Police nationale.

Peugeot n'a pas cru à cette version, Peugeot n'a pas mis le budget nécessaire à son étude. Dommage. D'autant plus que les deux motorisations proposées, le XW7 essence de 1 124 cm^3 et 50 ch et le XUD7 Diesel de 1 769 cm^3 et 60 ch, étaient dignes de confiance.

À défaut de pouvoir mettre autre chose qu'une machine à laver dans le coffre de la 205 Multi, le Lion en proposa même une version quatre places avec porte-bagages de toit en option pour y installer des cannes à pêche ou un bateau pneumatique. Comme un air de petite Matra-Simca Rancho ressuscitée en quelque sorte, même si, ultime ironie du sort, elle ne reçut pas, à l'inverse de ses petites sœurs 205 XA et XRA, le moteur Simca en 1988.

Le 1er juillet 1993 (année modèle 1994), après presque dix années de souffrances, la 205 Multi est enfin relevée de ses fonctions. La 205 F (F comme fourgonnette) arrive, et cette fois, comme disait la première publicité de la 309 en 1985, ce n'est pas du cinéma !

Tout le monde a tendance à l'oublier, mais la 205 Multi a été commercialisée en même temps que les 205 XA et XAD, en octobre 1984. La couverture de ce catalogue de 1987 intègre en plus la 205 XRA. (Archives de l'auteur)

Versions utilitaires des 205 XL et XLD, les 205 XA et XAD débarquent en octobre 1984. Gros moteur à gazole XUD7 de 60 ch, ligne élégante, mais petite charge utile de 400 kg et faible volume pour les marchandises, la Citroën C15 prend l'avantage avec 600 kg de charge utile, un énorme espace de chargement et le même moteur Diesel. (Archives de l'auteur)

La 205 F : une fourgonnette 205

La 205 F est à nouveau une fourgonnette 100 % Peugeot, efficace, maligne et pragmatique, comme son constructeur : motorisée seulement par le XUD7 Diesel 1 769 cm^3 de 60 ch, pourvue de la planche de bord de la 205 de base, l'auto joue la carte du sérieux, cher à la marque. Les investissements lourds dans des outillages d'emboutissage pour pièces métalliques sont évités avec l'élaboration d'une cellule arrière en polyester qui repose sur une structure métallique apparente à l'intérieur du véhicule.

Simple, solide, propre, net, efficace : avec des portes arrière reprises de la référence Citroën C15, un porte-à-faux arrière allongé de 23 cm qui porte la longueur totale de la voiture à 3,99 mètres, une hauteur intérieure de 121 cm, une profondeur utile de 164 cm, le volume

Couleur gris Château pour cette 205 XAD. Sa longueur totale au plancher de 1,37 mètre dépasse de peu celle de la 106 XAD (1,355 mètre), mais la hauteur intérieure est meilleure, 0,83 mètre pour la 205 contre 0,804 mètre pour la 106. (Archives de l'auteur)

Le 1er juillet 1993, la 205 F remplace la 205 Multi : du volume de chargement (2,6 m^3), de la longueur, de la hauteur, mais une charge utile inférieure de 100 kg à celle de la Citroën C15 qui fait valoir son très bon train arrière plus costaud. (Archives E-T-A-I)

de chargement bondit à 2,6 m^3, soit une valeur égale à celle de l'ennemie jurée, la terrible C15. Cette fois-ci, la 205 Multi est bien oubliée. L'heure de la revanche semble sonner pour Dame 205. La Citroën a pourtant encore une botte secrète, sa charge utile : 600 kg. Faute d'un train arrière suffisamment costaud, la Peugeot doit s'incliner : 500 kg seulement. Le bilan est terrible pour la Peugeot 205 F : 13 957 exemplaires vendus, 1,2 million pour la C15.

Les malheurs ne s'arrêtent pourtant pas là pour la 205 F : apparue en novembre 1985, la Renault Express n'a cessé d'évoluer. Légèrement restylée, la Phase 3 débarque en 1994 avec de sérieux atouts. En plus d'avoir une caisse en acier à structure autoportante et non en polyester sur une structure métallique comme la Peugeot, et ce depuis le début, l'Express offre le choix d'être tôlée, semi-vitrée, vitrée, et d'être équipée soit de deux portes battantes soit d'un hayon. Le girafon disponible en option qui permet de transporter des objets longs dépassant du haut des deux portières arrière est repris de la mythique Renault 4 Fourgonnette, tandis que la charge utile atteint un très bon poids de 575 kg.

La démonstration n'est pas terminée : les moteurs à essence transversaux repris des Renault 9 et 11 sont souples et fiables, modernes pour le 1 390 cm^3 de 80 ch Energy et le type D de 1 149 cm^3 et 60 ch, endurants et économiques pour les 1596 cm^3 et 1870 cm^3 à gazole. La direction peut être assistée en option, ou de série sur les derniers modèles produits jusqu'en juillet 2000. Très logiquement, la Renault Express est un énorme succès parmi les utilitaires légers, en digne héritière de la Renault 4 Fourgonnette qu'elle est.

Disposant, elle aussi, d'une caisse en acier, tôlée ou vitrée, la Fiat Fiorino plaît toujours autant dans sa seconde série produite depuis 1988, et qui le sera jusqu'en 2004, avec même une version pick-up.

Pour Peugeot, la coupe est pleine. Le 1er décembre 1996, le Lion jette l'éponge : la production de la 205 Fourgonnette est définitivement arrêtée. La présentation du non moins génial Renault Kangoo en novembre 1996 a très certainement hâté la fin de la Peugeot. Culture de marque oblige, la 205 F ne reste pas sans descendance : le Peugeot Partner prend la relève dès cette même année 1996 avec cette fois-ci 600 kg de charge utile, le C15 est enfin égalé, et 3 m^3 de volume utile, le C15 est enfin dépassé.

Le succès sera au rendez-vous pour le Partner, qui se pose comme la première camionnette monovolume, la caisse arrière n'étant pas rapportée sur un avant de berline.

Clone du Partner, la Citroën Berlingo, lancée elle aussi en juillet 1996, prend la relève du C15. Le succès sera également au bout du chemin, le duo Partner-Berlingo tenant très largement tête à la nouvelle Renault Kangoo.

Avec moins de quatorze mille exemplaires vendus, il serait tentant de parler d'échec pour la 205 Fourgonnette. La réalité n'est pas aussi tranchée. Exception faite du volume de vente, il est vrai décevant, l'auto n'en reste pas moins un véhicule utilitaire très élégant, fiable et confortable, preuve s'il en est que, même en tenue de travail, la 205 ne s'est jamais départie de sa délicatesse naturelle.

205
XA/XAD MULTI

Moteur essence 1124 cm³/6 CV.
Moteur Diesel 1769 cm³/7 CV.

Par son niveau d'équipement et de confort, la 205 Multi ne se distingue en rien des versions correspondantes à vocation non commerciale.

Les sièges avant séparés à dossier inclinable ont le même moelleux.*

L'allume-cigares, les vide-poches de bord et de portières et la moquette prodiguent les mêmes prévenances. L'instrumentation n'oublie aucun témoin de contrôle et l'équipement de série aligne toutes les commodités d'une climatisation chaud/froid avec ventilateur à rhéostat, d'un dégivrage/désembuage des vitres latérales avant et de la lunette arrière, des 2 vitesses d'essuie-vitre, du lave-vitre, des feux de recul...

Son volume, plein d'astuces et de capacités, garantit une rentabilité maximale d'usage et sa parfaite fonctionnalité résout dans le confort et l'élégance, tous les problèmes des transports de loisirs.

*De plus, sûre et rapide sur la route, nerveuse et admirablement maniable en ville, elle apporte aux transports professionnels les qualités et l'agrément de la plus moderne des berlines. Ainsi, vous pourrez apprécier pleinement l'irréprochable comportement routier de cette traction avant avec suspension à 4 roues indépendantes, en choisissant entre une motorisation essence 50 ch DIN (36 kW ISO) et une motorisation Diesel 60 ch DIN (43,5 kW ISO). Dans les deux cas, l'ensemble est servi par une boîte à 4 rapports** avant synchronisés et fonctionne avec un sens remarquable de l'économie.*

La transformation Multi peut également être réalisée à partir des 205 XRA et XT de série.

*** Boîte 5 vitesses en option*

**Sièges présentés avec appuis-tête en option*

La 205 Multi, c'est la greffe d'un cube arrière sur une 205 XA par les carrossiers français Gruau et Durisotti. Un peu plus de hauteur et de largeur pour charger les marchandises, mais longueur de coffre et charge utile sont identiques. Produite de 1984 à fin 1992, ce sera un échec commercial en dépit de la présence du très bon moteur XUD7 de 60 ch. (Archives de l'auteur)

205 XA/XAD MULTI

MOTEURS ESSENCE 1124 CM³/P.A.6
DIESEL 1769 CM³/P.A.7

Par son niveau d'équipement et de confort, la 205 Multi ne se distingue en rien des versions correspondantes à vocation non commerciale.

Les sièges avant séparés à dossier inclinable équipés d'appuis-tête ont le même moelleux. L'allume-cigares, les vide-poches de bord et de portières et la moquette prodiguent les mêmes prévenances. L'instrumentation n'oublie aucun témoin de contrôle et l'équipement de série aligne toutes les commodités d'une climatisation chaud/froid avec ventilateur à rhéostat, d'un dégivrage/désembuage des vitres latérales avant et de la lunette arrière, des 2 vitesses d'essuie-vitre, du lave-vitre, des feux de recul...

Son volume dégage des dimensions utiles uniques par rapport aux cotes hors tout. L'accès est total, grâce à un large hayon dont l'ouverture est compensée par vérins.

La Multi peut prendre jusqu'à 395 kg* de poids, sans rien perdre de sa ligne. Plus haute que bien des breaks (1,05 m), sans concéder sur la largeur pratique, aussi vaste qu'une fourgonnette (1,60 m³), sans en prendre l'aspect utilitaire, la 205 Multi multiplie les avantages et les innovations. Le plancher est très près du sol, plat, délimité de l'habitacle par un arrêt de charge.

L'équipement de série comprend 4 anneaux d'arrimage au sol, 4 inserts de fixation et une capucine courant sous le pavillon de cabine.

Pour mieux s'adapter au travail de chacun, la Multi vous propose des équipements optionnels d'origine : galerie de pavillon ; barres "porte-tout" ; équipement "artisan" avec cadre à bacs amovibles, cadre à étagères et crochets ; barres "porte-habits" ; demi-cloison et grille de protection pour chiens.

La transformation Multi peut également être réalisée à partir des 205 XRA et XT de série. Enfin, la 205 Multi bénéficie d'un taux de TVA réduit**, éventuellement récupérable.

**Charge utile sur version essence.*
***Taux de 18,60% au 1/07/88.*

Le volume arrière qui passe de 1 m³ sur la 205 XA à 1,6 m³ sur la 205 Multi est trompeur : la hauteur sous plafond ne progresse que de 22 cm. La machine à laver rentre, pas le réfrigérateur-congélateur. L'esthétique du véhicule est pourtant magnifique. La 205 Multi a manqué sa vocation géniale de voiture de loisirs. (Archives de l'auteur)

205 XA/XAD/XRA

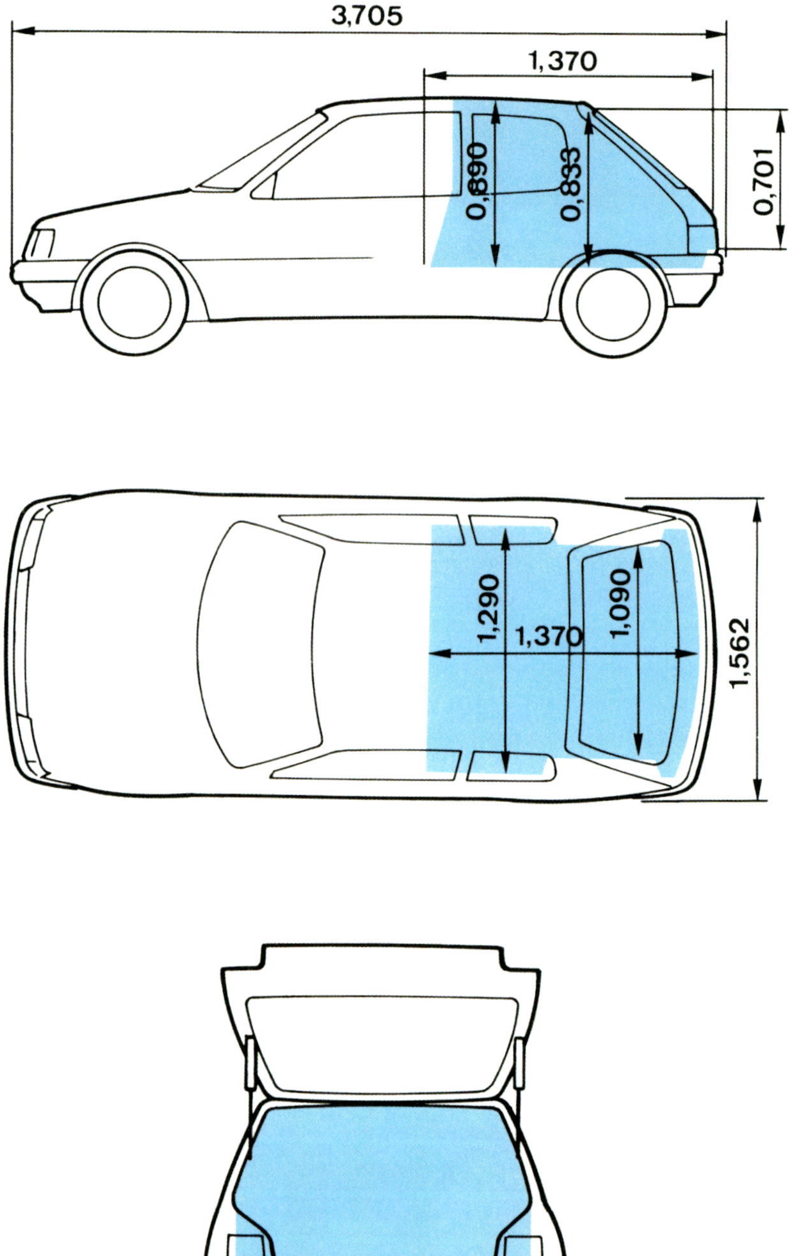

205 XA/XAD Multi

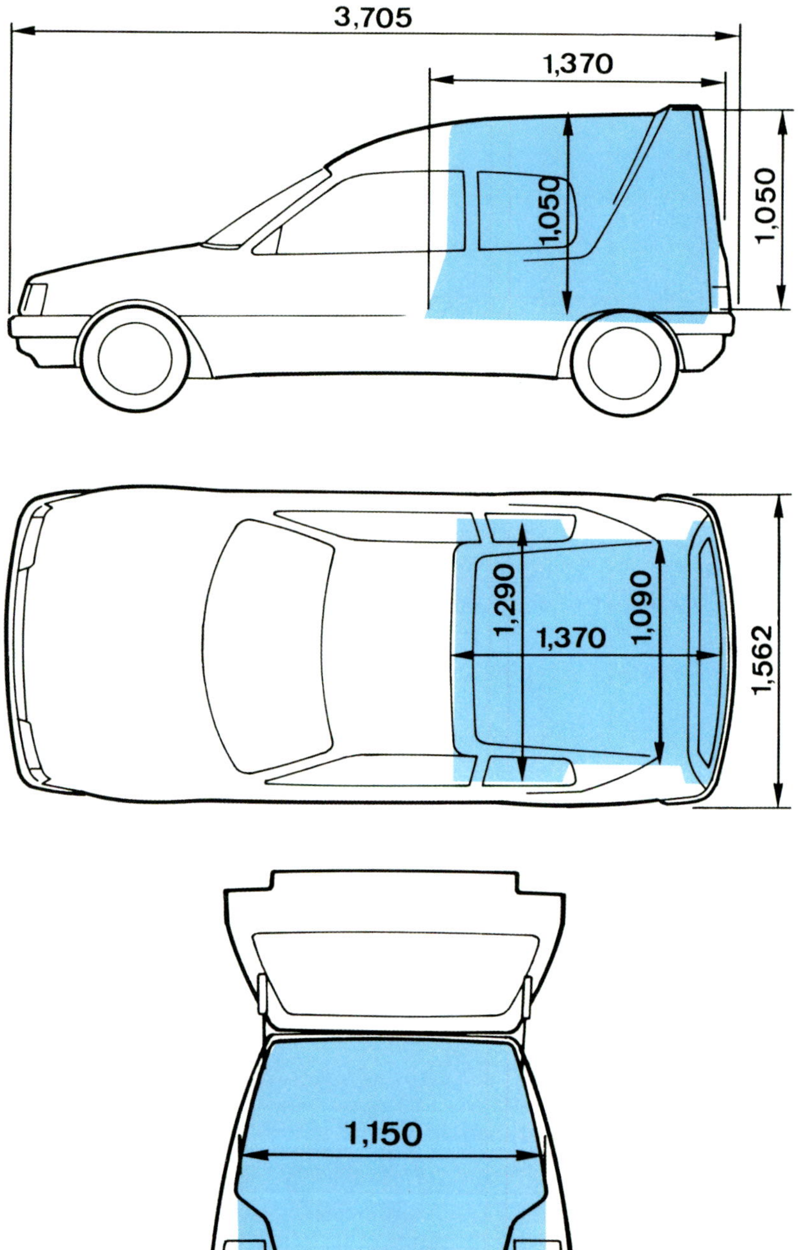

Une 205 XA est plus logeable qu'une 104 Z, on peut emmener presque 100 kg de plus dans le coffre, et le moteur Diesel est un costaud. La 205 XAD en particulier aura un très gros succès auprès des professionnels. (Archives de l'auteur)

Inapte au transport des sacs de sable et des objets hauts, la 205 Multi souffre en plus d'une greffe de la partie postérieure en polyester grossièrement réalisée. Une Matra Simca Rancho était autrement mieux construite. (Archives de l'auteur)

Le Lion avait heureusement anticipé la sortie du Kangoo : le Partner est commercialisé en juillet 1996. Cette fois-ci, la partie postérieure est en acier, ce sera la première camionnette moderne de Peugeot. (Archives de l'auteur)

La partie arrière de la 205 F est une structure métallique recouverte de plastique ; le Renault Express, c'est de la tôle, 575 kg de charge utile, et deux moteurs à gazole de 1 596 et 1 870 cm³. En novembre 1996, le Losange sort le Kangoo. Pour Peugeot, c'est le coup de trop. La 205 F tire sa révérence le 1er décembre de la même année. (Archives E-T-A-I)

Le Lion prend parfois du temps pour réagir, mais, quand il réagit, la concurrence a toujours mal. La charge utile du Partner égale celle du C15, le volume utile de 3 m³ dépasse les 2,6 m³ de la Citroën. Avec une accessibilité optimale et un plancher tout plat, le Partner n'a peut-être pas l'élégance de la 205 F, mais il est très efficace. Le succès sera immense. (Archives de l'auteur)

UNE DÉCEPTION ET DES ÉVOLUTIONS

Le manque d'une version break

La vraie déception se situe probablement ailleurs. Peut-être un peu trop obnubilé par le souci de préservation de la nouvelle image de dynamisme, de sportivité, portée par sa 205, Peugeot s'est-il privé, à tort, d'une version break de son Sacré Numéro ? C'est fort possible. Le Lion ne fabriquera aucun prototype de break 205 alors qu'il en avait réalisé un, un seul certes, mais un quand même, en 1975, pour sa 104. Le prototype de break 104 n'est jamais passé en production de série, mais une petite volonté de départ était bien là. Pour la 205, ce ne fut même pas le cas : hors sujet, la break, pour elle, circulez, il n'y a rien à voir, interdiction de toucher à la pépite de son constructeur.

Pas de break pour le Sacré Numéro, mais sa fille va la venger : la 206 commercialisée en octobre 1998 se mue en version SW, Sport Wagon, dès 2002. (Archives de l'auteur)

Poids très important, autonomie et vitesse limitées, encombrement conséquent réservent malheureusement pour l'instant la voiture électrique à un usage bien défini et restreint.

La 205 électrique est la descendante de la VLV. Le compartiment moteur du Sacré Numéro abrite 280 kg de batteries qui permettent de parcourir 100 km avec des pointes à 90 km/h. Les batteries vides, huit à dix heures sont nécessaires pour les recharger sur une prise domestique de 16 ampères. (Archives de l'auteur)

Exposition insolite dans la cour d'honneur de l'Elysée, hier, à l'heure du Conseil des ministres : deux 205 Peugeot type « véhicule électrique » expérimentales, dont le ministre de l'Environnement, Ségolène Royal, a entrepris elle-même la promotion.

Selon un ingénieur de la recherche de PSA, Jean-Claude Dolhagaray, la 205 électrique, destinée à la circulation urbaine, a une autonomie de 100 kilomètres et une vitesse de pointe de 90 km/heure. Pas de pollution puisque c'est du tout électrique. Pas de changement de vitesse. Pas d'embrayage.

Pour recharger les 280 kg de batteries que renferme son ventre, il suffit de brancher un chargeur qui se trouve à bord sur une prise classique de 16 ampères. L'opération dure 8 à 10 heures si la batterie est complètement épuisée.

Peugeot est tellement fier de sa 205 électrique qu'il la décline en version cabriolet, dont deux prototypes sont exposés dans la cour de l'Élysée en 1992. C'est Ségolène Royal, ministre de l'Environnement de François Mitterrand, qui en assure elle-même la promotion alors que Pierre Bérégovoy est Premier ministre. (Archives de l'auteur)

Toujours novatrice dans le domaine de l'écologie, la ville de La Rochelle, en Charente-Maritime, propose la Volta (fabriquée dans la ville charentaise) à la location. Feux arrière, phares et clignotants avant, jantes et pare-brise de Peugeot 205, la Volta est un mignon petit utilitaire électrique disponible en fourgon, plateau basculant et pick-up. (Archives de l'auteur)

Après avoir réalisé un prototype électrique sur un coupé 104 en 1973, continué l'aventure avec la 205 dans les années 1980, Peugeot persévère en matière de mobilité électrique avec la 106 la décennie suivante. L'autonomie annoncée, entre 80 et 150 km, et la vitesse maximale de 90 km/h restent malgré tout modestes. (Archives de l'auteur)

Si vous allez à La Rochelle, vous aurez quelque mal à reconnaître les Peugeot 106 électriques qui glissent autour du vieux port, elles ressemblent tellement à leurs sœurs à carburant.

Fidèle à sa vocation de pionnier de l'environnement, La Rochelle a été la première ville à accueillir une expérience grandeur nature sur l'utilisation, dans des conditions réelles, de la voiture électrique par des particuliers. Avec Automobiles Peugeot et Electricité de France, elle a mis en place les conditions nécessaires : des bornes de recharge sur des places de stationnement réservées ainsi que dans des stations services. Aujourd'hui, la preuve est faite. Depuis mi-décembre 1993, l'expérience des Peugeot 106 électriques à La Rochelle montre que, ce qui apparaissait naguère un peu utopique, est bien devenu une solution fiable pour aborder l'étape industrielle. Ici l'histoire et la modernité ont trouvé leur harmonie. A La Rochelle, “la ville haute définition” comme l'appelle son maire Michel Crépeau, la réalité a donné vie au rêve. C'est sur le terrain que toute expérience prend sa vraie valeur. A La Rochelle, Automobiles Peugeot a donc voulu écouter ceux qui vivent la voiture électrique au quotidien.

A La Rochelle le rêve est devenu réalité.

La 106 électrique est, elle aussi, disponible en location à La Rochelle en compagnie de la Volta. Le temps de recharge diminue un peu par rapport à la 205 (sept heures) et si à 90 km/h l'autonomie fond vite, à 60 km/h elle atteint 140 km. Deux batteries sont installées à l'avant, une à l'arrière, ce qui permet d'atteindre 50 km/h en 8,5 secondes. (Archives de l'auteur)

Deux stylistes réaliseront tout de même deux prototypes de breaks 205, refusés, l'un comme l'autre, par Peugeot. Présentée au Salon de Bruxelles 1988, la 205 Break Nepala du styliste Benoît Cointreau, également papa d'une voiturette pour la marque Erad, augmentait le volume du coffre de 50 % tout en reprenant les feux arrière de la berline. Quatre ans plus tôt, Pininfarina avait dévoilé le prototype de break 205 Verve au Salon de Turin 1984. Ligne sobre et élégante, bel équilibre des volumes, grande capacité de chargement, le partenaire historique de Peugeot avait lui aussi bien travaillé.

Le break 204 de 1966 allait-il être condamné à rester sans héritiers ? Heureusement, non. La 206 se verra adjoindre les services d'une version break rebaptisée SW, *sport wagon* en dialecte commercial, mais seulement à partir de 2002, soit quatre ans après la présentation de la berline. La 206 deviendra la Peugeot la plus vendue de tous les temps, devant la 205, et ce sans subir de mauvaises influences de sa version break, pardon, SW, bien au contraire !

Il en aurait été très certainement ainsi avec la 205, mais, au milieu des années 1980, le traumatisme de la mort évitée de justesse était encore bien trop présent chez le constructeur pour que le Lion risque, ne serait-ce qu'un seul instant, de brouiller le message porté par son extraordinaire Sacré Numéro.

De l'électrique à l'auto-école

Berline cinq portes, berline trois portes, cabriolet, fourgonnette, essence, diesel, le Sacré Numéro prendra tous les visages, même celui de la version électrique. Si l'on sait que Peugeot pendant l'Occupation a lancé un véhicule électrique, le VLV, ce que l'on sait moins c'est que dans les années 1970 la marque sochalienne a expérimenté des J7 électriques. L'idée était novatrice du fait de l'application sur un utilitaire. Fort de cela, Peugeot appliqua la propulsion électrique sur son Sacré Numéro en 1984. Si plusieurs exemplaires furent construits, il semble néanmoins qu'il n'y eut pas de commercialisation, du moins *via* le réseau classique. On a pu observer ces véhicules surtout lors d'expositions.

Toujours dans le registre des véhicules électriques, on notera que certains éléments provenant de la 205 équiperont la Volta, petit utilitaire léger utilisé notamment dans la région rochelaise. C'est dans cette région, toujours, que la mise en application pratique des 106 électriques ainsi que des AX, Saxo et Partner, trouva un très large écho. Ces dernières, en effet, furent employées dans les collectivités et même proposées en libre-service aux particuliers à partir de 1999 par la mairie de La Rochelle.

Toujours prompte à rendre service, notre 205 sera la première Peugeot proposée par son constructeur en version spécifique Auto-école. Ultérieurement, cette spécificité fut reconduite sur les 106, 206, 306. La 205 avec ses quinze ans de carrière et ses multiples versions a ainsi ouvert la voie à ses héritières, que l'on trouve encore aujourd'hui sous de multiples formes.

La 205 aura formé des générations de conductrices et de conducteurs dans les années 1980 et 1990. Cette 205 Auto-école de l'année modèle 1991 peut abriter le moteur essence TU1 de 1 124 cm^3 et 55 ch ou le moteur Diesel XUD7 de 1 769 cm^3 et 60 ch, ce dernier étant souvent préféré par les moniteurs et par les élèves. (Archives de l'auteur)

Pédales à droite et rappels d'avertisseurs et de clignotants du même côté, nous sommes bien à bord d'une 205 Auto-école. (Archives de l'auteur)

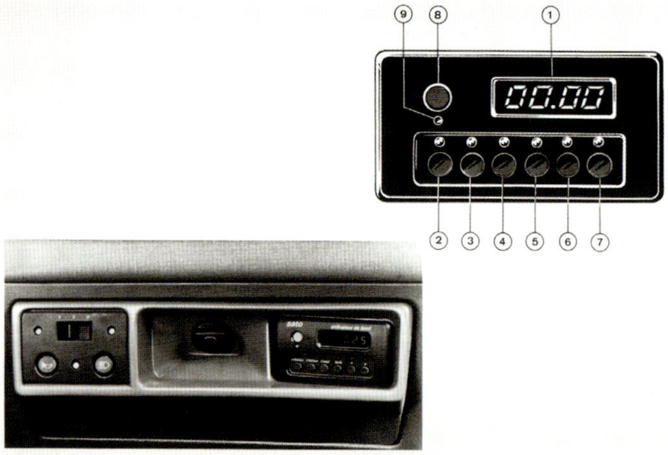

UTILISATION DES FONCTIONS

Chaque fonction est appelée lorsque la diode rouge au-dessus de la touche correspondante s'allume.

❶ AFFICHAGE NUMÉRIQUE.

❷ TOUCHE *«l*/100 km»* — Consommation d'essence instantanée, calculée en litres aux 100 km (en litres par heure si la vitesse est inférieure à 20 km/h).

❸ TOUCHE *«l/100 km»* — Consommation moyenne aux 100 km depuis la dernière remise à zéro (distance limitée à 1600 km).

❹ TOUCHE *«l/total»* — Consommation totale de carburant depuis la dernière remise à zéro, exprimée en litres et en décilitres (maximum 789 litres).

❺ TOUCHE *«km/h»* — Vitesse moyenne en km/h depuis la dernière remise à zéro (pour tenir compte des arrêts, appuyer sur la touche *«t»* avant de couper le contact).

❻ TOUCHE *«t»* — Temps écoulé depuis la dernière remise à zéro (capacité maximale 138 h). En coupant le contact, l'ordinateur étant sur cette position, les temps d'arrêt sont annulés.

❼ TOUCHE *«h»* — Montre à quartz.

❽ TOUCHE ROUGE *«Start»* — Permet la remise à zéro de toutes les fonctions sauf l'heure.

❾ *«pr»* — POINT DE RÉGLAGE. Mise à l'heure de la montre.

MISE A L'HEURE DE LA MONTRE

HEURES : - Presser la touche *«h»*.
- Appuyer sur le point de réglage *«pr»* jusqu'à l'heure désirée.

MINUTES : - Presser de nouveau la touche *«h»*.
- Appuyer sur le point de réglage *«pr»* jusqu'à obtention de la valeur exacte.

REMARQUES

La mémoire de l'ordinateur de bord s'efface lorsque la batterie est débranchée ou défectueuse. Après branchement de la batterie, remettre la montre à l'heure.

Consommation de carburant instantanée, moyenne totale, vitesse moyenne, temps de roulage, la 205 Auto-école peut être équipée en 1984 d'un ordinateur de bord Sato situé à la droite des doubles commandes de clignotants à l'emplacement de la boîte à gants. (Archives de l'auteur)

Le succès énorme remporté par la 205 dans le monde de l'auto-école ouvre, là encore, la voie à sa descendance. La petite 106 Auto-école peut être choisie en finition Open Diesel de 1 527 cm^3 et 58 ch ou en finition Color Line Diesel de 58 ch ou essence de 1 124 cm^3 et 60 ch. (Archives de l'auteur)

La nouvelle 206 Auto-école sera, comme la 205, extrêmement appréciée avec la motorisation Diesel, le 1 868 cm³ de 70 ch en l'occurrence. (Archives de l'auteur)

La 306 Auto-école, c'est le luxe : de l'espace, du confort, une ligne à l'élégance intemporelle. En unique finition Équinoxe, elle peut être choisie avec le moteur essence de 1 360 cm³ et 75 ch ou avec le propulseur à gazole atmosphérique de 1 905 cm³ et 71 ch. (Archives de l'auteur)

584 FXJ 75

ANNEXES TECHNIQUES

LA LIONNE DISSÉQUÉE

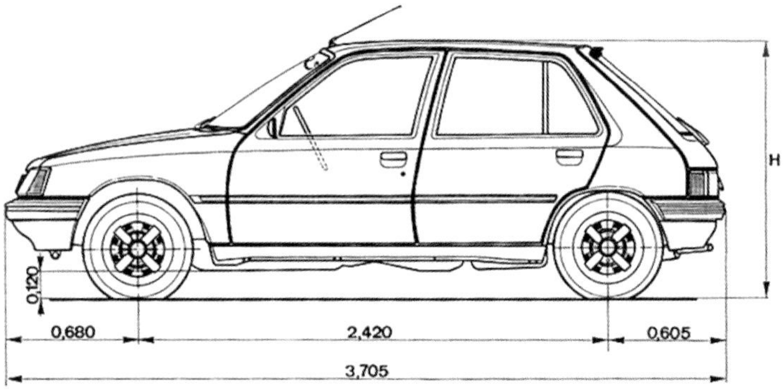

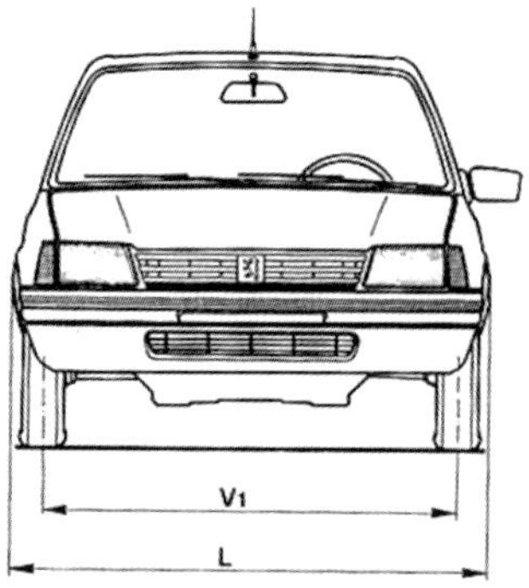

H	Base GL (4)	GR (4)	GR (5) - SR (5)	GT (5)
Hauteur	1,376	1,374	1,373	1,365

L	Base - GL	GR - SR - GT
Largeur	1,562	1,572

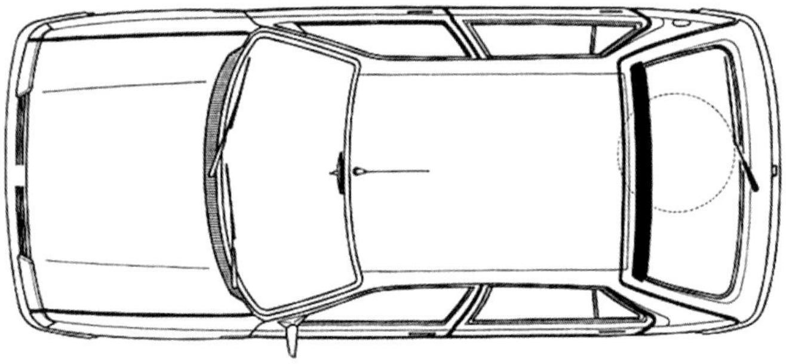

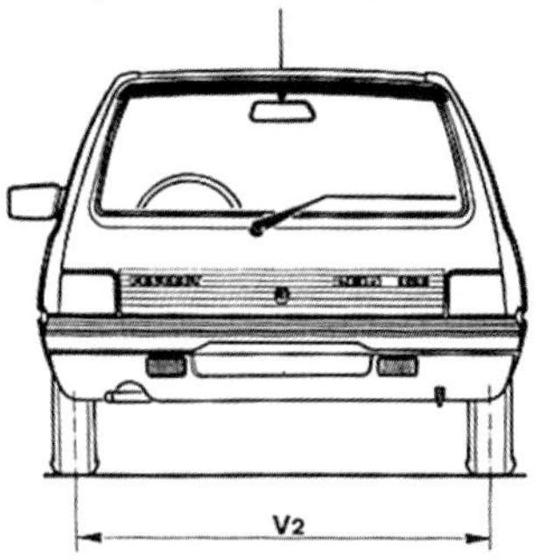

Voie V	Base - GL - GR	SR - GT
AV - V1	1,350	1,364
AR - V2	1,300	1,314

Cotes en ordre de marche

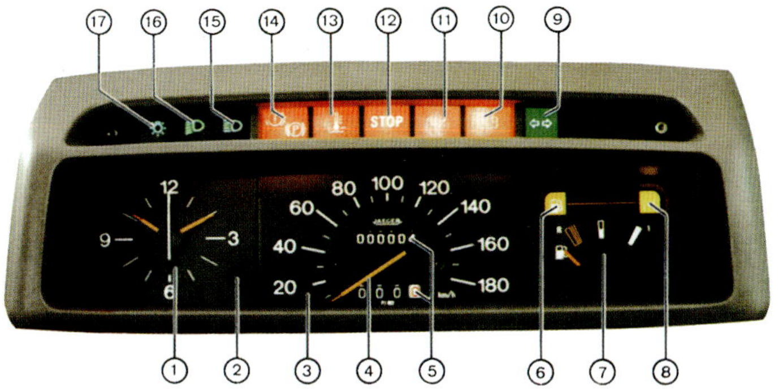

PLANCHE DE BORD

1 - Commande de déverrouillage du capot.
2 - Tablette de rangement.
3 - Boîte à fusibles.
4 - Rhéostat d'éclairage tableau*.
5 - Antivol - Contact - Démarreur.
6 - Interrupteur-témoin de signal de détresse*.
7 - Enrichisseur de départ (Starter)
8 - Interrupteur de vitre AR chauffante*.
9 - Ventilation-chauffage.
10 - Emplacement auto-radio.
11 - Vide-poches.
12 - Cendrier.
13 - Montre à affichage digital*.
- Boîte à monnaie*.
14 - Interrupteur de feux AR de brouillard*.
15 - Emplacement en réserve.
16 - Boîte à gants avec verrou*.
17 - Emplacement pour documents de bord.
18 - Ouie latérale.
19 - Aérateur orientable.
20 - Buses de dégivrage.
21 - Aérateur de façade.
22 - Allume-cigares.
23 - Commande d'essuie-vitre/lave-vitre.
24 - Commutateur d'éclairage.
- Inverseur des feux clignotants.
- Commande d'avertisseurs.

* Suivant équipement.

TABLEAU DE BORD

1 - Montre électrique ou compte-tours*.
2 - Mise à l'heure de la montre
3 - Mise à zéro du compteur journalier.
4 - Indicateur de vitesse.
5 - Compteurs journalier et totalisateur.
6 - Témoin de réserve carburant.
7 - Jauge à carburant.
8 - Témoin de starter.
9 - Témoin de clignotants.
10 - Témoin de charge batterie.
11 - Témoin de pression d'huile.
12 - Témoin d'arrêt impératif (STOP).
13 - Témoin de température d'eau.
14 - Témoin de défaillance du circuit de freinage et de frein de stationnement.
15 - Témoin de feux de route.
16 - Témoin des feux de croisement
17 - Témoin des feux de position.

Des faisceaux lumineux assurent l'éclairage de l'équipement de planche de bord.

Consulter un représentant Peugeot-Talbot pour le remplacement d'une des lampes.

A l'exception de l'éclairage et de la signalisation, les témoins et appareils ne fonctionnent que lorsque la clé de contact est en position **A** ou **M**.

* Suivant équipement.

CARACTERISTIQUES

AUTRES CARACTERISTIQUES SUISSE VOIR PAGES 137/138

MODÈLES	XE-GL	XA XL-GL XR-GR	XRA XR-GR SR-CJ	XS-XT GT	Rallye	Auto-matic	GTI 1,6 CTI	GTI 1,9		
MOTEURS	TU 9	TU 1	TU 3A	TU 3S	TU 24	XU 51C	XU 5JA	XU 9JA	E1	G1
Puissance administrative (France)	4	4	5	7	7	7	8	9	6	7
Alésage x course (mm)	70x62	72x69	75x77	75x77	75x73,20	83x73	83x73	83x88	74x65	76,7x70
Cylindrée (cm³)	954	1124	1360	1360	1294	1580	1580	1905	1118	1294
Taux de compression	9,3/1	9,4/1	9,3/1	9,3/1	9,6/1	9,3/1	9,8/1	9,6/1	9,6/1	9,5/1
Carburant	Super									
Indice d'octane	97 RON mini									
Régime de ralenti (tr/mn)	700			750	900	750	900		750	700
Bougies Eyquem	FC52LS			FC62LS	FC82LS2	FC52LS	FC62LS			
Champion	C9YCX			C7YCX		C9YCX	C7YCX		C281YC	
Ecartement des contacts (mm)	0,8	0,8	0,8	0,8	0,8	0,8	0,8	0,8	0,8	0,8
Ordre d'allumage	1-3-4-2									
BOITE DE VITESSES	MA		MA		MA Sport	4HP14	BE1		BE1	BE1
Nombre de rapports	4		5		5	4	5		4	5
DIRECTION Rayon de braquage hors tout	5,25				5,40	5,25	5,40	5,85	5,25	
FREINS Avant	Disques							Disques	Disques	
Arrière	Tambours							Disques	Tambours	
SUSPENSION	4 roues indépendantes Avant, Ressorts hélicoïdaux avec barre antidevers Arrière, Barres de torsion avec barre antidevers									
POIDS ET CHARGES REMORQUABLES(en kg)										
Poids à vide en ordre de marche	760	765	790		825	880	850/935	880	780	810
Poids maximum autorisé en charge (PTC)	1160	1195	1220		1225	1300	1275/1265	1300	1200	1230
Poids total roulant autorisé (PTR)	1860	1895	1920		1860	2100	2075/2065	2100	1900	2030
Charge maximum sur galerie de toit	40									

* NU = Normal sans plomb - SU = Super sans plomb

CARACTÉRISTIQUES

	205	GL		GR		SR	GT
Type (et version 741	A01		A11		A47		A57
Moteur	XV8		XW7		XY7		XY8
Boîte de vitesses	4				5		5
Puissance administrative (France)	4				5		7
Nombre de places	5						
Poids en ordre de marche	740 kg		745 kg	780 kg**	785 kg**	800 kg**	810 kg**
Poids maximum autorisé en charge, véhicule seul*	1 140 kg		1 195 kg		1 240 kg		1 225 kg
Poids total roulant autorisé (P.T.R.)	1 840 kg		1 895 kg		2 040 kg		2 025 kg
Charge maximale répartie sur galerie de toit	75 kg						
CARAVANING							
Capacité de remorquage*							
- remorque non freinée	370 kg			390 kg		400 kg	405 kg
- remorque freinée (dans la limite du P.T.R.)	800 kg					900 kg	
Vitesse maximale de remorquage conseillée	80 km/h						
Pente limite de démarrage*							
- véhicule seul	18 %		19 %		22 %		25 %
- avec remorque au P.T.R.	8 %		9 %		10 %		13 %
** Majoration pour toit ouvrant	15 kg						

* Valeurs homologués en France.

Moteur 4 cylindres	XV8 (108 C)	XW7 (109 F)	XY7 (150 D)	XY8 (150 B)
Transversal	incliné à 72°			
Alésage × course	70 × 62	72 × 69	75 × 77	
Cylindrée	954	1 124	1 360	
Rapport volumétrique	9,3	9,7	9,3	
Allumeur : courbe	M 106 3	M 146 E	M 154 E	M 152 E
Carburateur : Solex	32 PBISA 12		34 PBISA 12	2 × 35 BISA 8
Filtre à huile	Easy Change			
Refroidissement	Mélange antigel			
Ventilateur électrique	100 W			170 W
Bougies	Bosch H6DO AC 42 LTS - Champion BN 9Y			Champion BN7.9Y Bosch H5DO AC 42 LTS

Moteur	XUD 7 (161A)
Transversal incliné vers l'AR	30°
Alésage × course	80 × 88 mm
Cylindrée	1769 cm³
Rapport volumétrique	23/1
Ventilateurs	électriques
Cartouche de filtre à huile	Purflux LS 468

Équipement d'injection

Pompe d'injection	Roto-Diesel ou Bosch
Filtre à gazole	à réchauffage
Injecteurs : tarage { Roto-Diesel	115 ± 5 bars
Injecteurs : tarage { Bosch	130 ± 5 bars

Électricité

Batterie	12 V/60 ou 70 Ah*
Alternateur	triphasé 750 W
Bougies de préchauffage { Béru	11 V rapide 0100221/118
Bougies de préchauffage { Bosch	11 V rapide A250201326/14

Capacité organes

Moteur	5 l
Boîte de vitesses / Pont	1,4 l
Réservoir à combustible	50 l
Circuit de refroidissement	8,3 l
Pompe à vide	0,040 l

Pneumatiques

Pressions à froid, en bars :

Types	Dimensions	Marques	AV	AR
GLD GRD	145 SR 13	Michelin MX Uniroyal R280	2	2,1
SRD	165/70 SR 13	Michelin MXL Uniroyal R280 Pirelli P4	} 1,9 2	} 1,9 2

* Suivant destination.

CARACTÉRISTIQUES

Type	741 C 66
Moteur	XU5J
Boîte de vitesses (nombre de rapports)	5
Puissance administrative (France)	8
Nombre de places	5
Poids en ordre de marche	850 kg
Poids maximum autorisé en charge, véhicule seul*	1275 kg
Poids total roulant autorisé (P.T.R.)	2075 kg
Charge maximale répartie sur le toit**	50 kg
CARAVANING	
Capacité de remorquage*	
- remorque non freinée	425 kg[1]
- remorque freinée (dans la limite du P.T.R.)	900 kg
Vitesse maximale de remorquage conseillée	80 km/h
Pente limite de démarrage*	
- véhicule seul	25 %
- avec remorque au P.T.R.	15 %

* Valeurs homologuées en France.

** Pour le transport d'une planche à voile, il est conseillé :
- d'utiliser un support porte-planche,
- de fixer l'extrémité avant de la planche par 2 cordages attachés aux anneaux d'arrimage : - avant gauche sous le pare-chocs,
  - avant droit situé derrière la jupe.

(1) Pour traction d'une remorque d'un poids supérieur à 425 kg enlever l'obtureur de la grille du spoiler.

Moteur 4 cylindres	XU5J (180 A)
Transversal	incliné à 30°
Alésage × course	83 × 73 mm
Cylindrée	1580 cm³
Rapport volumétrique	10,2/1
Allumeur : courbe	M 161E
Alimentation essence	dispositif Bosch type L Jetronic
Filtre à huile	Easy Change
Refroidissement	mélange antigel
Ventilateur électrique	230 W
Bougies	Champion S 279 YC Bosch H6 DC

1 Commande de déverrouillage du capot
2 Boîtes à fusibles
3 Vide-poches
4 Enrichisseur de départ (Starter)*
5 Rhéostat d'éclairage tableau*
6 Commutateur d'éclairage
Inverseur des feux clignotants
Commande d'avertisseurs
7 Cendrier
Allume-cigares
8 Emplacement auto-radio
9 Interrupteur de sièges chauffants*
10 Interrupteur de réfrigération* ou d'aérotherme*
11 Montre à affichage digital*
12 Interrupteur de signal de détresse
13 Interrupteur de vitre AR chauffante*
14 Interrupteur de feux AR de brouillard*
15 Boîte à gants avec verrou*
16 Haut-parleurs
17 Aérateur orientable
18 Ouïe latérale
19 Buses de dégivrage
20 Ventilation-chauffage
21 Aérateur de façade
22 Boîte à monnaies*
23 Commande d'essuie-vitre/lave-vitre
24 Antivol - Contact - Démarreur

* Suivant modèle ou destination.

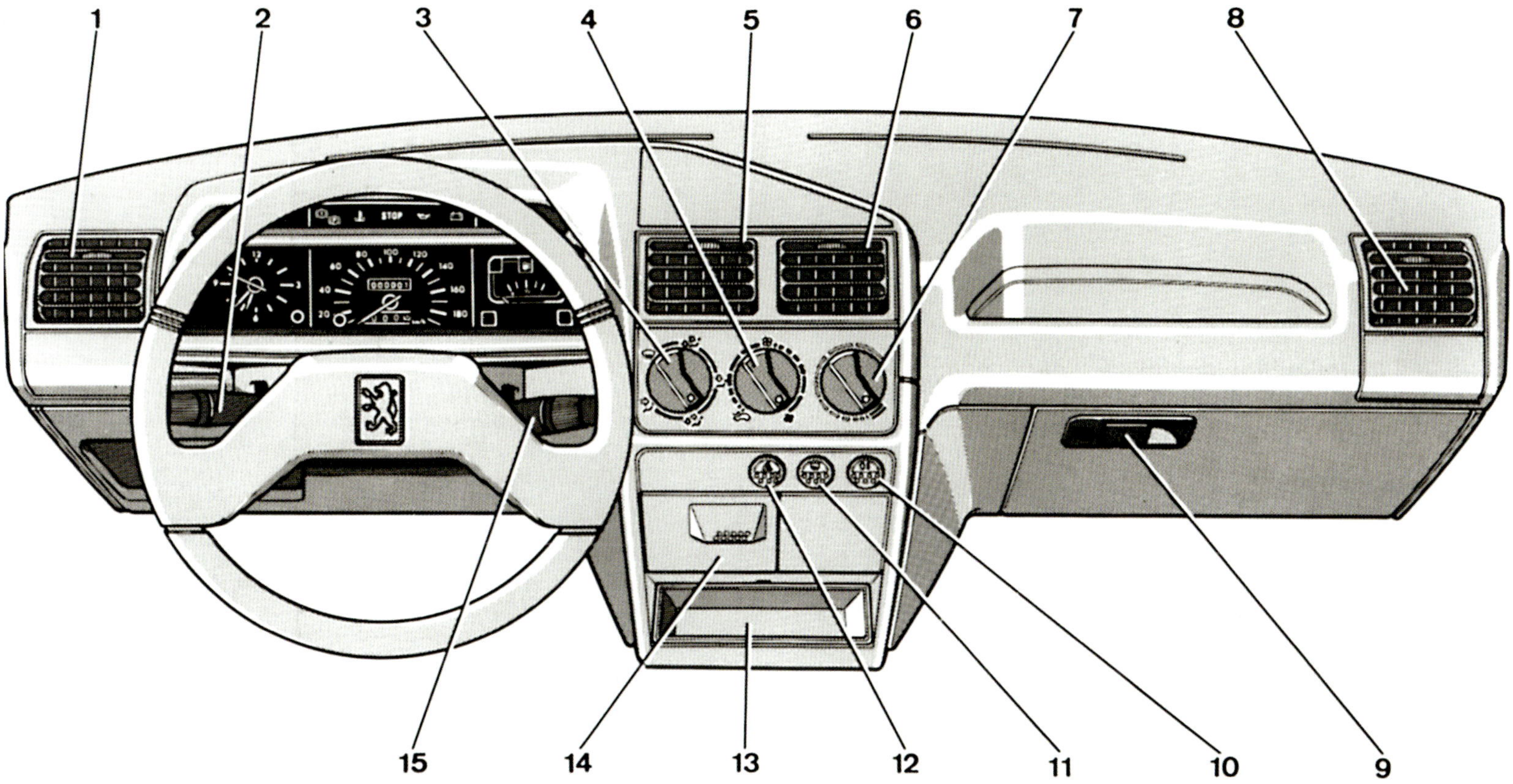

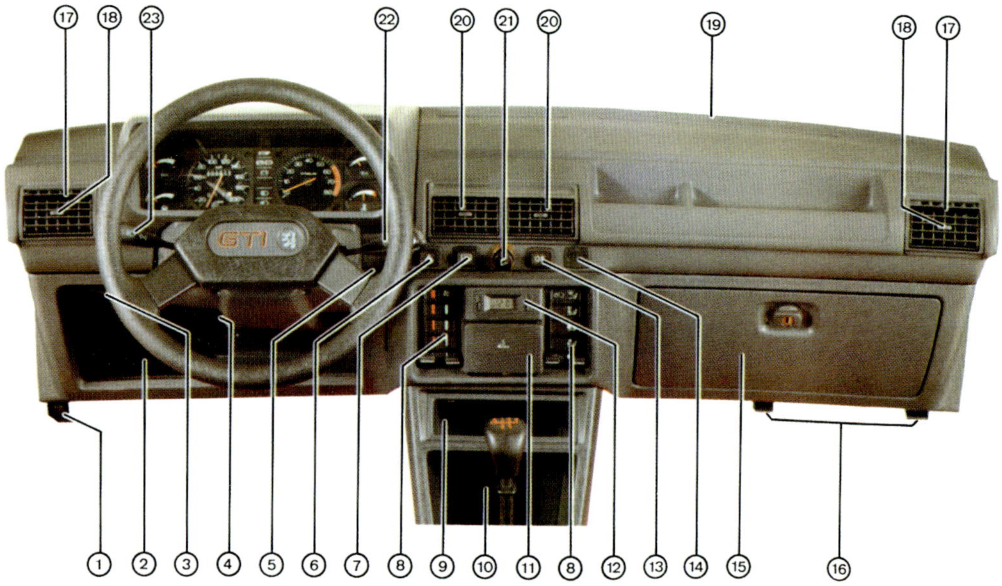

PLANCHE DE BORD

1 - Commande de déverrouillage capot.
2 - Tablette de rangement.
3 - Boîte à fusibles.
4 - Rhéostat d'éclairage tableau.

5 - Antivol - Contact - Démarreur.

6 - Interrupteur-témoin de signal de détresse*.
7 - Interrupteur de vitre AR chauffante.
8 - Ventilation-chauffage.
9 - Emplacement auto-radio.
10 - Vide-poches.
11 - Cendrier.
12 - Montre à affichage digital.
13 - Interrupteur de feu AR de brouillard*.
14 - Emplacement en réserve.
15 - Boîte à gants avec verrou.

16 - Emplacement pour documents de bord.
17 - Ouïe latérale.
18 - Aérateur orientable.
19 - Buses de dégivrage.
20 - Aérateur de façade.
21 - Allume-cigares.
22 - Commande d'essuie-vitre/lave-vitre.
23 - Commutateur d'éclairage. Inverseur des feux clignotants. Commande d'avertisseurs.

* Suivant équipement.

TABLEAU DE BORD

1 - Témoin de réserve carburant.

2 - Jauge à carburant.
3 - Indicateur de vitesse.
4 - Mise à zéro du compteur journalier.
5 - Compteurs journalier et totalisateur.
6 - Témoin des feux de route.
7 - Témoin des feux de position.
8 - Témoin des feux de croisement.
9 - Compte-tours.
10 - Thermomètre d'eau.
11 - Témoin de niveau d'eau.

12 - Thermomètre d'huile.
13 - Témoin de charge batterie.
14 - Témoin de clignotants.

15 - Témoin de défaillance du circuit de freinage et de frein de stationnement.
16 - Témoin d'arrêt impératif (STOP).
17 - Indicateur de pression d'huile.
18 - Témoin de niveau et de pression d'huile.

Des faisceaux lumineux assurent l'éclairage de l'équipement de planche de bord.

Consulter un représentant Peugeot Talbot pour le remplacement d'une des lampes.

A l'exception de l'éclairage et de la signalisation, les témoins et appareils ne fonctionnent que lorsque la clé de contact est en position **A** ou **M**.

* Suivant équipement.

GAMME PEUGEOT 205

Prix client (TTC)

- 205	(954 cm3)	37.600 Frs
- 205 GL	(954 cm3)	39.700 Frs
- 205 GL	(1124 cm3)	41.300 Frs
- 205 GR	(1124 cm3)	43.900 Frs
- 205 GR	(1360 cm3)	45.800 Frs
- 205 SR	(1360 cm3)	48.000 Frs
- 205 GT	(1360 cm3)	51.000 Frs

OPTIONS

Lunette AR chauffante (205) :	550 Frs
Vitres teintées (GL-GR-SR-GT) :	600 Frs
Peinture métallisée vernie (GL-GR-SR-GT) :	1.100 Frs
Peinture noire vernie (GR-SR-GT) :	600 Frs
Banquette AR rabattable par moitié (GR):	500 Frs
4 roues en alliage léger (SR - GT) :	1.500 Frs
Lève-vitres électriques sur portes AV. et condamnation centralisée des portes (SR - GT) :	1.500 Frs

205

LA GAMME 5 PORTES

MODELE	PA	MOTORISATION	BV	TYPE MINES
205 GL	4	XV8 - 954cc	4	741 A 01
205 GL	4	XW7 - 1124cc	4	741 A 11
205 GLD	5	XUD7 - 1769cc	4	741 A 90
205 GR	4	XW7 - 1124cc	4	741 A 11
205 GR	5	XY7 - 1360cc	5	741 A 47
205 GRD	5	XUD7 - 1769cc	5	741 A 98
205 SR	5	XY7 - 1360cc	5	741 A 47
205 SRD	5	XUD7 - 1769cc	5	741 A 98
205 GT	7	XY8 - 1360cc	5	741 A 57

MODELE SUPPRIME

205 BASE XV8 BV4

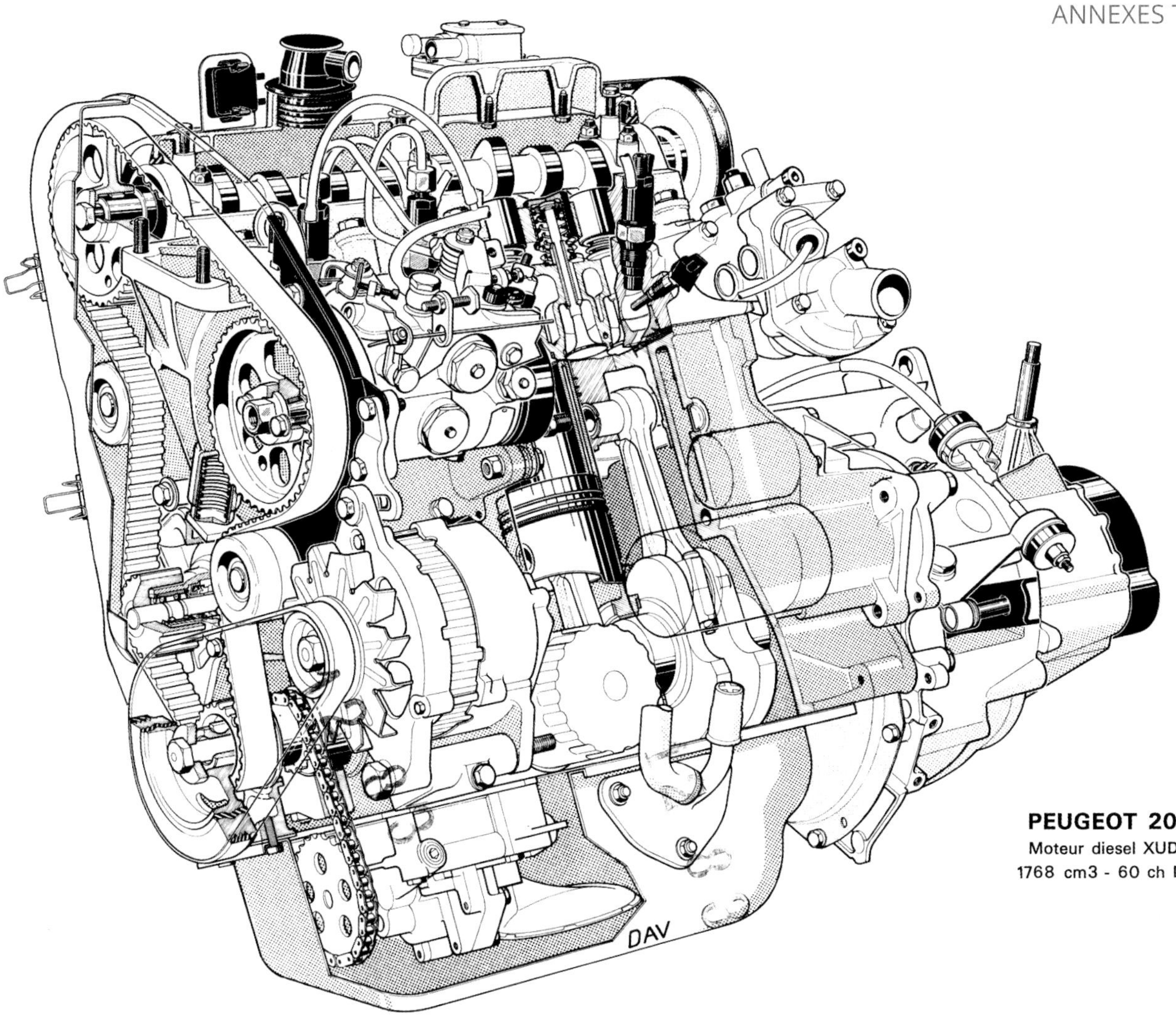

PEUGEOT 205
Moteur diesel XUD-7
1768 cm3 - 60 ch DIN

PEUGEOT 205 SRD
Moteur diesel 1768 cm3 - 60 ch DIN

Championne du Monde des Rallyes en 1985 et 1986
World rally champion in 1985 and 1986
Rallye-Weltmeister 1985 und 1986
Campione del Mondo dei Rally '85 e '86
Campeón del Mundo de Rallyes en 1985 y 1986

EUGEOT TALBOT SPORT
Shell
MICHELIN

Montre Mirus Altitude antichocs 1951 de la Société française des montres de précision de Morteau, offerte par mon grand-père Robert Gay à mon père Louis Gay pour sa première communion.

Le Doubs, c'est Peugeot.
C'est aussi une terre horlogère depuis le XVIIIe siècle. Le cœur de mes parents ne s'est pas arrêté, il continue de battre à mon poignet.

La 205, c'est la vie, juste la vie !

ÉPILOGUE

Voiture d'un constructeur, d'une région, d'un peuple, d'une nation, la 205 résume tout le travail, tout le talent des femmes, des hommes qui l'ont portée au monde à l'instar, avant elle, d'automobiles comme la 203, à l'instar après elle d'une 206, d'une 208, pour ne citer que quelques représentantes de la série 200.
Voiture d'une époque, d'un moment d'histoire, d'un instant de vie, qui mieux que le Sacré Numéro symbolise la joie de vivre automobile, le savoir-faire technique, stylistique français de la fin du xxe siècle ?
Petit moment de bonheur, petit instant précieux chaque fois que je prends le volant de ma 205 XE, ce sont les mêmes mots qui me viennent à l'esprit à chaque sortie : 205, je t'aime !
Ce ne sont pas ma fille ni sa maman et son extraordinaire Peugeot 306 Open Diesel d'alors qui diront le contraire !

Guylaine et Jean-Marc, plage d'Aytré, près de La Rochelle, le dimanche 17 octobre 2021. Un énorme merci à notre Agnès pour la saisie de cet instant bleu. (Archives de l'auteur)

Peugeot 208 Pure Tech essence de 2008, moteur EB2FB de 1 199 cm^3 et 68 ch : première voiture de ma fille Claire. Un châssis fabuleux, une auto très douce, très maniable, qui donnait juste envie d'avoir plus de puissance. (Archives de l'auteur)

REMERCIEMENTS

Remerciements à Jérôme Piquenot et à Guylaine.
À mon ami Claude Cottet pour sa gentillesse et sa passion de la marque Peugeot.

BIBLIOGRAPHIE

Guillaume Maguet, *Le guide Peugeot 205 GTI rallye, T16*, E-T-A-I, 2017.
Guillaume Maguet, *Restaurez réparez votre Peugeot 205 GTI*, E-T-A-I, 2018.
Alain Chevalier et Étienne Crébèssègues, *Peugeot 205, le best-seller de Sochaux*, 2021.

Du même auteur

Jean-Marc Gay, *La Peugeot 205 de mon père*, E-T-A-I, 2013.
Jean-Marc Gay, *La Peugeot 309 de mon père*, E-T-A-I, 2015.
Jean-Marc Gay, *La Peugeot 405 de mon père*, E-T-A-I, 2017.
Jean-Marc Gay, *La Peugeot 605 de mon père*, E-T-A-I, 2019.

E-T-A-I – Sophia Éditions
SAS au capital de 50 000 €
5, avenue de la République
75011 Paris – France
www.editions-etai.fr

Mise en page : Marie Ringeard
Suivi éditorial : Stéphanie Grevet

Dépôt légal : juin 2022
Imprimé et relié en Europe
ISBN : 979-10-283-0522-2
ISSN : 2107-187X

Cet ouvrage est imprimé en Union européenne sur un papier issu de forêts gérées durablement.

FSC
www.fsc.org
MIXTE
Papier issu de sources responsables
FSC® C014138